SATAN ET CIE

Association Universelle
POUR
LA DESTRUCTION DE L'ORDRE SOCIAL

RÉVÉLATIONS COMPLÈTES ET DÉFINITIVES
DE TOUS LES SECRETS DE LA FRANC-MAÇONNERIE

PAR

le Très Illustre Souverain Grand Inspecteur Général du 33me et dernier degré
de la Franc-Maçonnerie

PAUL ROSEN

PARIS
V^VE H. CASTERMAN, ÉDITEUR
66, RUE BONAPARTE, 66

LEIPZIG
L. KITTLER, COMMISSIONNAIRE
34, QUERSTRASSE, 34

V^VE H. CASTERMAN
TOURNAI

par les [illegible] des

[illegible] est su.

[illegible] pour ces [illegible] sociaux,

Doctrines Franc-Maçonniques.

(37), forment le mot : *Schaddat*, signifiant Dieu tout-puissant.

Leur ensemble enseigne que la puissance universelle a, au-dessus d'elle, tout ce qui est increéée sans fin, et ne crée que par un agent et un patient qui produisent le Conservateur.

Et, comme ce conservateur qui est appelé « Dieu omnipotent » et « Jésus, » résulte n'être, en vérité absolue, autre chose que Satan, il s'ensuit que

LE SEUL DIEU QUI EST EN JÉSUS, C'EST SATAN

le *Suprême Secret* de la Franc-Maçonnerie des Rites de York et de Swedenborg.

LE TRIANGLE DE GAUCHE.

Le triangle de gauche présente l'ensemble des doctrines secrètes de *la Franc-Maçonnerie du Rite Templier et des Rites hermétiques.*

Une *Crux ansata* (38), réunion des quatre éléments de la génération humaine, occupe le sommet et enseigne la divinité de l'acte générateur. Le nom de *Yodhevavhe* (39), Jéhovah, se trouve sous la dernière des neuf voûtes (40), auxquelles on parvient par un escalier de sept degrés (41), et au centre desquelles se trouve un autel (42), supportant un calice rempli de sang (43), d'où sort un épi de blé (44) éclairé par un rayon de soleil qui entre par une ouverture (45) des voûtes, et est réfléchi par un miroir (46) avant d'arriver à l'épi.

Sur chacune des neuf voûtes est inscrit un des signes hermétiques des quatre éléments d'abord et des cinq principales opérations alchimiques ensuite, (Projection, Solution, Sublimation, Coagulation et Fixation) et les sept degrés qui aboutissent à ces voûtes correspondent aux sept marches de l'échelle des Kadosh.

En montant les sept marches de cet escalier et en arrivant sous le temple du Monde, le Kadosch voit que l'humanité ne reçoit de pain matériel que d'épis trempés dans le sang des peuples versé par les Rois, et ne reçoit de pain immatériel que par les rayons qui passent par des ouvertures spéciales et qui sont réfléchis par des miroirs spéciaux, combinés à leur guise, par les Prêtres qui ca[illegible] leur Jéhovah immatériel, sous des voûtes construites avec des éléments naturels et au moyen d'opérations matérielles.

Le poignard nu (47) qui est sur ces marches est, pour le Kadosch, l'unique panacée matérielle pour ces maux sociaux, comme la plante *moly* (48) était, pour les initiés, l'emblème de l'unique panacée matérielle pour tous les maux corporels.

Grâce à ce poignard agissant, la croix des Prêtres deviendra la croix des Kadosch (49) teinte dans leur sang, et la couronne des Rois verra ses pointes inverties (50) et les têtes qui la porteront enterrées dans le tombeau.

Et alors apparaîtra l'homme, vrai Adam, représenté par les trois lettres hébraïques *adm* (51) de son nom.

Leur ensemble enseigne que, pour guérir les maux qui pèsent sur Adam, sur l'homme vrai, l'humanité a le devoir d'anéantir toutes les religions et toutes les autorités, et que

L'HOMME A LE DROIT ABSOLU DE TUER TOUT PRÊTRE ET TOUT ROI

le *Suprême Secret* de la Franc-Maçonnerie Templière et Hermétique.

Comme le carré représente l'homme, le cercle formé par une corde de 81 nœuds (52) l'association parfaite, qui est la Franc-Maçonnerie, et le grand triangle équilatéral la toute-puissance de Satan,

L'EMBLÈME SUPRÊME DE LA FRANC-MAÇONNERIE

veut dire que c'est

EN ENSERRANT L'HUMANITÉ DANS LA FRANC-MAÇONNERIE

pour lui enseigner que

LE SEUL DIEU C'EST L'HOMME.

LE SEUL DIEU C'EST SATAN.

LE SEUL DIEU QUI EST EN JÉSUS C'EST SATAN.

L'HOMME A LE DROIT ABSOLU DE TUER TOUT PRÊTRE ET TOUT ROI

que l'on parviendra à établir dans le monde,

Franc-Maçonnerie.

Emblème Suprême de la Franc-Maçonnerie, présentant la Récapitulation complète des

Cet emblème Suprême se compose d'un carré inscrit dans un cercle auquel est circonscrit un triangle équilatéral.

Il en résulte un carré central et trois triangles partiels que renferment l'ensemble des *Doctrines secrètes* des quatre différentes formes de la Franc-Maçonnerie.

LE CARRÉ.

Le carré central présente l'ensemble des Doctrines secrètes de *la Franc-Maçonnerie symbolique.*

Deux pyramides ayant la hauteur égale à la base, comme celles d'Égypte, sont juxtaposées, l'une, renversée, (1) symbolisant la Mort, étant placée devant l'autre, droite, (2) symbolisant la Vie, ce qui signifie que la Mort étant la porte de la Vie, la Destruction est indispensable à la Reproduction.

Entre les deux pyramides, trois roses (3) sortent d'une tête de mort (4) traversée d'oreille à oreille par une branche d'acacia, (5) le tout entouré par un soleil radieux, (6) ce qui enseigne que la Destruction, la Mort, produit une triple floraison radieuse de Vie, une triple production de Mâles-Femelles-Enfants, qui rend impérissable l'humanité.

Un cierge allumé sur un candélabre (7) représente la Semence opérant la production de lumière, la Vie, lorsqu'elle est placée dans un milieu fécond.

Deux colonnes portent, l'une, un globe céleste et la lettre J initiale de *Jakin* (8); l'autre, un globe terrestre et la lettre B, initiale de *Bohaz* (9); et sur leurs bases passe une aiguille aimantée, (10) ce qui enseigne la divinité de l'Acte reproducteur de l'humanité terrestre et de l'appétit générateur, qui ont pour bases le fluide magnétique électrique et nerveux universel.

Trois inscriptions hébraïques signifient (11) *Arets hachaiim,* la terre des vivants (12); *Arets schéol,* la terre du sépulcre; et (13) *Tehom rebbah,* Abîme immense, ce qui signifie que la génération résultat de la Corruption a détruit le Chaos.

Enfin, sur la ligne de conjonction visuelle des deux pyramides Mort et Vie, la lettre M, suivie de la syllabe *ah* en lettres hébraïques (14) et la lettre B, suivie des syllabes hébraïques *enah* (15), donnent le mot sacré du Maître-Maçon, le Fils de la pourriture éternellement renaissant et donnant la Vie par la Mort.

L'ensemble de ses emblèmes enseigne que tout est formé par la Génération, qui est suivie dans toutes ses œuvres par la Corruption, dont tous les effets sont rétablis par la Régénération, et, divinisant la trinité Mâle-Femelle-Enfant sous la forme Génération-Corruption-Régénération, nous fait connaître que :

LE SEUL DIEU C'EST L'HOMME

le *Suprême Secret* de la Franc-Maçonnerie Symbolique.

LE TRIANGLE DE DROITE.

Le triangle de droite présente l'ensemble des doctrines secrètes de *la Franc-Maçonnerie du Rite Écossais et des Rites Cabalistiques.*

Un globe ailé (16) sur lequel est écrit en hébreu : *Rouach elohim,* l'esprit de Dieu, se trouve sur l'entrecroisement de l'équateur terrestre (17) avec l'écliptique céleste (18) et représente *le Dieu qui est l'âme de l'Univers.*

Le sceau cabalistique de Salomon (19) est placé entre un candélabre à 7 branches (20) et une colonne, dont le piédestal porte les Tables de la Loi entourées de flammes, le fût la lettre A, initiale d'*Amour,* et le sommet un soleil rayonnant (21) placée à gauche, et une deuxième colonne, dont le piédestal porte une piscine purificatoire, le fût la lettre S, initiale de *Sagesse,* et le sommet une étoile flamboyante, pointe en haut, (22) accompagnée de la Mer de bronze portée par des lions de la Bible (23), placée à droite.

Donnant la Vie par la chaleur rayonnante de son Amour pour l'Humanité, AUM (le nom sanscrit le plus ancien connu de Dieu), le Dieu de Salomon, donne la Sagesse par la connaissance purifiée de l'Univers humain renfermé en lui, et est la cause de l'Univers supra-terrestre et infra-terrestre, symbolisé par le candélabre qui figure le Soleil et les six planètes : Lune, Mercure, Vénus, Mars, Jupiter et Saturne, comme de l'Univers terrestre et infra-terrestre, symbolisé par la Mer de bronze portée par des lions,

ce qui veut dire que l'humanité n'a connu et ne connaît que *le Dieu qui est le corps de l'Univers.*

Au-dessous, le monogramme de Jésus-Christ (24), ayant à gauche un triangle inscrit dans une Étoile flamboyante (25), emblème d'Oromase, du bon principe; et à droite, une Étoile flamboyante inscrite dans un exagone rayonnant (26), emblème d'Ahrimane, du mauvais principe, signifie la négation absolue de la divinité du Christ.

L'ensemble de ces emblèmes enseigne qu'il y a dans l'Être Suprême deux Dieux : le Dieu, âme de l'Univers, inaccessible à l'homme; et le Dieu, corps de l'Univers, le seul accessible à l'homme et dont l'humanité et les Univers supra-terrestre, terrestre et infra-terrestre sont issus, et que, par conséquent :

LE SEUL DIEU C'EST SATAN

le *Secret Suprême* de la Franc-Maçonnerie Écossaise et Cabalistique.

LE TRIANGLE SUPÉRIEUR.

Le triangle supérieur présente l'ensemble des doctrines secrètes de *la Franc-Maçonnerie des Rites de York et de Swedenborg.*

Un œil ouvert (27), qui voit tout, accolé à un sceptre (28), qui règne sur tout (29), doublé d'un fouet (29), qui gouverne tout, y représente la Puissance Universelle entourée d'un soleil (30), qui lance ses rayons fécondateurs sur une Lune (31), d'où il en résulte une Étoile flamboyante (32) pointe en bas et représentant le Mal, Satan.

Cette étoile flamboyante, représentant Satan, porte sur chacune de ses cinq pointes, une des cinq lettres hébraïques formant le nom de *Yodeschhuhe,* Jésus. Au-dessus de tout cela, un hémisphère supporté par trois colonnes (33), portant les initiales des mots Santé, Force, Beauté, est surélevé de 21 marches (34), de trois fois le cycle de perfection 7, et est surmonté d'un soleil rayonnant (35) à l'intérieur duquel, la lettre hébraïque *Yod,* symbole de la virilité du premier principe incréé, est soulignée de l'affirmation hébraïque (36) *Ain soph,* signifiant sans fin.

Et, intercalées avec les côtés du triangle formé par les rayons fécondants et fécondateurs du Soleil, trois lettres hébraïques

La Toute-Puissance de Satan, le But Unique et le Secret Suprême de la

SATAN ET CIE

SATAN ET CIE

Association Universelle
POUR
LA DESTRUCTION DE L'ORDRE SOCIAL

RÉVÉLATIONS COMPLÈTES ET DÉFINITIVES
DE TOUS LES SECRETS DE LA FRANC-MAÇONNERIE

PAR

le Très Illustre Souverain Grand Inspecteur Général du 33me et dernier degré
de la Franc-Maçonnerie

PAUL ROSEN

PARIS
V^VE H. CASTERMAN, ÉDITEUR
66, RUE BONAPARTE, 66

LEIPZIG
L. KITTLER, COMMISSIONNAIRE
34, QUERSTRASSE, 34

V^VE H. CASTERMAN
TOURNAI
1888

AU PRÉSIDENT

de la Fédération des Cercles Catholiques
du Royaume de Belgique

MONSIEUR CHARLES WOESTE

ANCIEN MINISTRE DE LA JUSTICE
ET
MEMBRE DE LA CHAMBRE DES REPRÉSENTANTS

Hommage respectueux de l'Auteur

PAUL ROSEN.

PRÉFACE.

J'ai écrit ce livre pour prendre part au Concours Maçonnique suivant :

GR.·. OR.·. DE BELGIQUE   Or.·. de Bruxelles, 20e j.·. 9e m.·. 5887.

CONCOURS MAÇONN.·.

Aux RRR.·. ☐.·. de l'Obéd.·.,

aux Gr.·. Or.·., aux Gr.·. ☐.·. et aux Sup.·.

Cons.·. du globe.

TTT.·. CCC.·. FFF.·.,

Nous avons la faveur de vous prier de rappeler dans la limite de votre juridiction la disposition reproduite ci-après :

DÉCRET

Vu le rapport du Gr.·. Com.·.;

Entendu le F.·. Orat.·. en ses conclusions,

LE GR.·. OR.·. DE BELGIQUE DÉCRÈTE :

Art.·. 1er. — Un prix décennal, dit *Prix Peeters-Baertsoen*, est institué à perpétuité - en faveur de l'œuvre la plus méritoire, au point de vue des principes maçonn.·. publiée en Belgique ou à l'étranger par un Fr.·.Maç.·..

Art.·. 2. — La première période de dix ans prend cours le 15 mars 1879 pour finir le 14 mars 1889.

Art.·. 3. — Seront affectés pour la formation de ce prix : les intérêts d'un capital de vingt mille francs, ainsi que les réapplications desdits intérêts, au fur et à mesure de leurs échéances annuelles.

Art.·. 4. — Tout ouvrage de Maç.·. de n'importe quel Or.·. sera admis au concours s'il a été publié pendant la période décennale.

Art.·. 5. — Le jugement est attribué à un jury de cinq membres nommés par le Gr.·. Or.·. sur la proposition du Gr.·. Com.·.

Cette nomination aura lieu au moins six mois avant l'expiration de chaque période décennale.

Toutefois les FF.·. GUSTAVE WASHER et ÉMILE HANSSENS, en leur qualité de mandataires du F.·. PEETERS-BAERTSOEN, feront en outre partie, de droit, du jury leur vie durant.

Art.·. 6. — Le jugement du jury sera publié dans la ten.·. du Gr.·. Or.·. qui aura lieu un mois après la période décennale.

Art.·. 7. — Avis du présent décret sera donné à toutes les Autorités maçonn.·. de la correspondance. Il sera renouvelé.

Art.·. 8. — Une plaque commémorative du F.·. PEETERS-BAERTSOEN sera placée dans le parvis de la ☐ .·. où se réunit le Gr.·. Or.·..

Art.·. 9. — Le Gr.·. Com.·. soumettra à la sanction du Gr.·. Or.·. les mesures à prendre pour la conservation à perpétuité, des fonds destinés à l'œuvre.

Art.·. 10. — Les dépenses ou les bénéfices éventuels qu'entraînerait l'exécution des présentes, resteraient à charge ou au profit de l'institution.

Or.·. de Bruxelles, le 23e j.·. 1er m.·. 5879.

Le Secrét.·., G. DUCHAINE.

Le Gr.·. Maît.·. Nat.·., AUG. COUVREUR.

Recevez, TTT.·. CCC.·. FFF.·., nos salut.·. cordiales et frat.·..

Le Gr.·. Maîtr.·. Nat.·.

VICTOR LYNEN.

PAR MANDEM.·.:

Le Gr.·. Secrét.·.

HENRY-J. TAVERNE.

---

et je le publie pour le dédier à la Fédération des Cercles Catholiques belges, en la personne de son Président Monsieur Charles Woeste.

Paris, le 20 Mai 1888.

PAUL ROSEN.

INTRODUCTION.

INTRODUCTION.

I.

Raison d'être de ce livre.

Peu de gens connaissent à fond les abominables mystères de la Franc-Maçonnerie. L'honnête homme qui les aurait seulement soupçonnés se serait empressé, fût-ce au prix de son repos et de sa sécurité, de les livrer à la réprobation et à la vindicte publiques. Mais aussi avec quelle sollicitude jalouse les initiés s'efforcent-ils d'épaissir les voiles qui protègent ces secrets contre l'indiscrétion des profanes! Quelles garanties n'exige-t-on pas de celui qui veut prendre place à cet odieux banquet!

Et comme l'on comprend bien, une fois que s'est faite la lumière, la portée des serments terribles qui accompagnent les initiations, depuis le grade d'apprenti jusqu'à celui de trente-troisième!

De bons esprits, je ne l'ignore pas, se sont fourvoyés dans cette impasse; ils n'y sont point demeurés. M. de Saulcy avait accepté une place au conseil de l'ordre; il a ensuite formellement répudié la secte malfaisante des Francs-Maçons.

M. Jules Simon, jadis Grand-Orateur de la Grande Loge du Rite Ecossais et Rapporteur de la commission des Rituels au Suprême Conseil, a fini par envoyer sa démission. Un des vétérans du même rite, mort récemment, le sénateur Guiffrey, était en 1875 député au Grand Convent de Lausanne. Mais, depuis, il avait, comme un ingrat, renié ses frères en truelle.

Laissons ces désertions éclatantes. Combien d'autres hommes, dédaigneux d'une démission ouverte, se sont contentés d'abandonner, de fait, une institution dont ils avaient légèrement accepté les promesses, mais dont ils ont bientôt reconnu le coupable mystère et les dangereux enseignements? Et surtout, combien d'autres, poussés par la curiosité, entraînés par la camaraderie, décidés par l'ambition, sont entrés dans les Loges sans penser qu'ils faisaient par là abstraction de leur volonté, sans se rendre compte des influences auxquelles ils se livraient, sans se soucier le moins du monde de ce que peut croire un Apprenti ou enseigner un *Maître?*

C'est à ceux-là que s'adresse ce livre. Tout Franc-Maçon est une dupe ou un pervers; tout client obstiné des Loges est un misérable ou un sot. Voilà la conclusion que l'on doit tirer de la lecture de cet ouvrage.

Ce livre s'adresse encore à tous ceux qui se disent athées ou libres-penseurs sans qu'ils sachent pourquoi ni comment, à tous ceux qu'emporte le courant matérialiste, à tous ceux que le scepticisme philosophique a flétris, à tous ceux que l'indifférence pratique a blasés, en un mot, à presque tous les hommes de cette génération malheureuse. Qu'ils lisent ces pages, ils verront sur quels sophismes grossiers est bâtie la philosophie maçonnique, et peut-être rougiront-ils, enfin, d'un prétendu progrès qui ne fait qu'avilir l'esprit humain jusqu'à le rabaisser aux conceptions monstrueuses de l'idôlatrie et aux furieuses folies du matérialisme.

Troubler les intelligences, attiser les passions, exalter la haine contre les religions, favoriser, tantôt audacieusement, tantôt hypocritement, la révolte contre l'autorité, pratiquer la liberté comme chez les Touaregs et la famille comme chez les Mormons, voilà ce que poursuit la Maçonnerie. Son programme a pour partisans tous les sinistres déclamateurs qui pérorent aujourd'hui sur l'émancipation des peuples.

En vérité, y a-t-il un honnête homme qui puisse se laisser tenter par un semblable leurre? Y a-t-il un honnête homme, un seul, qui, sachant le fond de ces choses, ne considère le nom de Franc-Maçon comme le plus sanglant des outrages?

II.

Authenticité de ce livre.

Le plus sûr témoignage de l'authenticité de ce livre, est apporté par le livre lui-même. Jamais révélation ne fut plus complète; jamais perversité ne s'étala plus cyniquement et jamais homme, quelque génie qu'il put avoir dans le crime, ne fut capable d'imaginer tout d'une pièce le système que développe cet ouvrage. Pour le produire, il a fallu le travail persévérant de la malice humaine pendant des siècles, ou bien, ce qui est la même chose, une inspiration, une incarnation de Satan.

Ici le naturalisme trône en roi; il est ici maître du monde; ici l'intelligence et l'âme humaines lui sont soumises. La Maçonnerie a dépassé de bien loin le paganisme et l'hérésie. L'hérésie n'a que des demi-mesures, des négations partielles; le paganisme, lui, ne vit que de fictions et tache d'excuser ses vices en les prêtant à ses dieux. La Maçonnerie va droit au but. Son seul voile est le secret; elle prêche brutalement le matérialisme; de l'homme tel qu'il est, elle fait le Dieu du monde et décore l'humanité d'attributs qui n'appartiennent qu'à Dieu.

Et si maintenant quelque vertueux Franc-Maçon se prétendait calomnié, qu'il s'en prenne aux autorités sur lesquelles nous-nous sommes appuyés. Nos citations sont empruntées à des écrivains dont on ne contestera ni la science ni la valeur Maçonniques : au français Ragon, à l'américain Pike, à l'anglais John Yarker, à l'espagnol Viriato de Castro, à l'allemand Findel, à l'italien Dominico Anghera. Comme on le voit, la Franc-Maçonnerie, serpent maudit, étend partout ses anneaux, prend toutes les formes et parle toutes les langues. Il n'y a point ici d'invention. Ce sont les Francs-Maçons eux-mêmes qui vont nous fournir des armes contre eux. Où pourrait-on trouver un témoignage qui fût plus irrécusable?

III.

L'exploitation du Rite Écossais en France.

I.

Deux Sociétés exploitent en France le Rite Franc-Maçonnique connu sous le nom de Rite Ecossais ancien et accepté, sous les raisons sociales de :

Suprême Conseil, ou « Puissance Suprême de l'ordre Maçonnique, » et de :

Grand Orient, ou « Grand Collège de tous les rites Francs-Maçonniques (1). »

(1) Le Suprême Conseil et le Grand Orient s'intitulent aussi, le premier :

Toutes deux, d'ailleurs, délivrent, à beaux deniers comptants, des Patentes et des Grades, se faisant l'une à l'autre une terrible concurrence.

Or, d'après le Général Albert Pike, Souverain Grand Commandeur du Suprême Conseil « Mère » de tous les Suprêmes Conseils du monde : « Un Rite est une agrégation, une succession de degrés conférés par un ou plusieurs corps constitués, mais sous l'autorité d'un gouvernement suprême unique (1). »

Donc, si le « Grand Collège de tous les Rites » n'admet pas le Gouvernement suprême *unique* du « Suprême Conseil ; » ou bien, si le « Suprême Conseil » ne reconnait pas le Gouvernement suprême *unique* du « Grand Collège de tous les Rites, » il faut en conclure qu'en France le RITE ECOSSAIS ANCIEN ET ACCEPTÉ n'existe pas régulièrement.

Eh bien! parmi les délits que le Code Pénal qualifie d'escroquerie, il faut placer : « *l'emploi de manœuvres frauduleuses pour persuader de l'existence d'un pouvoir imaginaire, afin de se faire remettre ou délivrer des fonds* (2). »

Et c'est précisément ce que font journellement ces deux formes irrégulières de la puissance maçonnique, lorsqu'elles

Suprême Conseil pour la France et ses dépendances (a); et le second : *Suprême Conseil pour la France* et *les possessions françaises* (b). On remarquera l'analogie qui existe entre ces deux appellations. Ne faut-il pas voir là une preuve de la guerre déloyale que se font ces deux maisons de commerce rivales? Se voler mutuellement sa marque d'origine ou de fabrique, ou s'ingénier à pouvoir facilement être prises l'une pour l'autre, n'est-ce pas pour deux maisons le comble de l'indélicatesse en matière de concurrence?

(a) *Règlements généraux de la Maçonnerie Écossaise.* Paris, 1884.

(b) *Règlement général du Grand Orient de France.* Paris, 1885.

(1) *La Chaine d'Union*, Vol. XXII, numéro de Mars 1886, page 95, lignes 49 et suivantes.

(2) *Code pénal.* Titre II, chap. II, article 405.

vendent leurs Patentes des Hauts Grades sans avoir aucun droit de les délivrer.

Il y a lieu, par conséquent, de rechercher quelle est celle de ces deux Sociétés : « Suprême Conseil » ou « Grand Collège des Rites, » qui peut prétendre, en France, au gouvernement suprême du RITE ECOSSAIS ANCIEN ET ACCEPTÉ. Nous serons amenés à conclure qu'elles ne peuvent y prétendre ni l'une ni l'autre, et que, conséquemment, l'exploitation en France, en 1888, du Rite Ecossais ancien et accepté constitue une *escroquerie*, punie par l'article 405 du Code Pénal déjà cité.

II.

C'est au commencement du XVIIIe siècle que le monde entier reçut de l'Angleterre la *Lumière Maçonnique*. Ce furent les chefs du parti catholique anglais qui l'introduisirent en France, après leur défaite par les protestants. La Franc-Maçonnerie devait y propager les principes les plus contraires à leurs idées et à leurs desseins.

L'un de ces chefs s'appelait le chevalier de Ramsay. Originaire du Comté d'Ayr, en Ecosse, partisan dévoué des Stuarts, précepteur du fils de Jacques II, converti dans la suite au Catholicisme, Ramsay fut le créateur des grades Maçonniques aux trois premiers degrés, composant le *Type* Maçonnique tel que le pratiquait la Grande Loge de Londres, au moment de son réveil, le 24 juin 1717. Dans l'esprit de Ramsay, ces grades devaient servir de récompense et d'encouragement aux Maçons qui se distinguaient par leur fidélité à la cause des Stuarts (1).

Une fois exilés en France, les partisans des Stuarts

(1) *Histoire du Grand Orient de France*, par A. G. Jouaust. Paris, 1865. Pages 18, 31, 34, 60, *passim*.

usèrent de cette conception de Grades comme d'un moyen de prosélytisme en faveur du Prétendant, et en créèrent de nouveaux sous quatre titres :

Ecossais; — Novice; — Chevalier du Temple; — Royal Arche.

Selon Ramsay, ces quatre grades qui, de 1728 à 1758, constituèrent les *Hauts Grades,* devaient relier, par l'intermédiaire d'une chevalerie imitée de celle des Croisades, le Temple de Salomon au Temple de Jérusalem ; ils devaient donner un peu de l'éclat de la chevalerie du moyen-âge au modeste compagnonnage des disciples d'Hiram.

Dans le discours qu'il prononça le 24 Juin 1738, à l'occasion de l'installation du duc d'Antin comme second grand maître de la Maçonnerie française, le chevalier de Ramsay s'exprimait ainsi :

« Le nom de Franc-Maçon ne doit pas être pris dans un sens littéral, grossier et matériel, comme si nos instituteurs avaient été de simples ouvriers en pierre et en marbre, ou des génies purement curieux qui voulaient perfectionner les arts.

» Ils étaient non seulement d'habiles architectes, qui voulaient consacrer leurs talents et leurs biens à la construction de Temples extérieurs, mais aussi *des princes religieux et guerriers* qui voulaient éclairer, édifier et protéger les Temples vivants du Très-Haut.

» Du temps des guerres saintes dans la Palestine, *plusieurs princes, seigneurs et citoyens entrèrent en société,* firent vœu de rétablir les temples des chrétiens en Terre-Sainte, et s'engagèrent par serment à employer leurs talents et leurs biens à ramener l'architecture à sa primitive institution.

» Ils convinrent de plusieurs signes anciens, de mots symboliques tirés du fond de la Religion, pour se distinguer des

Infidèles et se reconnaître parmi les Sarrazins. On ne communiquait ces signes et ces paroles qu'à ceux qui promettaient solennellement, et souvent même au pied des autels, de ne les jamais révéler. »

» Cette promesse sacrée n'était donc plus un serment exécrable comme on le débite, mais un lien respectable pour unir les hommes de toutes les nations dans une même confraternité. »

« Quelque temps après, notre Ordre s'unit intimement avec les Chevaliers de Saint-Jean de Jérusalem. Dès lors et depuis, nos Loges portèrent le nom de Loges de Saint-Jean dans tous les pays. »

« Cette union se fit en imitation des Israélites, qui, lorsqu'ils rebâtirent le second Temple, maniaient d'une main la truelle et le mortier et tenaient dans l'autre l'épée et le bouclier. »

« *Les rois, les princes et les seigneurs, en revenant de la Palestine dans leur pays, y établirent différentes Loges; mais c'est en Écosse que cette union, que ce mélange des formes ouvrières des compagnons Maçons de la Maçonnerie de 1717 avec les formes chevaleresques des quatre* HAUTS GRADES, *eut lieu* (1). »

Telle est l'origine des Grades *Écossais*, de la Maçonnerie *Écossaise*, de l'*Écossisme* en Maçonnerie. Ce n'est en somme qu'une fiction imaginée par les partisans des Stuarts, pour rendre plus agréables à la vanité les grades dont ils récompensaient les Maçons français qui favorisaient le Prétendant au trône d'Angleterre.

En 1743, le 11 décembre, Louis de Bourbon-Condé, Comte de Clermont, fut nommé Grand Maître. Le ban-

(1) *Histoire du Grand Orient de France*, par A. G. Jouaust. Paris, 1865. Pages 47 à 49.

quier Baure lui fut adjoint comme Député Grand-Maître.

Ni le prince du sang ni le banquier ne s'occupèrent de la Maçonnerie française. Cette absence de direction eut des conséquences fatales; de simples Maîtres de Loges osèrent délivrer des constitutions, et l'on vit de petits restaurateurs, soucieux d'étendre leur commerce, s'arroger le titre de Vénérables.

Un de ces maîtres de Loges, plus entreprenant encore que les autres, était le tailleur d'habits Pirlet. Après avoir débité les quatre Hauts Grades Écossais du chevalier de Ramsay, Pirlet s'était mis à la tête d'une sorte d'agence maçonnique pompeusement intitulée : *Souverain Conseil des Empereurs d'Orient et d'Occident*. Ce « Souverain Conseil » pratiquait *vingt-cinq* grades, dont la plupart, dit le Frère de Lachaussée, Garde des Sceaux et Archives de la Grande Loge de France en 1773, « n'étaient que des productions informes de cerveaux échauffés par l'enthousiasme, l'intérêt et le bel esprit, *sans aucune analogie avec le fond* de la véritable Maçonnerie (1). »

Pirlet ne fit qu'imiter Ramsay. Celui-ci avait créé quatre « Hauts Grades » pour encourager ou récompenser les conspirateurs royalistes; Pirlet en inventa *dix-huit* autres, afin de flatter toutes les vanités, et de pouvoir, plus aisément, ouvrir toutes les bourses (2).

En résumé, les *trois* degrés ANGLAIS, d'Apprenti, Compagnon et Maître, composaient primitivement la Maçonnerie Symbolique.

Ces trois degrés primitifs, augmentés des *quatre* degrés

(1) *Histoire de la Franc-Maçonnerie*, par A. G. Jouaust. Paris, 1881. Pages 38-39.

(2) On trouvera plus loin le tableau des transformations successives de la Maçonnerie et la Nomenclature des différents grades.

qu'imagina Ramsay pour favoriser la politique des Stuarts, formèrent, dans leur ensemble de *sept*, la MAÇONNERIE ÉCOSSAISE et DES HAUTS GRADES.

Ces *sept* degrés, additionnés de *dix-huit* autres qu'enfanta le fécond esprit de Pirlet pour faciliter le commerce des grades, constituèrent, dans leur ensemble de VINGT-CINQ, la MAÇONNERIE DE PERFECTION ou des HAUTS GRADES, désignée également sous les noms de MAÇONNERIE DES EMPEREURS D'ORIENT ET D'OCCIDENT, et de MAÇONNERIE DES PRINCES DU ROYAL SECRET.

Telles furent les transformations subies par la Franc-Maçonnerie dans la première moitié du XVIIIe siècle.

III.

Le 2 octobre 1766, le Frère Gaillard, orateur du SOUVERAIN CONSEIL DES EMPEREURS D'ORIENT ET D'OCCIDENT, et membre de la GRANDE LOGE en sa qualité de Vénérable d'une des Loges de Paris, proposa la fusion de la GRANDE LOGE et du SOUVERAIN CONSEIL ; il demanda en même temps la création de trois chambres : la première devait connaître seulement du *Symbolisme ;* la deuxième, des Grades Supérieurs, *jusques et y compris l'Écossisme;* la troisième, de *tous les Grades supérieurs à l'Écossisme.*

Donc, à cette date du 2 Octobre 1766, le SOUVERAIN CONSEIL se considérait comme étant en possession d'une Maçonnerie supérieure à l'ÉCOSSISME, et déclarait la MAÇONNERIE DE PERFECTION SUPÉRIEURE à la MAÇONNERIE ÉCOSSAISE, de même que celle-ci s'était déclarée Supérieure à la MAÇONNERIE SYMBOLIQUE (1).

(1) *Histoire de la Franc-Maçonnerie*, par A. G. Jouaust, page 40. Paris. 1881.

La fusion proposée par Gaillard eut lieu le 9 Août 1772, par devant la Grande Loge de France régulièrement convoquée en Assemblée générale. Ce fait est consigné au procès-verbal dans les termes que voici :

« La matière mise en délibération, après avoir ouï le Vénérable Frère Bruneteau, Grand Orateur de la très respectable Grande Loge, il a été *unanimement* et *irrévocablement arrêté* que le *Souverain Conseil* des Empereurs d'Orient et d'Occident, Sublime Mère Loge Écossaise, était et demeurait dès ce moment *uni* à la très respectable *Grande Loge* pour NE FORMER AVEC ELLE QU'UN SEUL et MÊME CORPS QUI RÉUNIT TOUTES LES CONNAISSANCES MAÇONNES ET LA PUISSANCE LÉGISLATIVE SUR TOUS LES GRADES DE LA MAÇONNERIE, sous le titre de *Souveraine et très respectable Grande Loge de France* (1). »

Cette GRANDE LOGE DE FRANCE qui fusionnait ainsi avec le Souverain Conseil, n'était autre que la GRANDE LOGE ANGLAISE DE FRANCE qui, après avoir existé sous le patronage de la Grande Loge d'Angleterre, de 1721 à 1756, s'était proclamée indépendante de tout vasselage étranger sous le nom de GRANDE LOGE NATIONALE FRANÇAISE.

L'acte officiel de la prise de possession, par la Grande Loge de France, de la Suprématie sur toute la Maçonnerie Française, porte la date du 17 Septembre 1772. Il est ainsi conçu : (*Documents justificatifs*. N° 1.)

IV.

Le Frère Pirlet n'avait pas attendu toutefois cette glorification de sa trouvaille pour essayer d'en tirer parti au

(1) *Histoire du Grand Orient de France*, par A. G. Jouaust, pages 120-122. Paris, 1865.

point de vue pécuniaire. Dès 1761, sous la Grande Maîtrise du Comte de Clermont, un nommé Lacorne, homme aimable, et maître de danse de son métier, obtenait le titre de *Substitut particulier du Grand Maître.* Lacorne, trouvant que le placement des diplômes se faisait difficilement en France, s'entendit avec un Juif, Stephan Morin, voyageur de commerce, pour l'exportation des Hauts Grades en Amérique (1). Stephan Morin s'embarqua pour le Nouveau Monde, nanti des deux documents dont voici le texte : (*Documents justificatifs*. N° 2 et N° 3).

Débarqué à la Jamaïque, le Juif Stéphen Morin conféra au Juif Francken toute la séquelle des grades qui précèdent, y compris celui de Député Inspecteur Général. Le Juif Francken en usa de même en faveur du Juif Moses Hyes, lequel n'en fit pas moins pour le Juif Spitzer. Ces quatre enfants d'Israël trafiquèrent alors des titres de Princes et d'Empereurs parmi les braves colons de la Louisiane, du Massachussets et de Saint-Domingue (2).

Réunis en conseil de Philosophie, Morin, Francken, Hyes et Spitzer conférèrent ce fameux grade de Député Inspecteur Général à Moses Cohen qui le conféra à son tour à Isaac Long (3). Ce dernier sut se créer une clientèle sérieuse. Le même jour, le 3 mai 1797, il bombardait Députés Inspecteurs Généraux les Frères de la Hogue, de Grasse, Croze-Magnan, Saint-Paul, Robin, Petit et Marie (4).

(1) *Essai historique sur l'institution du Rite Ecossais*, par un disciple de Zoroastre (Vassal); pages 12-14. Paris, 1827.

(2) *Histoire du Grand Orient de France*, par A. G. Jouaust, page 292. Paris, 1865. — *Histoire de la Franc-Maçonnerie*, par Reghellini de Scio. Tome II, page 177. Paris, 1825.

(3) *Essai historique sur le Rite Écossais*, par Vassal; pages 15-16. Paris, 1827.

(4) *Essai historique sur le Rite Écossais*; loc. cit.

En résumé, cinq ans après le départ de Stéphen Morin pour l'Amérique, la Maçonnerie de Perfection, dont Morin s'était fait le commis-voyageur, devenait la propriété librement consentie de la Grande Loge de France; et, vingt-cinq ans après que cette propriété subsistait incontestée et incontestable, il existait en Amérique treize Députés Inspecteurs Généraux chargés d'effectuer le placement et de surveiller le fonctionnement des quarante-trois degrés que comportait à cette époque la série des Hauts Grades.

Ni Morin ni aucun des autres douze députés n'avaient reçu la puissance législative, la puissance administrative ou les droits dogmatiques de cette Maçonnerie de Perfection. Le document officiel dont Stéphen Morin était nanti, l'autorisait en effet simplement : 1° à fonder une Loge sous le titre de la *Parfaite Harmonie ;* 2° à nommer des Maçons à la fonction administrative et directrice de Député Inspecteur Général; 3° à se considérer comme pourvu du « sublime Grade de la Perfection (1). » A cette date du 3 mai 1797, la suprématie de la Maçonnerie de Perfection appartenait à la Grande Loge de France; son action ne s'étendait guère qu'à la France.

Ce n'est point qu'on n'eût pas propagé un peu partout, en Angleterre, en Ecosse et en Amérique, les Hauts Grades de Ramsay, la Maçonnerie Ecossaise et Jacobite; mais le résultat avait été nul. L'expédient qu'avaient imaginé les conspirateurs Jacobites avait quelque raison d'être en France, à dix lieues de l'Angleterre; il n'en avait aucune dans le pays même qu'on cherchait à révolutionner, aucune dans une contrée éloignée de plus de mille lieues.

(1) *Ibidem*, pages 12-16.

V.

Parmi les commissaires délégués nommés le 3 mai 1797, on a pu remarquer le nom de Grasse. Alexandre-François-Auguste, comte de Grasse-Tilly, était né en 1766 à Versailles. Il était fils du comte vice-amiral de Grasse, que son héroïque résistance au combat naval de Saintes, en 1782, a rendu célèbre.

Le comte de Grasse-Tilly était planteur à Saint-Domingue. La perte de cette colonie, d'une part ; la paix d'Amiens, la signature du Concordat et la pacification de la Vendée, d'autre part, le décidèrent à rentrer en France. Il y revint vers le milieu de l'année 1804 (1).

Au commencement de cette même année, était arrivé à Paris le Frère Hacquet, porteur d'une patente de Député Grand Inspecteur Général de l'Ordre, délivrée à New-York, et d'une patente de Député Grand Maître Métropolitain d'Hérodom (2).

Hacquet établit deux conseils des Hauts Grades Ecossais dans les Loges *la Triple Unité* et le *Phénix* de Paris. Dans cette dernière Loge il constitua également un Grand Consistoire du Rite Ecossais de Hérodom pour la France. Ce Consistoire se tint dans un sous-sol du Boulevard Poissonnière, occupée aujourd'hui par les salles de billard de la brasserie Frontin.

Trois mois environ après l'arrivée de Hacquet, le comte

(1) *Histoire du Grand Orient de France*, par A. G. Jouaust. Paris, 1865. Page 261.

(2) *Essai historique sur l'institution du Rite Écossais ; loc. cit.* Hérodom est le nom d'une montagne imaginaire que Ramsay plaçait en Écosse, et sur le sommet de laquelle se trouvait, toujours d'après les inventions fantaisistes de Ramsay, le Temple de l'Écossisme. (*Histoire du Grand Orient de France, loc. cit.*)

de Grasse-Tilly se trouvait à Paris. Les parchemins d'Hérédom, dont Hacquet tenait boutique, se débitant admirablement, de Grasse-Tilly songea à mettre à profit une idée qu'il avait déjà exploitée à Charlestown, en 1801. Stéphen Morin, qui avait reçu des soins d'un médecin de New-York, nommé Frédéric Dalcho, l'avait, après guérison, payé d'un titre d'*empereur*. C'était peu pour Morin, mais beaucoup pour Dalcho, qui résolut de fonder, de concert avec Francken, Mitchell, de La Motte et de Grasse-Tilly, un nouveau rite, ou, pour mieux dire, une nouvelle maison de commerce. Sous une autre raison sociale, ils devaient trafiquer de patentes et de brevets maçonniques, faire concurrence à la Maison Stéphen Morin, et attirer à eux quelque peu de l'argent que l'excellent Juif s'évertuait à amasser pour la France.

Après avoir rajeuni la kyrielle des 43 degrés de Stéphen Morin et de ses associés, et conservé seulement les titres qui lui parurent les plus alléchants, le comte de Grasse-Tilly se fit fabriquer une *copie* de la prétendue *révocation* des pouvoirs de Stéphen Morin; révocation que la Grande Loge de France aurait votée le 17 août 1766, *mais dont l'original n'a jamais existé* (1). Cela fait, de Grasse-Tilly et les Frères Dalcho, Bowen, Dieben, Alexander, de la Hogue et Mitchell, se réunirent, aux frais de ce dernier, à Charlestown, dans la Caroline du Sud (2).

Charlestown est situé au 33e degré de latitude Nord. Ce chiffre 33 devint celui du dernier et suprême degré du Rite nouveau qui allait faire une concurrence sans merci aux 43 degrés dont disposaient les Frères Morin et Cie. Le Juge Mitchell, en sa qualité de bailleur de fonds, se créa lui-

(1) *Histoire du Grand Orient de France*, pages 299-300.
(2) *Essai historique sur le Rite Écossais*, page 18.

même Trente-Troisième et fut le *premier Trente-Troisième* de l'Univers.

L'inauguration solennelle du Nouveau Rite et la première réunion des nouveaux Souverains Inspecteurs Généraux du 33e et dernier degré, eurent lieu le 31 mai 1801. Ce Rite fut nommé *Rite Ecossais*, parce que ce n'était, après tout, qu'une mise en scène un peu différente de la « Maçonnerie Ecossaise, » agencée uniquement pour damer le pion à la « Maçonnerie de Perfection » et lui enlever sa clientèle. Il fut nommé *Ancien* tout bonnement parce qu'il était tout flambant neuf. Il fut nommé *accepté* pour faire croire que personne ne le refuserait. C'est ainsi qu'en 1739, les Maçons Anglais dissidents de la Grande Loge d'Angleterre affectèrent d'appeler *modernes* ceux qui étaient restés fidèles à l'organisation primitive de 1717, et se qualifiaient d'*anciens;* c'est ainsi qu'ils cherchaient à se faire accepter en prenant d'emblée le titre d'*acceptés*.

Le Rite Ecossais Ancien et Accepté était fondé. Les dissidents haut gradés de Charlestown se constituèrent en corps dirigeant et s'arrogèrent l'autorité suprême sous la dénomination de Suprême Conseil *des Souverains Grands Inspecteurs Généraux du 33e et dernier degré du Rite Ecossais Ancien et Accepté* (1).

Ce premier Suprême Conseil était composé comme il suit :

Souverain Grand Commandeur : le Colonel John Mitchell.

Lieutenant Grand Commandeur : le Docteur Frédéric Dalcho.

Grand Trésorier du Saint-Empire : Emmanuel de la Motte.

Grand Secrétaire du Saint-Empire : Abraham Alexander.

(1) *History of the ancient and accepted Scottish Rite*, par Rob. Folger, pages 325-374. New-York, 1881.

Grand Maître des Cérémonies : Le Major Thomas Bowen.
Grand Ministre d'Etat : le Docteur Isaac Auld.

Ce Suprême Conseil n'avait d'ailleurs ni système de grades, ni rituel, ni doctrine. Tout le Rite se résumait en ceci : il avait dix grades de moins que ses concurrents ; mais il avait, de plus, un Suprême Conseil, et un chiffre cabalistique, le 33.

Dans son discours d'inauguration, l'Illustre Frédéric Dalcho prononça les paroles suivantes :

« Oui, mes Ill.·. FF.·., les huit nouveaux degrés dont nous sommes les inventeurs, seront la véritable Clef des S.·.*ecrets* de la Maçonnerie, la véritable Clef des S.·.*ous* de ceux qui croiront en nous et en nos promesses. » Comme on le voit, les inventeurs ne dissimulaient guère le but de leur invention.

VI.

Le comte de Grasse-Tilly arriva à Paris, ainsi que nous l'avons vu, dans le courant de l'année 1804. Puisque le Frère Hacquet vendait si bien ses parchemins d'Hérodom, de Grasse-Tilly se demanda pourquoi il n'en ferait pas autant des parchemins de son Rite Ecossais. Hacquet était porteur d'une patente de Grand-Maître Métropolitain, et d'une autre de Député Grand Inspecteur Général délivrée à New-York ; mais de Grasse-Tilly n'était-il point porteur d'une patente de Souverain Grand Inspecteur Général délivrée par le tout frais émoulu Suprême Conseil de Charlestown ?

Voici le texte de cette Patente, dont l'original se trouve aux Archives du dit Suprême Conseil. (*Documents justificatifs*. N° 4).

Le comte de Grasse-Tilly, muni de cette patente, et de nombre de chartes constitutionnelles en blanc-seing, chercha à faire accepter son importation américaine par quelques Loges et, entre temps, créa une grande Loge centrale

Ecossaise, exalta quelques Maçons au 33e degré, et constitua avec eux, dans le sein de la Grande Loge Centrale, un *Suprême Conseil* du Rite Ecossais Ancien et Accepté.

La Patente de Grasse-Tilly l'autorisait bien à fonder « des Loges, Chapitres, Conseils, Collèges et Consistoires, » *mais nullement de Suprême Conseil;* « ces Loges, Chapitres, Conseils, Collèges et Consistoires » relevaient « de l'Ordre Militaire et Royal de la Franc-Maçonnerie Ancienne et Moderne » *mais aucunement du Rite Ecossais Ancien et Accepté.*

Le *Grand Commandeur* du Suprême Conseil des Grands Inspecteurs Généraux du 33e degré, John Mitchell, né en Irlande en 1742, notaire, juge de paix et ancien lieutenant-colonel de l'armée des Etats-Unis; et le *Lieutenant Grand Commandeur*, Frédéric Dalcho, né à Londres en 1770, docteur en médecine, médecin du dispensaire de Charlestown, membre de la Société Médicale de la Caroline du Sud et des Sociétés de Médecine et de Chimie de Philadelphie, ne possédaient, en février 1802, que le titre de *Trente-Troisième,* qu'ils s'étaient décernés, le regardant comme le *nec plus ultrà* de la Maçonnerie, et qui leur avait été suggéré par le degré de latitude Nord de la ville de Charlestown.

Aussi le premier soin du Comte de Grasse-Tilly, fut-il de fixer les noms et les rituels des trente-deux degrés qui devaient précéder ce fameux 33e degré. Il s'aboucha avec un homme de lettres nommé Bailhache qui, à l'aide d'emprunts faits aux cahiers du Rite Templier, remania le Rite de Perfection avec ses vingt-cinq degrés, et y ajouta sept degrés nouveaux (1).

Voici, du reste, un tableau général des modifications

(1) *Rapport au Grand Orient de France,* par Leblanc de Marconnay, p. 20. Paris, 1852. — *Essai historique sur le Rite Écossais,* par Vassal, page 22.

subies par l'Ecossisme, depuis le baronnet Ramsay, originaire du comté d'Ayr en Ecosse, successivement Quaker, Anabaptiste, Anglican, Presbytérien et Papiste, affilié à la Compagnie de Jésus, agent Jacobite, et précepteur des enfants du Prétendant Charles Edouard, qui fut l'inventeur de la première rallonge à la Maçonnerie d'Anderson, jusqu'au Comte Alexandre-Auguste-François de Grasse-Tilly, tour à tour capitaine de cavalerie en France, ingénieur aux Etats-Unis, planteur à Saint-Domingue, et aide-de-camp d'Eugène de Beauharnais, qui a été l'exploiteur d'une supercherie sans nom en vertu de laquelle le juge de paix Mitchell s'était réveillé un matin *Trente-Troisième*, et avait illico *trente-troisiémisé* le docteur Dalcho. La lecture en est des plus instructives et montre bien que le Rite Ecossais ancien et accepté n'est qu'une audacieuse contrefaçon du Rite de Perfection (1). (*Documents justificatifs*. N° 5).

VII.

En novembre 1804, le Comte de Grasse et Bailhache donnèrent, dans l'entresol d'un restaurant de la rue Croix-des-Petits-Champs, une répétition générale de leur œuvre et firent jouer en public leur machine à exploiter l'ignorance et la vanité humaines; mais ils demeurèrent confondus devant l'insistance de quelques-uns des assistants. N'alla-t-on pas jusqu'à leur demander instamment les preuves des pouvoirs en vertu desquels Mitchell, Dalcho et consorts avaient pu signer la Patente du Comte de Grasse-Tilly?

Bailhache se rappela que l'admirateur de Voltaire, le roi de Prusse, Frédéric-le-Grand, passait pour avoir aimé la

(1) *Une Leçon d'histoire*, par J. Thévenot; page 33. Paris, 1877. — *Histoire de la Franc-Maçonnerie*, par Findel. Tome I, page 243. Leipzig, 1878.

Maçonnerie; il s'empressa d'élucubrer une modification des Constitutions du Rite de Perfection, faites en 1762 à Bordeaux, l'attribuant à Frédéric II lui-même, qui l'aurait rédigée trois mois et demi avant sa mort. Il intitula son travail : *Grandes Constitutions du Rite Ecossais Ancien et Accepté.* Ce titre s'accordait parfaitement avec les mots « conformément aux Grandes Constitutions » sans autre épithète aucune, qui terminaient le 5e paragraphe de la Patente du Comte de Grasse.

Le Comte de Grasse et Bailhache voulaient jeter de la poudre aux yeux des imbéciles; ils y réussirent à merveille, si bien que le Grand Orient, qui POSSÉDAIT dans son intégrité l'ensemble de l'importation Grasse-Tilly, ne s'aperçut pas le moins du monde de la supercherie (1).

Depuis 1786, le Grand Orient de France était en effet possesseur de tous les grades possibles et imaginables, en nombre tellement considérable, qu'on a besoin de l'autorité de son Archiviste, le Frère Thory, pour ajouter foi à la nomenclature suivante :

« Il existait dans la pratique un labyrinthe de 600 à 800 grades et variantes de grades, parmi lesquels « 18 grades différents d'Apprenti, 19 de Compagnon, 64 de Maître-Maçon, 36 d'Elu, 68 d'Ecossais, 12 de Rose-Croix, 27 degrés philosophiques, 6 de Kadosch et 15 du Prince de Royal Secret. »

Bailhache n'avait fait que fouiller dans le tas pour s'approprier des rituels démodés, et personne, parmi les dignitaires du Grand Orient, ne s'aperçut du larcin.

C'est qu'en 1804, il n'y avait au Grand Orient de France

(1) *Rapport sur l'Écossisme*, fait le 19 décembre 1861, par le Frère Merzdorf, à la Grande Loge des Trois Globes, à Berlin. — *History of the ancient and accepted Scottish Rite*, par Rob. Folger, p. 59.

aucune science dogmatique, aucune critique historique, aucune intelligence du rôle de la Maçonnerie, qui, après avoir été un instrument puissant de liberté, se trouvait alors avoir perdu toute signification philosophique et sociale pour devenir une association d'intrigues et de plaisir.

Ce n'étaient que festins, cantates, couplets de débauche ou d'amour, dans ce style faux et fade que revêt la littérature impériale, louanges hyperboliques adressées au demi-Dieu qui faisait « le bonheur et la gloire de la France. »

A cette époque, officiers, magistrats, fonctionnaires de tout ordre envahissaient les Loges. Jamais celles-ci ne furent aussi nombreuses, aussi brillamment composées; et jamais elles ne furent aussi stériles en travaux.

On a soif de parade, de clinquant, de gloriole dans le monde profane comme dans les Loges; et l'on accueille avec faveur la mystification du Comte de Grasse-Tilly, parce que le Rite du « Comte intrigant » ainsi qu'on l'appelle, prodigue les titres pompeux, les cordons de toutes nuances, les bijoux qui singent les décorations (1).

Ce besoin d'ostentation qui caractérise cette période de la vie sociale en France, explique seul l'incroyable aveuglement du Grand Orient reconnaissant sans examen la légitimité des prétendues Grandes Constitutions de Frédéric II. Notez que l'inspection la plus superficielle de ces « Grandes Constitutions » suffisait pour qu'on s'aperçût de leur fausseté (2).

Frédéric II aurait, en effet, signé les Grandes Constitutions à Berlin, le 1er mai 1786.

Or, Frédéric II n'avait pas quitté Postdam depuis le 10 septembre 1785, jusqu'au jour de sa mort, le 17 août 1786 (3).

(1) *Histoire de la Franc-Maçonnerie*, par A. G. Jouaust, page 81.
(2) *Histoire du Grand Orient de France*, page 296.
(3) *Une Leçon d'Histoire*, page 46.

Les Grandes Constitutions ont *oublié* les grades 19e et 24e et redoublé le 29e dans la série des 33e degrés qu'elles légalisent et autorisent.

Les « Grandes Constitutions » enregistrent les degrés 23e, 25e et 26e en mai 1786, alors qu'ils ont été mis au monde par Bailhache au mois de novembre 1804, et qu'auparavant ils étaient totalement inconnus (1).

Il existe d'ailleurs sur ce point un document décisif.

La Grande Loge Nationale *Aux Trois Globes*, de Berlin, dans deux communications officielles datées la première, du 17 août 1833, et la deuxième, du 19 décembre 1861, déclare d'une façon péremptoire :

« Que Frédéric II de Prusse n'a jamais prescrit de lois aux Maçons auxquels il accordait protection dans ses Etats ;

» Qu'il n'y a jamais eu de Sénat Supérieur unique dans la Franc-Maçonnerie. Chaque Loge a bien son Comité particulier directeur, qui dirige les travaux de la Loge dans les sept degrés supérieurs aux trois degrés bleus ; c'est ce Comité qui, dans chaque Loge, porte le nom de Suprême Orient Intérieur.

» Les Signataires des Grandes Constitutions, à l'exception de Stark et Wollner, sont tous absolument inconnus. Stark déclara, en 1787, que, depuis dix ans, il avait renoncé à la Maçonnerie. Quant à Wollner, il s'est toujours montré, et notamment en 1786, l'adversaire acharné des hauts Grades (2). »

Malgré tout cela, le Grand Orient entra en pourparlers

(1) *History of the ancient and accepted Scottish Rite*, by Robert Folger, pages 324-361, *passim.*

(2) *Rapport à la Chambre du Conseil et d'appel au Grand Orient de France*, par Leblanc de Marconnay, pages 28-29. Paris, 1852. — *History of the ancient and accepted Scottish Rite*, par Robert Folger, page 59. New-York, 1881.

avec le Comte de Grasse; et, le 5 Décembre 1804, un concordat fut signé par le Grand Maître du Grand Orient, Roettiers de Montaleau, et par Pyron, Orateur de la Grande Loge Ecossaise.

En vertu de ce Concordat, le Grand Orient de France unissait à lui les Frères travaillant au Rite Ecossais ancien et accepté, et constatait sa possession, dans le Grand Chapitre Général, du Suprême Conseil du 33e degré (1).

Résumons brièvement cette période de l'Histoire du Rite Ecossais ancien et accepté.

Imaginé par le Comte de Grasse-Tilly et le publiciste Bailbache en 1807, le Rite Ecossais ancien et accepté avait comme degré suprême un certain 33e degré dont le Juge de paix Mitchell s'affubla lui-même, personne ne l'ayant connu avant lui et n'ayant pu le lui conférer (2).

La réunion des Maçons revêtus de ce 33e degré constituait, d'après la Patente de Grasse-Tilly, un Suprême Conseil.

Aussi Grasse-Tilly constitua-t-il, au sein de son Invention même, un Suprême Conseil de 33mes.

C'est ce Suprême Conseil *unique*, et uniquement légal depuis les innovations des Mitchell, Dalcho, Delahogue, Grasse et Cie, que le Grand Orient unit à lui par Concordat du 5 Décembre 1804, et cela moyennant finances, car il paya 7691 livres 13 sols et 4 deniers, le bon plaisir du Comte de Grasse-Tilly et les élucubrations de M. Bailhache (3).

Bien que le « comte Intrigant » eût reçu en outre une assez forte somme, destinée à étouffer ses dettes criardes, et

(1) Essai historique sur l'Institution du Rite Écossais, par un disciple de Zorobabel (J. B. E. Clavel), page 28. Paris, 1827.

(2) *History of the ancient and accepted Scottish Rite*, pages 323-361. *passim*.

(3) *Une Leçon d'Histoire*, par J. Thévenot, page 11.

qu'il eût fait accorder à son secrétaire, le Frère Abraham, une pension de 800 livres, il se trouva bientôt trop à l'étroit au sein du Grand Orient, pour poursuivre, de compte à demi avec ses co-inventeurs, son exploitation de l'Ecossisme. Et neuf mois après la signature du Concordat, le 5 Septembre 1805, cet Acte fut déclaré nul, à l'insu du Grand Orient, et SANS QUE L'ARGENT PAYÉ PAR LE GRAND ORIENT LUI FUT REMBOURSÉ.

Or, c'est de cette escroquerie qui consiste à reprendre la chose vendue sans rendre le prix reçu pour la vente, que date l'existence du Suprême Conseil comme puissance dirigeante du Rite Ecossais ancien et accepté (1).

L'existence du Suprême Conseil, comme Puissance Dogmatique séparée du Grand Orient, constitue donc un abus de confiance à l'égard du Grand Orient.

Bien entendu, cet abus de confiance cesserait dès demain, si le Suprême Conseil versait au Grand Orient la somme de 475,000 francs à laquelle se monte environ, intérêts compris, sa dette en espèces.

VIII.

Devenu aide de camp du Prince Eugène de Beauharnais, le Comte de Grasse-Tilly craignit assez les suites de son abus de confiance pour s'empresser de céder au Frère Cambacérès tous les droits qu'il pouvait avoir. Cambacérès, Grand Maître adjoint du Grand Orient en France, gouvernait effectivement la Maçonnerie, car le Grand Maître d'alors, Joseph Bonaparte, frère de Napoléon, n'était même pas Maçon, son initiation au premier degré ayant toujours été différée.

En 1806, un compromis verbal laissa subsister le Suprême

(1) *Idem*, page 14.

Conseil, *sous la dépendance* du Grand Orient de France, mais seulement en qualité d'assemblée dogmatique, appelée à conférer, *au nom du Grand Orient,* les grades 30, 31, 32 et 33.

De 1806 à 1811, le Suprême Conseil ne fut qu'un Atelier ayant pour mission unique et spéciale la collation des degrés 30, 31, 32 et 33, qu'il ne pouvait conférer qu'à des Maçons *isolés,* sans pouvoir constituer aucun autre Atelier, si ce n'était sur *l'autorisation* du Grand Orient (1).

Or, en 1811, dans sa séance du 19 janvier, le Suprême Conseil proclama son indépendance, c'est-à-dire, s'attribua le pouvoir, qu'il n'avait pas eu jusqu'alors, de créer des Ateliers sans l'autorisation préalable du Grand Orient. Les membres du Suprême Conseil oublièrent malheureusement deux choses passablement importantes : ils ne pensèrent pas à signer au Livre d'Or du Suprême Conseil le *procès-verbal* de cette séance et ils ne songèrent pas davantage à rendre l'argent.

Quatre ans plus tard, en 1815, le Comte de Grasse-Tilly revenait des pontons anglais où tous ses grades Maçonniques ne l'avaient point empêché d'être détenu. Le 27 septembre, le Suprême Conseil fut convoqué pour assister à l'érection des bustes du roi Louis XVIII et du comte d'Artois, son frère. Le Comte de Grasse présidait cette séance; il n'y fut pas le moins du monde question de rendre au Grand Orient l'argent qui lui était dû (2).

L'année suivante, en 1816, le Comte de Grasse, harcelé et poursuivi par ses créanciers, quitta la France et son « Saint Empire » du Suprême Conseil, et se résigna à faire des dettes ailleurs.

(1) *Une Leçon d'Histoire,* par J. Thévenot, pages 15-16 et 24. Paris, 1877.
(2) *Une Leçon d'Histoire, loc. cit.*

Il n'y parvint pas au gré de ses désirs, puisqu'il revenait deux ans après. C'est alors que, payant d'audace à défaut d'autre monnaie, il fonda, le 3 septembre 1818, un Suprême Conseil complètement inédit. Notez bien que son ancien Suprême Conseil, première manière, subsistait toujours.

Le Suprême Conseil, premier du nom, se sentit mortellement atteint. Il fit feu des quatre pieds, se dépêcha de mettre en jugement le Comte de Grasse, n'eut pas de difficulté à prouver ses manœuvres frauduleuses, démontra qu'il encaissait deux francs par diplôme qu'il prenait la peine de sceller de ses propres armes, et enfin le révoqua, à la date du 18 Septembre 1818, tout en accompagnant cette exécution d'un blâme sévèrement motivé (1).

Depuis lors, on n'entendit plus parler du Comte de Grasse-Tilly. Il disparut de la circulation, totalement ruiné et n'ayant plus l'espérance de se refaire. Mais le Suprême Conseil qu'il avait créé quinze jours auparavant était plus vivace que jamais et ne devait point subir le sort de l'aventurier qui lui avait donné l'être. Le 15 Septembre 1818, trois jours avant l'exécution du « Comte intrigant, » le duc Decazes, favori du roi Louis XVIII et ministre de la Police générale du Royaume, était nommé Grand Commandeur du Suprême Conseil numéro deux (2).

Quant au Suprême Conseil primitif, au Suprême Conseil de 1811, au Suprême Conseil numéro un, il mourut de sa belle mort en 1820. Les rares Maçons qui lui étaient demeurés fidèles se rallièrent alors au Suprême Conseil du duc Decazes, et constituèrent avec lui, le 7 Mai 1821, le « Suprême Conseil du Rite écossais ancien et accepté pour

(1) *Histoire des Trois Grandes Loges,* par Émile Rebold, pages 473-475. Paris, 1864.

(2) *Histoire des Trois Grandes Loges; loc. cit.*

la France et ses dépendances ; » mais, par une inconcevable fatalité, ils oublièrent encore de rendre l'argent au Grand Orient de France.

Et le 12 Juillet 1822, ce Suprême Conseil, qui n'avait toujours point rendu l'argent, s'octroyait l'omnipotence sur les grades symboliques et se mettait à créer des Loges des trois premiers degrés.

L'éternelle réclamation : « Rendez l'argent ! » mortifiait à un tel point les hauts personnages que le duc Decazes avait attirés dans le Suprême Conseil, que des tentatives de fusion entre le Suprême Conseil et le Grand Orient eurent lieu en 1827, en 1835 et en 1841. Le Suprême Conseil aurait bien voulu obtenir un : « *Pour solde de tout compte* (1). »

Remarquons en passant que l'abus de confiance dont il était né, n'avait point porté bonheur au Suprême Conseil. Il ne comptait en 1848 que soixante Loges en activité ; le Grand Orient, à la même époque, comprenait quatre cent quatre-vingt-sept Ateliers.

En 1852 eut lieu une nouvelle tentative de fusion entre le Suprême Conseil et son rival. Le Prince Murat était alors Grand Maître du Grand Orient. Tout en daignant profiter de l'influence que la position politique du Prince Murat faisait rejaillir sur le Grand Orient, le Suprême Conseil ne s'inquiéta pas plus que par le passé, de rendre l'argent.

Enfin Napoléon III nomma Grand Maître du Grand Orient de France le Maréchal Magnan, qui n'était point Maçon et qui fut initié pour la circonstance. Le Maréchal prit son titre au sérieux ; il se considéra comme étant nommé Grand Maître d'un pouvoir régissant l'ensemble de la Maçonnerie française (2).

(1) *Une Leçon d'Histoire*, par J. Thévenot, pages 20 à 30.

(2) *Une Leçon d'Histoire*, par Thévenot ; *loc. cit.*

Le successeur du duc Decazes, l'académicien Viennet (1), fabuliste de son état et Grand Commandeur du Suprême Conseil, protesta contre cette attribution d'autorité; et il formula sa protestation en des termes tels, que le Maréchal Magnan, par décret du 22 mai 1862, déclara dissous le Suprême Conseil.

Ce décret, somme toute, ne faisait que débarrasser la Maçonnerie française d'un élément de discorde; mais il fut mal interprété par le Grand Orient de France qui fit toujours preuve, en cela comme en autre chose, d'ignorance et d'incapacité. Le Grand Orient jugea que le décret de son Grand Maître était attentatoire à la Solidarité maçonnique, qu'il faisait trop bon marché d'une certaine forme d'organisation confiée à des personnalités déterminées; il s'inscrivit contre la dissolution du Suprême Conseil, et fit rapporter par Napoléon III le décret du 22 mai 1862. En agissant ainsi, le Grand Orient assurait l'indépendance du Suprême Conseil (2)!

IX.

Les conséquences, faciles à prévoir, ne se sont pas faites attendre. Le Congrès de Lausanne, assemblée de pouvoirs *Ecossais* plus ou moins conventionnels, a déclaré, en septembre 1875, que le Grand Orient de France avait uniquement et exclusivement le droit de faire des Maîtres Maçons au Rite Français, que ses Rose-Croix et ses Kadosh étaient des Maçons irréguliers qui ne pourraient être que

(1) Le fabuliste et académicien Viennet était si ferré en histoire maçonnique, que, dans un document officiel daté du 25 mai 1862, il faisait remonter à 1723 l'origine du Rite Écossais ancien et accepté, tout en prétendant que le Grand Orient et la maçonnerie symbolique ne dataient que de 1772!

(2) *Une Leçon d'Histoire, loc. cit.*

tolérés dans les ateliers Ecossais, et que ses 31es, 32es et 33es n'avaient ni raison d'être ni droit d'exister.

Le Suprême Conseil de France, à l'instigation duquel ces résolutions ont été prises par le Congrès de Lausanne, a évité de rappeler aux délégués des autres Suprêmes Conseils qu'il devait son existence indépendante à une escroquerie de 7.191 livres 13 sols et 4 deniers; escroquerie commise aux dépens du Grand Orient de France, le 5 septembre 1805, grâce aux manœuvres du Frère Pyron, Grand Orateur de la Grande Loge Ecossaise, agent général et intendant des bois et domaines de la Maison d'Artois. Le Suprême Conseil de France n'a pas voulu non plus se souvenir qu'il avait à rembourser au Grand Orient, pour avoir le droit de se déclarer indépendant, plus de 250.000 fr., somme à laquelle se montaient, en 1875, les intérêts capitalisés du prix dont on avait payé sa soumission du 5 décembre 1804.

Le Congrès de Lausanne décida que, hors du Suprême Conseil, il n'y aurait plus de grade régulier supérieur au grade de Maître; il aida ainsi le Grand Commandeur Crémieux à retenir en France, au profit du Suprême Conseil, le monopole exclusif des hauts Grades volés en 1804 et escroqués en 1805 au Grand Orient de France (1).

Le Grand Commandeur Crémieux a été remplacé, en 1880, par le Grand Commandeur Proal, professeur de dessin graphique au Lycée Saint-Louis et Bibliothécaire de l'Ecole Centrale. Ce nouveau dignitaire a continué de laisser faire. Comme ses prédécesseurs, il a oublié de rendre l'argent.

Et maintenant sous la conduite du Grand Commandeur Proal, du Grand Secrétaire Bagary, du Grand Chancelier Bérard et du Grand Orateur Gonnard, le Suprême Conseil tient encore haut et ferme le drapeau du despotisme Maçon-

(1) *Une Leçon d'Histoire;* page 30.

nique, de l'intolérance dogmatique et de la tyrannie hiérarchique, faussant à un tel point la véritable conception de la Maçonnerie, qu'un de ses membres les plus éminents, sommé un jour de définir clairement la secte fameuse, n'a su répondre autre chose que ces mémorables paroles : « De fait, la Franc-Maçonnerie est la Franc-Maçonnerie, et pas autre chose. »

X.

Il ne sera peut-être pas sans intérêt d'examiner ici ce qu'est ce *Trente-Troisième* degré, dont il a si souvent été question, que se disputent éternellement le Suprême Conseil et le Grand Orient, et qui est réellement la pomme de discorde infernale jetée entre ces deux obédiences maçonniques.

Etudions la synthèse du 33e degré, dans le « *Rituel Officiel du 33e et dernier degré du Rite Ecossais Ancien et Accepté;* comparons-la avec le texte manuscrit du « RITUEL SACRÉ du Très Illustre Souverain Prince de la Maçonnerie, Grand Chevalier Sublime Commandeur du Royal Secret, 25e et dernier degré du Rite de Perfection, » importé de France en Amérique, par Stéphan Morin en 1761 ; manuscrit légué par le vicomte de la Jonquière à la Grande Loge d'Edimbourg et conservé dans sa Bibliothèque privée sous le n° 27 de la collection intitulée : « *La Jonquière Manuscripts.* » (*Documents justificatifs.* N° 6.)

IV.

Cette Exploitation constitue, en 1888, une Escroquerie qualifiée.

I.

De ce que l'on vient de lire, il résulte que le Rite Ecossais ancien et accepté, dont le Suprême Conseil prétend avoir le monopole en France :

N'est pas ancien, puisque ce n'est autre chose qu'une contrefaçon, éditée à Paris en 1804, de la falsification du Rite des Princes du Royal Secret, falsification élaborée en 1802 à Charlestown ;

Que le Grand Orient de France, propriétaire exclusif, en 1799, du Rite à 25 degrés des Princes du Royal Secret, s'étant rendu, en 1804, acquéreur de la prétendue invention du Comte de Grasse-Tilly, est devenu possesseur légitime des huit degrés, greffés sur les autres, qui constituaient la nouveauté maçonnique importée d'Amérique par cet aventurier ;

Que le Grand Orient est donc, *de droit*, et de droit incontestable, la seule Puissance maçonnique qui puisse régir les Hauts Grades de l'Ecossisme, la seule qui puisse légalement prendre le titre de Suprême Conseil ;

Que le Suprême Conseil fondé par de Grasse-Tilly, ayant reçu 7.691 livres et des deniers pour se laisser absorber, en 1804, par le Grand Orient, cessa par cela même d'exister ;

Que néanmoins, et sans rendre aucunement la somme qu'il avait perçue, ledit Suprême Conseil déclara nulle la fusion qu'il avait librement consentie, s'improvisa à nouveau, se reconnut indépendant et s'octroya des Constitutions ;

Que ces Constitutions ne sont, d'ailleurs, que de simples procès-verbaux des réunions de 1821 et 1822, réunions où les Frères présents décrétèrent qu'ils s'assembleraient à l'avenir sous le nom de Suprême Conseil et de Grande Loge Centrale.

Il demeure donc définitivement établi que le Rite Ecossais ancien et accepté a en France deux gouvernements : l'un, *de droit*, qui est le Grand Orient, et l'autre, *de fait*, qui est le Suprême Conseil ;

Et que, par conséquent, le Maçon qui veut obtenir en France une Patente du 33e degré, devra être considéré comme irrégulier *de droit*, s'il tient cette Patente du Suprême Conseil.

Après avoir abusé, en 1805, de la confiance du Grand Orient de France, le Suprême Conseil pour la France et ses dépendances continue son commerce ; chaque jour il abuse de la confiance des Maçons qui lui versent des sommes, plus ou moins rondes, en paiement de brefs, patentes ou diplômes du Rite Ecossais.

Aussi l'exploitation en France du Rite Ecossais ancien et accepté, par l'Assemblée Maçonnique qui porte le titre de *Suprême Conseil pour la France et ses dépendances,* constitue-t-elle, et d'une manière flagrante, le délit d'Escroquerie.

II.

Passons maintenant au Grand Orient de France.

Le Grand Orient, dans son Assemblée supérieure qui s'intitule « Suprême Conseil pour la France et les possessions françaises » et qui fait partie de la Section des Hauts Grades appelée le « Grand Collège des Rites, » le Grand Orient, disons-nous, possède exclusivement, et *de droit*, le gouvernement du Rite Ecossais ancien et accepté en France,

Conseil des Empereurs

DOCUMENT JUSTIFICATIF N° 7.

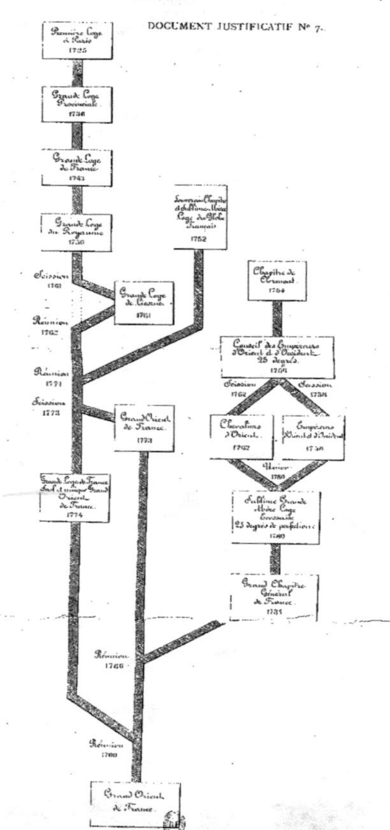

comme le prouve son arbre généalogique. — *(Documents justificatifs*, n° 7.)

Assemblée essentiellement politique, variant de nuance selon la faction qui l'emporte, tour à tour orléaniste, bonapartiste ou républicaine, anarchiste même à ses heures, le Grand Orient a toujours été le moyen dont se sont servies les nullités pour se faire accepter, le tremplin qui a rendu accessibles aux médiocrités les fonctions publiques.

Les gens qui veulent, à tout prix, se parer d'une influence accidentelle ou d'un semblant de valeur, bien qu'ils aient conscience de leur incapacité, ont trop d'intrigues personnelles à démêler pour se soucier le moins du monde de l'honneur ou de la dignité du groupe social qui les pousse. Et, comme l'a dit le général Albert Pie, avec trop de justesse peut-être, dans une lettre adressée jadis au vicomte de la Jonquière, le Grand Orient de France « a toujours été entre les mains des trois I, des Ignorants, des Imbéciles et des Intrigants. »

La conséquence de cet état de choses est naturelle. Avant le 31 octobre 1885, les différents Ateliers Ecossais et les différents Suprêmes Conseils du monde entier toléraient tout juste les Maçons porteurs de Patentes de 33e, délivrées par le Grand Collège des Rites du Grand Orient de France. Depuis le 31 octobre 1885, une Patente du 33e émanant du Grand Collège des Rites n'a plus aucune espèce de valeur; c'est un document que personne dans l'Ecossisme, absolument personne, ne peut accepter ni reconnaître.

En veut-on savoir la raison?

« Par décret promulgué le 9 novembre 1885, le Grand Orient de France, conformément à la décision prise le 31 octobre précédent, par l'Assemblée générale des Ateliers Symboliques de l'Obédience,

» Ordonne la dissolution du Grand Collège des Rites,

« Et charge le Conseil de l'Ordre de veiller à sa reconstitution. »

Les résultats de ce coup d'Etat des Trois I ont été sagement établis par le F. Ferdeuil, avocat à la Cour d'appel, ancien sous-préfet et grand chancelier du Grand Collège des Rites. C'est en ces termes qu'il protestait, le 29 décembre 1885, auprès du Conseil de l'Ordre du Grand Orient de France :

« Vous m'avez fait parvenir une ampliation du décret de l'Assemblée Générale des Ateliers Symboliques en date du 31 octobre dernier, prononçant la dissolution du Souverain Conseil des grands Inspecteurs Généraux du Rite Ecossais ancien et accepté, qui, sous le titre de Grand Collège des Rites, constitue, au sein du Grand Orient de France, le Suprême Conseil pour la France et les possessions françaises.

» Cette décision qui, sous prétexte de réorganisation, renverse tous les principes et toutes les traditions de la Franc-Maçonnerie universelle, est absolument illégale par l'incompétence de ceux qui l'ont rendue. (1). »

Par conséquent, aujourd'hui, le nouveau « Suprême Conseil pour la France et les possessions françaises, » issu du Grand Orient de France par décret du 9 novembre 1885, est illégal à cause même de l'incompétence de ceux qui ont procédé à son organisation. Une fois de plus, le Grand Orient s'est trouvé enchainé par les trois I, Ignorance, Imbécillité et Intrigue ; une fois de plus, il s'est déshonoré en se faisant l'esclave du nombre, en pliant devant la majorité, d'où qu'elle vienne et quelle qu'elle soit.

Et par conséquent encore, le Maçon qui veut obtenir en France une patente du 33e degré, sera irrégulier *de fait* s'il la tient du Grand Collège des Rites du Grand Orient de France.

(1) *Le Monde maçonnique*, Vol. XXVII, pages 309-310.

Aussi l'exploitation en France du Rite Ecossais ancien et accepté, par l'Assemblée Maçonnique qui porte le titre de *Suprême Conseil pour la France et les possessions françaises*, constitue-t-elle, et d'une façon formelle, le délit d'ESCROQUERIE.

III.

Nous croyons avoir clairement expliqué notre pensée, et si le lecteur n'a pas été trop dérouté par ces titres longs de deux lignes et presque semblables qui désignent les différentes obédiences maçonniques, il aura tiré facilement la conclusion des prémisses que nous avons posées.

Il reste établi, et d'une manière irréfutable, que le Franc-Maçon qui reçoit du Suprême Conseil de France, contre paiement, une Patente de 33e, a entre les mains un document qui est FAUX, DE DROIT ; et que celui qui reçoit cette patente du Grand Orient de France, toujours contre paiement, a entre les mains un document qui est FAUX, DE FAIT.

Et sans crainte à présent d'être démenti, nous repèterons ce que nous disions à la première page de cette étude :

En 1888, l'exploitation en France du Rite Ecossais Ancien et Accepté constitue une ESCROQUERIE.

Car cette exploitation, qu'elle soit l'œuvre du Suprême Conseil, ou qu'elle soit entreprise par le Grand Orient, comporte « *des manœuvres frauduleuses pour persuader de l'existence d'un pouvoir imaginaire afin de se faire remettre ou délivrer des fonds.* »

Cette immoralité voulue, préméditée, qui a envahi de notre temps les hauts Grades et les Corps dirigeants de la Franc-Maçonnerie, ne justifie que trop les plaintes amères d'un Maçon des plus éminents et des plus convaincus, du Frère Bernard Acarry, rédacteur du *Bulletin Officiel de l'Ordre*.

« La Franc-Maçonnerie, dit-il, est impuissante à réaliser l'enseignement qu'elle prescrit, à preuve l'Institut Historique qui n'est connu que par le décret qui l'a institué (1).

» Dans les hautes régions du pouvoir Maçonnique, il existe un despotisme qui blesse profondément le sentiment fraternel, même chez les Maçons qui comprennent la nécessité de la hiérarchie pour maintenir le bon ordre et la discipline.

» Parmi les Francs-Maçons, on cite des personnes illustres ou recommandables par leur savoir et leur mérite; mais très rarement on les voit participer aux travaux des Ateliers, parce qu'elles n'y trouvent aucune compensation au temps qu'elles y sacrifient.

» Aucune Secte, aucune Association ne peut se prévaloir du privilège exclusif d'un mérite ou d'une vertu quelconque; en Maçonnerie on rencontre donc toutes les passions du monde profane. Mais comme l'initiation, pour beaucoup d'Adeptes, est considérée comme une sorte de consécration au bien, ils sont plus douloureusement affectés par la déception qui s'ensuit, quand ils voient qu'il en est tout autrement.

» La Franc-Maçonnerie ne produit aucune liaison dans le monde extérieur, et, en dehors des Loges, les Francs-Maçons demeurent en général parfaitement étrangers les uns aux autres, à la grande déception de ceux qui croyaient que la Maçonnerie est une véritable famille.

» Elle occasionne des dépenses assez élevées, qui ne rapportent rien, absolument rien, au point de vue de la satisfaction morale, car la Franc-Maçonnerie ne dit rien au cœur ni à l'intelligence et ne provoque aucun dévouement (2). »

(1) *La Franc-Maçonnerie*, Examen critique de sa Doctrine, par Bernard Acarry père, ex-député du Grand Orient, et rédacteur du *Bulletin officiel de l'Ordre*. Paris, 1859. Pages 39-40.

(2) *La Franc-Maçonnerie*, par Bernard Acarry, *loc. cit.*

Cette déchéance morale, ainsi flétrie par un des chefs de la Maçonnerie, n'a-t-elle pas aussi inspiré le Frère Tanquerel, ancien orateur du Grand Orient de France?

« Les Francs-Maçons, dit le F. Tanquerel, jouent à une fraternité impossible, dérisoire et mensongère, car la Maçonnerie est l'histoire de toutes les aberrations de l'esprit humain (1). »

L'étude historique qui précède prouve que, dans ses Grades Symboliques, la Franc-Maçonnerie de 1887 est, en France, un mensonge de plus et une illusion de moins, et dans ses hauts Grades, la Franc-Maçonnerie de 1888 est, en France, un abus de confiance de plus et une légende de moins.

V.

L'Exploitation de la Franc-Maçonnerie en Belgique.

Le 11 Mai 1817, un Suprême Conseil du 33e et dernier degré du Rite Écossais Ancien et Accepté fut fondé en Belgique par des Souverains Grands Inspecteurs Généraux du Suprême Conseil en France.

Il mena une existence assez active, se vouant à la réalisation de « l'Instruction permanente des Chefs de la Haute Maçonnerie » surtout dans sa recommandation suprême : « *Notre but final est l'anéantissement complet du Catholicisme et même de l'idée chrétienne.* »

(1) *La Franc-Maçonnerie devant le XIXe siècle*, par Germain Tanquerel. ancien orateur du Grand Orient de France, page 6. Paris, 1861. — *Histoire Pittoresque de la Franc-Maçonnerie*, par J.-B. Clavel, p. 181. Paris, 1844.

Aussi, depuis 1840 et sous la direction de son grand Maitre M. de Facqz, la minorité Maçonnique du Congrès national de 1830 s'efforça-t-elle de faire inscrire sur la Constitution belge le principe que : « Le Pouvoir civil doit primer et dominer le pouvoir religieux » et réunit, pour parvenir à ses fins, le Congrès libéral de 1846.

Cette grande confédération Franc-Maçonnique et libérale que Louis-Philippe qualifia de « convention nationale révolutionnairement constituée » porta ses meneurs au pouvoir dès 1847.

Ils organisèrent immédiatement une politique d'application des principes francs-maçonniques, se résumant en deux mots :

Libéraliser l'administration et par elle le pays et entraver l'action de l'Église catholique en la dépouillant de ses biens.

En 1854, lors de la fête du Grand Orient de Belgique du 24 Juin, la Franc-Maçonnerie belge développa ainsi les cinq points sur lesquels « la lutte dans laquelle il faut combattre et vaincre pour le triomphe de la vérité Maçonnique » devait être engagée :

« 1° Les questions politiques et religieuses doivent faire l'objet de l'action constante des Loges secrètement liguées.

» 2° Les Loges doivent être organisées dans leurs rapports entre elles, et avec les sociétés secrètes de l'étranger, de manière à obéir à une impulsion unique conformément aux traités conclus.

» 3° Ces traités conclus forment une Loi Suprême qu'il n'est permis à personne d'examiner ou de discuter. Le vrai Maçon doit s'incliner devant eux, s'y soumettre aveuglément.

» 4° Les questions à l'ordre du jour sont : l'éducation du peuple et l'enseignement public qui doivent relever de l'État dans leur organisation et, par l'État asservi, relever de la mystérieuse influence maçonnique, d'une part, et d'autre part, la charité publique qui doit entraver la charité privée, et la liberté des cultes qu'il faut extirper de la Constitution, en tant que liberté du culte catholique, par la compression de la parole en chaire et par la destruction de la liberté de s'associer dans un but religieux. ».

» 5° Ce programme doit, au besoin, être réalisé par la force. »

Et pour bien préciser le caractère « des Soldats » chargés de vaincre dans cette lutte, un arrêté du Grand Maître Verhaegen, daté du 5 janvier 1855, énonce les décisions suivantes relatives aux élections politiques :

« 1° Un Candidat Maçon sera d'abord proposé, par la Loge dans le ressort de laquelle se fera l'élection, à l'adoption du Grand Orient, pour être ensuite imposé aux Frères de l'Obédience.

» 2° Dans l'élection, qu'elle soit nationale, provinciale, communale, l'agréation du Grand Orient sera également nécessaire, également réservée.

» 3° Chaque maçon jurera d'employer toute son influence pour faire réussir la candidature adoptée.

» 4° L'Élu de la Maçonnerie sera astreint à faire en Loge une profession de foi dont acte sera dressé.

» 5° Il sera invité à recourir aux lumières de cette Loge ou du Grand Orient, dans les occurrences graves qui peuvent se présenter pendant la durée de son mandat.

» 6° L'inexécution de ses engagements l'exposera à des peines sévères, même à l'exclusion de l'Ordre Maçonnique.

» 7° Chaque Loge pouvant juger utile de s'aider de la publicité, devra se ménager des moyens d'insertion dans les journaux. Mais le Grand Orient se réserve de lui recommander ceux de ces journaux qui auront sa confiance. »

En même temps que la Franc-Maçonnerie belge asservissait la politique libérale à la politique des Loges et faisait de ses membres les instruments aveugles et serviles des desseins du Grand Orient de Belgique, elle s'occupait activement de la corruption intellectuelle et morale des masses, en faisant une ovation à Eugène Süe, dont le seul caractère consiste à haïr brutalement toutes les vertus, et en propageant à l'envi les œuvres de Marnix de Sainte-Aldegonde contre le Catholicisme.

Édgard Quinet a fait sur Marnix les aveux significatifs suivants :

« Marnix n'a pas voulu seulement, à l'exemple d'autres écrivains, discuter l'Église de Rome comme un point littéraire. La lutte est sérieuse et à outrance.

» Il s'agit non seulement de réfuter le Papisme, mais de l'extirper.

» Non seulement de l'extirper, mais de le déshonorer.

» Non seulement de le déshonorer, mais, comme le voulait l'ancienne loi germaine, de l'étouffer dans la boue.

» Tel est le but de Marnix. »

C'est pour cela qu'un comité Franc-Maçonnique formé par Verhaegen, Defacqz, Tielemans, De Bonne, et la fine fleur des Loges belges, patronna la diffusion à outrance des ouvrages de Marnix parmi les masses belges, qu'il se proposait de déchristianiser.

C'est en développant ce programme officiel que la Franc-Maçonnerie gouverna en Belgique de 1857 à 1870 d'abord, et ensuite de 1878 à 1884.

Pendant la première période, la Franc-Maçonnerie porte ses regards et ses efforts sur l'administration, qu'elle s'applique à désorganiser en plaçant à tous ses degrés ses créatures pour y être les exécuteurs serviles de ses volontés despotiques.

Elle libéralise la justice en introduisant dans les rangs de la magistrature des hommes appelés à rendre, non des arrêts, mais des services. Elle se préoccupe enfin de déconsidérer le culte catholique en la personne de ses ministres et d'ôter à l'Église toutes les ressources dont elle disposait.

Pendant la deuxième période, le gouvernement de la Franc-Maçonnerie, en Belgique, a été énergiquement dévoilé par M. Charles Woeste, le vaillant Ministre de la Justice du Cabinet Malou, dans son éloquent discours à la Chambre des Représentants, du 21 Novembre 1884, ainsi qu'on le verra dans l'admirable résumé suivant :

« Depuis 1878, avait sévi en Belgique un Ministère libéral exceptionnellement violent. Ce ministère avait fait quatre lois électorales, il avait déchiré la transaction de 1842, bouleversé l'enseignement public, mis les autorités aux prises les unes avec les autres, soulevé la conscience des populations ; il avait déposé une loi sur l'instruction obligatoire ; il avait mis en coupes réglées les décisions des autorités provinciales et communales ; il avait organisé contre le Clergé et contre les catholiques un système de tracasseries et de vexations sans nombre ; il avait traité les Catholiques en parias, il se refusait à toute économie ; il avait déposé un projet sur la réserve militaire, qui aggravait dans des proportions considérables les charges personnelles et pécuniaires des populations ; il avait toléré, enfin, dans ses rangs une menace permanente pour la Constitution. »

Les mêmes menées souterraines, ayant pour but la destruction de l'ordre social actuel, existent de nos jours et le Grand Maître du Grand Orient de Belgique, le Frère Eugène Goblet d'Alviella, lorsqu'il disait, le 21 Novembre 1886, aux étudiants et étudiantes de l'Université libre de Bruxelles : « La vraie science ne peut être que libérale » c'est-à-dire Franc-Maçonnique, ne faisait que résumer en un mot typique le régime adopté par la Franc-Maçonnerie belge pour l'enseignement obligatoire, dont voici le texte officiel :

« 1° Obligation pour le père et pour la mère veuve, de conduire de force ses enfants à l'école.

« 2° Suppression de toute instruction religieuse.

« 3° Inscription du nom des parents en défaut sur un tableau exposé publiquement devant la maison Commune.

« 4° Condamnation des parents à une amende de cent francs au maximum et, en cas d'insolvabilité, à des travaux forcés de 1 à 30 jours au profit de la Commune ou à un emprisonnement de 1 à 5 jours.

« 5° Comme dernier moyen, enlèvement de l'enfant à la direction paternelle. »

Et les Francs-Maçons belges, non contents d'avoir, dès 1876, pris la résolution de « n'engager de procès que devant des tribunaux dans lesquels les Vénérables Frères soient assurés de la majorité, » avouent hardiment leurs visées révolutionnaires, car, le 9 Avril 1886, à l'occasion de l'exaltation au grade de Grands Inspecteurs Inquisiteurs Commandeurs, de douze Chevaliers Kadosh, le Frère Charles Rahlenbeek, 33me et homme de lettres, prononça les paroles suivantes, insérées officiellement aux lignes 22 et 23 de la page 44 du « Bulletin des travaux du Suprême Conseil de Belgique, du 1er Novembre 1885 au 1er Novembre 1886 » :

« Nous glorifions les Templiers dont nous sommes les héritiers et nous devons faire tout ce que, comme MEMBRES D'UN TRIBUNAL SECRET, nous pouvons faire. »

La Franc-Maçonnerie belge se propose donc de faire, du fond de son TRIBUNAL SECRET, la Révolution qui détruira l'ordre social par la CORRUPTION et par l'ANÉANTISSEMENT du Christianisme, et c'est bien là son BUT OFFICIEL, ainsi que nous venons de le prouver d'une façon irréfutable.

TABLEAU CHRONOLOGIQUE

DE LA FRANC-MAÇONNERIE EN BELGIQUE

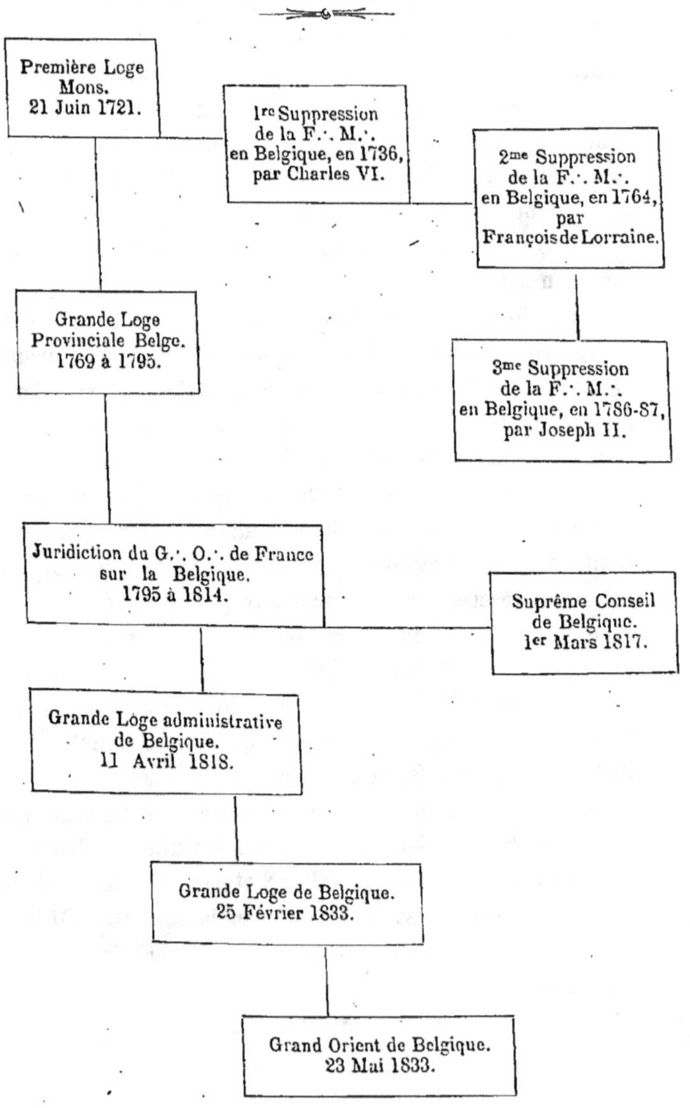

BUT DE LA FRANC-MAÇONNERIE.

BUT DE LA FRANC-MAÇONNERIE.

Le But de la Franc-Maçonnerie est l'Anarchie sociale.

Il est des Maçons, et non pas des moindres, qui reconnaissent que la Franc-Maçonnerie traverse une période de complète décadence. A leur avis, elle a perdu quelque chose de son ancienne efficacité.

D'où cela peut-il provenir? Est-ce, ainsi que certains s'en plaignent, à cause des superstitions absurdes dont elle est faite, des pratiques ridicules dont elle est entourée? Ces pratiques sont donc bien dépourvues de bon sens, d'utilité et de vraisemblance (1), puisqu'un Maçon les accuse d'être la cause déterminante du marasme dans lequel se trouve plongée la Maçonnerie, la Maçonnerie qu'il appelle « la plus noble, la plus élevée, la plus sublime des institutions humaines (2). »

Si l'on en croit les fervents de la Maçonnerie, la faute en est à ceux qui dirigent les Loges, les Chapitres et les Conseils.

(1) *El Consultor del Mason*, vol. 1, par A. Almeida, grand secrétaire du Suprême Conseil de Colon. Madrid, 1884. — *Legenda Magistralia* à l'usage exclusif des Souverains Grands Inspecteurs Généraux, par Albert Pike, Grand Commandeur du Suprême Conseil de la Juridiction Sud des États-Unis. p. 21. Charleston, 1881.

(2) *The Kneph*, n° 4, p. 25, organe officiel du Rite Ancien et Primitif. Londres, 1881.

Ils sont ignorants; ils sont négligents. Ils procèdent à l'Initiation — qui est le plus important des actes maçonniques — en abrégeant inconsidérément les véritables Rituels, en se hâtant d'en finir avec les Instructions des grades, et en supprimant presque l'Enseignement Sacré et Secret, « ce levier puissant au moyen duquel la Franc-Maçonnerie a remué, remue et remuera le monde (1). »

Aussi ces sages, ces zélés rêvent-ils de régénérer leur doctrine qui se déconsidère, de réparer cet antique édifice qui s'en va croulant, d'infuser un sang purifié à ce corps qui se désagrège et tombe en pourriture.

Que ne le font-ils? Et si cet enseignement sur lequel ils comptent leur semble si nécessaire et doit leur donner de si beaux résultats (2), que ne le répandent-ils à profusion? N'est-ce pas le meilleur moyen de pénétrer des principes maçonniques tous ceux qui n'en veulent pas; ou, en d'autres termes, et pour parler leur langage mystique, « de rendre définitivement cubique la pierre qui s'obstine à rester brute entre leurs mains? »

Eh bien! voici pourquoi ils ne le font pas : c'est que cet enseignement contient de si abominables choses, que sa diffusion devrait pour jamais perdre la Maçonnerie dans l'esprit des gens capables de raison. Voilà ce qui les arrête. Cet « enseignement sacré et secret » dont le respect doit sauver la Maçonnerie, peut aussi la tuer s'il vient à être divulgué aux « profanes. » Et c'est pourquoi on ne le divulgue pas.

Nous, qui n'avons pas les mêmes motifs pour nous taire, qui avons au contraire de pressants motifs pour parler, nous divulguerons cet enseignement, nous arracherons à la Maçon-

(1) *Lectures of the Ancient and Primitive Rite*, par John Yarker jeune, grand conservateur du Rite ancien et primitif. Londres, 1882.

(2) *Morals and dogma of Freemasonry*, par Albert Pike, souverain grand commandeur du Suprême Conseil de Charleston, 1881, p. 854 à 858.

nerie le masque et les oripeaux dont elle se revêt; nous la dépouillerons un à un des voiles dont elle s'habille aux yeux du monde, et que le besoin de cacher de honteuses difformités a multipliés. Et quand on la verra toute nue, toute dégoûtante d'orgueil et d'impureté, on saura ce qu'elle vaut et ce que valent ceux qui la fréquentent et qui s'en servent.

Quel est le but de la Franc-Maçonnerie? Ce sont des Francs-Maçons qui vont répondre, et jamais aveu ne sera plus dénué d'artifice.

Le but réel de la Franc-Maçonnerie est double.

Elle se propose de renverser partout, d'une manière définitive et sans possibilité de retour, le régime monarchique qui est pour elle la négation de la Liberté, de l'Egalité et de la Fraternité.

Elle se propose d'écraser et d'anéantir partout le catholicisme, seul soutien véritable et seule raison d'être de la Royauté (1).

Et, adoptant, pour les combattre, les maximes fondamentales de ses ennemis mortels, la Franc-Maçonnerie dit, comme saint Ignace de Loyola :

La fin justifie les moyens.

Le véritable triangle suprême, emblème souverain de la Franc-Maçonnerie, synthèse précieuse de ses aspirations et formule unique du bonheur réel de l'Humanité, est donc :

1° GUERRE A MORT A LA ROYAUTÉ;

2° GUERRE A MORT AU CATHOLICISME;

3° PAR TOUS LES MOYENS, QUELS QU'ILS SOIENT (2).

Et, par conséquent, la véritable signification secrète,

(1) *Diccionario Enciclopedico de la Masoneria*, par Louis Richard Fors, Barcelona, 1883-1885.

(2) *Rituali Massonici del primo al Trentesimo Grado*. Roma, 1864, p. 122 à 127.

intime, du triangle équilatéral qui est le symbole, l'emblème caractéristique de la Franc-Maçonnerie est bien réellement la suivante :

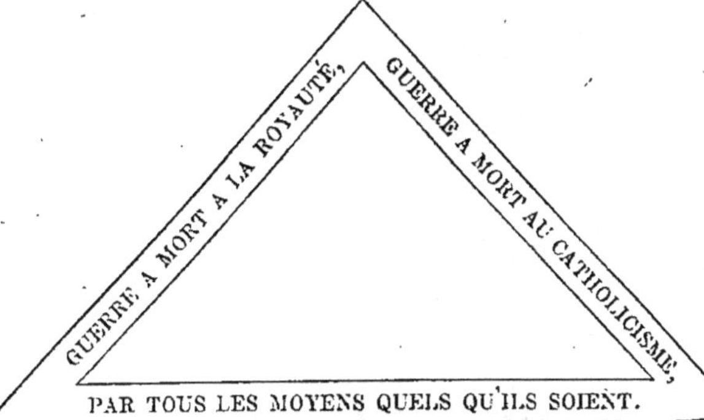

HISTOIRE.

HISTOIRE.

I.

Origines véritables de la Franc-Maçonnerie.

Nous n'avons pas à nous occuper ici des ridicules prétentions émises par certains écrivains maçons sur l'antiquité de cette institution. Les uns veulent que les fondateurs des Loges soient les Templiers, ou les Gnostiques, ou Salomon; d'autres les font remonter aux mystères de l'Égypte et de l'Inde. Il en est même qui ont trouvé des documents authentiques prouvant que Noé tenait loge dans l'arche, Adam et Ève dans le paradis terrestre, d'où ils concluent à l'admission des femmes dans les Loges, au nom du droit naturel.

Les anges, selon d'autres, ne sont que des Maçons célestes. Lucifer, après son schisme, fonda le premier un rite nouveau; et Dieu travailla maçonniquement dans le secret mystère de sa Trinité!

Ce que l'on va lire de l'origine de la Franc-Maçonnerie, bien qu'emprunté à des auteurs suspects, est conforme à la vérité de l'histoire. Les réserves que nous pourrions faire, touchant moins au fond qu'à la forme, nous croyons inutile d'insister sur ce sujet.

1° LES MAÇONS ALLEMANDS MONOPOLISATEURS DE LA CONSTRUCTION GOTHIQUE.

Depuis le IXe siècle jusqu'à la fin du XIIIe, c'est aux moines, aux Bénédictins surtout, qu'appartient exclusivement la construction des grands édifices.

Ayant, pour ainsi dire, le monopole de cette science de bâtir, et forcés d'employer un personnel nombreux, ils durent former parmi les laïques des disciples qui continuassent leurs traditions.

On donnait aux moines chargés de cet enseignement, le nom de *Vénérables*, parce qu'ils étaient religieux, de *Maîtres*, parce qu'ils enseignaient.

Vers le XIIIe siècle, les élèves constructeurs allemands, désireux d'édifier pour leur propre compte sans être davantage subordonnés aux moines, se constituèrent en groupe, en corps d'état, se réservant l'exploitation du style gothique alors en usage, s'assurant ainsi l'attribution de travaux dont la pratique était tenue rigoureusement secrète.

Les principes de l'art gothique que les maîtres révélaient aux ouvriers, rendaient ceux-ci égaux entre eux, *frères* en instruction, *compagnons* de travail et capables de participer aux mêmes entreprises.

Du XIIIe au XVe siècle, partout s'élevèrent des églises, des monastères, des palais. L'armée des constructeurs, petite jusque-là, dut ouvrir ses rangs à des recrues. C'est alors que l'on vit les constructeurs admettre parmi eux des *apprentis* qui, sans être *compagnons*, aspiraient à le devenir.

Le nombre des ouvriers devenant considérable, certains *compagnons*, choisis entre les plus habiles, furent chargés de la direction momentanée de travaux déterminés. Ils enseignaient aux autres ce qu'ils avaient appris par l'expérience; *compagnons-maîtres* maintenant, ou, pour mieux dire, « contre-maîtres » que désignaient les suffrages de tous.

Ainsi, à la fin du XIIIe siècle, les constructeurs allemands formaient un corps de métier composé d'*Apprentis*, de *Compagnons* et de *Compagnons-Directeurs* ou *Maîtres*.

Comme cette corporation gardait soigneusement le monopole de la construction gothique, toute admission d'*Apprentis*, de *Profanes* demandant à être initiés, était accompagnée de grande solennité.

Les Aspirants devaient être *libres*, afin que personne ne pût les contraindre à la révélation des secrets qu'on allait leur confier; et *de bonnes mœurs*, afin qu'ils ne pussent jamais troubler une concorde qui était la garantie du succès de la Corporation. On exigeait d'eux, sur la Bible, le serment de ne jamais divulguer aucun des principes de l'art gothique à ceux qui n'apporteraient point la preuve manifeste de leur droit à les connaître, en qualité de membres réguliers du corps de métier.

Pour rendre cette preuve irrécusable, mais en même temps facile à faire, les constructeurs convinrent entre eux de certains *signes*, certains *attouchements*, de *mots*, de *demandes* et de *réponses*, marques extérieures différentes pour les apprentis, pour les compagnons et pour les compagnons-maîtres. Ils avaient ainsi, grâce au serment de discrétion absolue que tous prêtaient au préalable, une assurance de sécurité, une défense contre l'immixtion des profanes. Ceux-ci essayaient en vain de dérober des secrets dont l'observation conservait au corps de métier sa puissance et ses ressources.

En 1498, l'empereur Maximilien approuva les statuts et règlements des constructeurs, donnant ainsi à leur corps d'état une existence légale.

Une fois par mois, les ouvriers de chaque « coterie, » les

compagnons de chaque *atelier*, se réunissaient pour traiter des affaires et des intérêts de tous, et, au besoin, pour administrer la justice.

La réunion était présidée par le compagnon-maître de l'*atelier*. On lui donnait, mais seulement par déférence, le titre de *Vénérable-Maître* que portèrent autrefois les moines instructeurs.

Il était aidé par deux contre-maîtres pris parmi les compagnons les plus intelligents et les plus habiles. Ces contremaîtres, chargés de veiller à la bonne exécution du travail, étaient nommés *surveillants*.

Le plus habile était appelé *premier surveillant* et était affecté à la surveillance du travail des compagnons.

L'autre, le *second surveillant*, était commis à la surveillance des apprentis.

Quand la réunion devait avoir lieu, on choisissait de préférence un endroit élevé, dont les abords étaient d'une garde facile contre toute curiosité indiscrète. Une chaîne maintenue par des pieux, et ne laissant qu'une étroite ouverture entre deux gros piquets, en marquait l'emplacement.

Les deux *surveillants* se plaçaient à côté des deux piquets formant le passage d'entrée et reconnaissaient les ouvriers, à mesure qu'ils se présentaient, au moyen des *signes, attouchements*, et *mots* convenus.

Près de cet emplacement se trouvait le hangar, la maisonnette où étaient *logés* les instruments de travail, les plans.

Comme la *Loge* renfermait les moyens de travail des constructeurs et que la réunion avait pour but de rendre ce travail plus productif, on disait que l'*Atelier tenait Loge* quand les ouvriers se réunissaient tous ensemble.

Ces réunions, ces *tenues de Loges* avaient toujours lieu au point du jour, avant de commencer les travaux.

Le *Vénérable-Maître*, qui les présidait, tournait le dos

au soleil levant pour mieux voir et mieux diriger les ouvriers.

Il se trouvait ainsi placé à l'*Orient*.

On prit l'habitude de planter les deux gros piquets, les deux *colonnes* qui formaient l'entrée, juste en face du *Vénérable-Maître*. L'entrée se trouva ainsi à l'*Occident*.

Les deux *surveillants* se plaçaient à côté des colonnes d'entrée, le premier à droite, et le second à gauche.

Les compagnons prenaient place du côté où se trouvait le *premier surveillant* qui s'occupait spécialement d'eux. Les *Compagnons* se trouvaient ainsi au *Sud*.

Les *Apprentis* se rangeaient de l'autre côté, et se trouvaient placés au *Nord*.

Quand le soleil se levait, sa lumière venait du côté où était le *Vénérable-Maître*, et comme il était là pour enseigner, on appelait *lumière* l'enseignement des constructeurs qui recevaient *la lumière* dans *la Loge*.

Les constructeurs réunis étant au moins *Apprentis*, la *Loge* générale se tenait au *grade d'apprenti*; c'est-à-dire que l'on ne discutait, en fait d'enseignement spécial et secret, que ce que les apprentis étaient autorisés à connaître.

Si la discussion venait à porter sur des questions qui fussent du ressort exclusif des *Compagnons*, les *Apprentis* se retiraient, et ce qui se passait alors dans la loge était *couvert* d'obscurité pour eux. De là la désignation de *couvrir la loge*, pour signifier l'acte de quitter la réunion.

Une fois par trimestre, les *Compagnons-Maîtres*, chargés de la direction des différents *ateliers* de chaque contrée, se réunissaient en séances d'où étaient exclus les simples *Compagnons*.

Comme le *Vénérable-Maître* de chaque *atelier* était toujours placé au milieu des ouvriers quand ils s'assemblaient, on donna le nom de *Chambre du milieu* à la *Loge des Maîtres*, endroit où ne se réunissaient que les *Maîtres*.

Le *Compagnon-Maître* qui présidait la réunion ou *Loge des Apprentis*, portait le titre de *Vénérable-Maître*; nous avons vu pourquoi.

Quand il présidait la réunion, ou *Loge des Compagnons*, il portait le titre de *très Vénérable-Maître*, les compagnons étant plus à même d'apprécier l'importance *très* grande de la bonne direction qu'il était appelé à imprimer aux travaux de l'atelier.

Le *Compagnon-Maître* qui présidait la réunion des *Maîtres*, la *Chambre du milieu*, était toujours le plus respectable par son âge et ses connaissances; on le désignait sous le titre de *Respectable-Maître*.

Les *Compagnons-Maîtres* s'appelaient entre eux *Vénérables-Maîtres*, pour bien marquer qu'ils avaient la responsabilité de la présidence de leurs ateliers respectifs.

Les *Compagnons* et les *Apprentis* s'appelaient entre eux *Frères!* pour bien marquer que l'enseignement qu'ils recevaient, les travaux qu'ils exécutaient, les profits qu'ils en retiraient étaient communs à tous, égaux pour tous, et que tous étaient réellement les frères d'une même famille.

Le symbolisme des Compagnons était emprunté à leur art même. Ainsi l'emblème du *second Surveillant* était le *fil-à-plomb*, représentation de la ligne verticale. C'est le fil-à-plomb qu'on doit, en effet, employer au commencement de toute construction. Le *premier Surveillant* avait pour emblème ce qui complète toute construction et la rend parfaite, le *niveau*, représentation de la ligne horizontale.

Le *Vénérable-Maître* qui résumait et embrassait les fonctions des deux *Surveillants*, avait pour emblème l'*équerre*, réunion des emblèmes de ses deux coadjuteurs.

L'*Équerre* était le symbole officiel des Constructeurs. Aussi la retrouve-t-on dans les signes qui leur étaient particuliers et leur servaient à se faire reconnaître entre eux.

Le *signe d'Apprenti* consistait à former une équerre avec la main droite, les doigts rapprochés et le pouce écarté, et à placer cette équerre sous la gorge, pour indiquer que la tête s'efforçait de comprendre et d'apprendre l'art de la construction emblématisé par l'équerre.

Le *Signe de Compagnon* consistait à former avec la main droite la même équerre et à la placer sur le cœur, considéré comme le siège de la volonté, pour indiquer qu'on voulait être constructeur, qu'on le voulait parce qu'on le pouvait.

L'*Attouchement d'Apprenti* consistait à se prendre mutuellement les mains droites, les mains de l'action et du travail, et avec le pouce, le doigt qui enlace le doigt opposable, l'un frappait trois coups à la base de l'index de l'autre, pour lui signifier d'avoir à lever l'index, de montrer le *Pourquoi*, le *Comment* et le *Quand* qu'il ignorait, et dont la connaissance était le but de son apprentissage.

L'*Attouchement de Compagnon* était la reproduction de l'attouchement d'Apprenti, complété par deux autres coups frappés avec le pouce sur la base du médius, doigt qui symbolisait la verge humaine, la génération (1); il signifiait que le *Pourquoi*, le *Comment* et le *Quand*, dont la connaissance tiré du grade d'Apprenti, devaient être réalisée, mise en pratique avec *Laboriosité* et *Secret*.

La *Parole* mystérieuse des Constructeurs, spéciale aux *Compagnons*, qui seuls étaient agissants, était BOGAZ, mot hébreu qui signifie *avec solidité*, et qui résume les conditions essentielles de toute construction (2).

(1) Qu'on ne se montre pas étonné. Le symbolisme de la maçonnerie nous réserve bien d'autres surprises.

(2) L'hébreu étant connu par un bien petit nombre, les compagnons maçons se servaient de quelques-uns des mots de cette langue pour augmenter encore le mystère dont ils entouraient leur Institution.

Les Constructeurs, enfin, portaient un tablier de peau, pour préserver leurs habits du contact des matériaux.

Les *Apprentis*, plus inhabiles, avaient besoin d'être ainsi garantis; ils portaient relevée la bavette du tablier qui protégeait aussi leur poitrine. Les *Compagnons*, habitués au travail, n'avaient plus besoin de tant de précautions; ils portaient rabattue la bavette de leur tablier.

Telle était, à la fin du XIIIe siècle, l'organisation et les usages particuliers aux groupes d'ouvriers constructeurs d'édifices, alors que l'exploitation du style gothique et le monopole de la science architecturale était l'unique but de leur institution.

* * *

INDEX DOCUMENTAIRE.

Mss. autographe du duc de Sussex, grand maitre de la Maçonnerie Anglaise, n° 57 de la collection privée.

Allgemeine Kulturgeschichte von der Urzeit bis auf der Gegenwart, par Otto Henne-Am-Rhyn, vol. III et IV. Leipzig, 1877-1882.

Historical Lecture on Freemasonry, du *Rituel du Conseil*, par John Yarker, grand maitre de la Maçonnerie Swedenborgienne en Grande-Bretagne. Londres, 1882.

Sephar H'Debarim, par Albert Pike, souverain grand commandeur du Suprême Conseil de Charleston. E. U, Charleston, 1879.

The Traditions of Freemasonry, par A.-T.-C. Pierson, grand capitaine général du grand Campement du Temple aux États-Unis. New-York, 1870.

2° LES MAÇONS ANGLAIS MONOPOLISATEURS DU LIBÉRALISME IRRÉLIGIEUX.

Au commencement du XIVe siècle, un certain nombre de coteries, d'ateliers de constructeurs allemands, fut appelé en Angleterre pour y édifier des basiliques. L'admission d'apprentis anglais en fut la conséquence naturelle, et bientôt se formèrent des ateliers de constructeurs originaires d'Angleterre, organisés sur les mêmes bases que les ateliers allemands.

Nécessairement, des modifications ne tardèrent pas à se produire dans les usages et les pratiques de ces nouveaux ateliers; modifications imposés par la différence des conditions sociales du pays.

Ainsi les magistrats eurent le droit d'assister aux réunions des ateliers, de connaître leurs agissements, d'y rendre la justice selon les coutumes et la loi commune. De plus, l'enseignement donné aux apprentis et aux compagnons anglais ne comporta plus seulement les leçons techniques indispensables au métier de constructeur; il affecta désormais une tendance moralisatrice; il s'occupa de développer l'intelligence des ouvriers.

Au XVe siècle, le prèmier Code des Constructeurs fit son apparition. Cette compilation, sorte de poème d'environ cinq cents vers, fut désigné sous le nom, qu'il a conservé, de « Constitution d'York, » bien qu'aucune assemblée constituante ne se fût réunie à York pour le rédiger.

Les Constructeurs Anglais donnèrent depuis lors à leur groupement le titre de « Fraternité des Libres-Maçons, » employant le mot « Fraternité » dans le sens de confrérie, de réunion de frères, et le mot « Maçons » dans le sens de constructeurs en maçonnerie.

A partir de ce moment, il semble que les tendances intellectuelles des Frères-Maçons n'aient fait que s'accentuer. En relations constantes avec le clergé, ils donnèrent une large part à la discussion des croyances religieuses. En même temps, l'égalité de droits qui existait entre tous les membres de la Fraternité, la liberté d'action qui leur assurait le monopole de leurs secrets de construction, firent de la « Fraternité des Libres-Maçons » un foyer d'idées et d'aspirations libérales.

Mais, jusqu'à la fin du XVIe siècle, la « Fraternité des Libres-Maçons » s'occupa exclusivement d'élever des basiliques, des couvents, des édifices de style gothique, au moyen des secrets de construction qu'elle tenait des Constructeurs allemands.

* * *

INDEX DOCUMENTAIRE.

The History of the Lodge of Edimburg, par David Murray Lyon, souverain grand commandeur du suprême Conseil d'Écosse. Edinburgh, 1873.

Lexicon of Freemasonry, par Albert-Georges Mackey, grand secrétaire du Saint-Empire du Suprême Conseil de la juridiction sud des États-Unis. Londres, 1873.

Historical Landmarks of Freemasonry, par Georges Oliver, souverain grand commandeur du Suprême Conseil d'Angleterre. Londres, 1846.

The Golden remains of the Early Masonic Writers, compilés par Georges Oliver, souverain grand commandeur du Suprême Conseil d'Angleterre. Londres, 1856.

Great Doctrines of Freemasonry, par Georges Paton. Londres, 1872.

Institutes of Masonic Jurisprudence, par Georges Oliver, souverain grand commandeur du Suprême Conseil d'Angleterre. Londres, 1874.

3° TRANSFORMATION DE LA MAÇONNERIE ANGLAISE EN ASSOCIATION DE PROPAGANDE.

Au commencement du XVIIe siècle, eut lieu une modification importante dans le fonctionnement de la « Fraternité des Libres-Maçons, » qui devait, en changeant son caractère essentiel, transformer radicalement cette institution.

Le Compagnon Inigo Jones introduisit en Angleterre le style italien du temps d'Auguste, dont l'esthétique, peu en rapport pourtant avec les brumes attristantes du Nord, passionna et enthousiasma la noblesse anglaise désireuse de contrastes et de ce qui pouvait rappeler les pays ensoleillés.

Ce fut un véritable engouement; le style gothique fut délaissé; et le monopole, gardé si longtemps et avec un soin si jaloux par la « Fraternité des Libres-Maçons, » reçut le coup de mort.

Afin de ne pas disparaître comme corporation, les « Libres-Maçons » renchérirent sur les aspirations intellectuelles et libérales qui les avaient inquiétés dès le siècle précédent; et ils décidèrent que, sous la dénomination de « Patrons, » ils accepteraient parmi eux des non-Constructeurs, des non-Ouvriers, qui, se trouvant en communauté d'idées libérales avec « la Fraternité, » augmenteraient sa valeur et son importance de toute l'influence de leur position et de leur fortune.

Cette dénomination de « Patrons » fut bientôt échangée pour celle de *Maçons acceptés*, et la *Fraternité des Maçons libres et acceptés* eut un renouveau de puissance.

Cette puissance parvint à son apogée lors de la construction de l'église Saint-Paul, à Londres, construite par les *Maçons libres*, les Frères-Ouvriers, avec les deniers des *Maçons acceptés*, les Frères riches et influents.

L'église Saint-Paul une fois terminée, ce dualisme fut fatal à la Fraternité, et au commencement du XVIIIe siècle, seules quatre *Loges de Maçons libres et acceptés* fonctionnaient régulièrement à Londres, se réunissant en *tenues* dans quatre auberges, endroits naturellement indiqués pour des réunions d'ouvriers.

* * *

INDEX DOCUMENTAIRE.

The History of the Lodge of Edinburgh, par David Murray Lyon, souverain grand commandeur du Suprême Conseil d'Écosse. Edinburg, 1873.

Historical Landmarks of Freemasonry, par Georges Oliver, souverain grand commandeur du Suprême Conseil d'Angleterre. Londres, 1846.

History of Freemasonry, par Jacques-Georges Gould. Londres, 1884.

Great Doctrines of Freemasonry, par Georges Paton. Londres, 1872.

Lights and Shadows of Freemasonry, par Robert Morris. New-York, 1866.

History of the Minden Lodge, par John Clarke. Kingston, 1849.

Speculative Freemasonry, par John Yarker, grand conservateur du Rite Ancien et Primitif. Londres, 1872, p. 106 et 113.

The History and articles of Freemasonry. Mss., n° 23,198 de la collection des « Additional manuscripts » du British Museum. Londres, 1871.

4° LE CHARLATANISME ATHÉE DES ROSICRUCIANS.

Il y a dix-neuf siècles que Zoroastre répandit dans l'Inde la doctrine gnostique, c'est-à-dire, la doctrine qui consiste à soumettre toute croyance à la Raison humaine.

De l'Inde le gnosticisme vint aux Juifs, qui le développèrent, et parmi lesquels prit naissance le christianisme, c'est-à-dire, la gnosticisation du symbolisme ancien (1).

Le christianisme prospéra et ses ministres avec lui; l'Église chrétienne acquit un pouvoir prépondérant.

Onze siècles plus tard, la noblesse, le pouvoir dirigeant de l'époque, voulant partager la puissance ecclésiastique, prêta à l'Église chrétienne son épée dans les croisades, en échange d'une large participation dans la puissance temporelle du clergé.

Les croisades donnèrent naissance aux Templiers, qui reçurent plus tard des *sofis* (savants) de la Perse, refuge du gnosticisme primitif, le symbolisme gnostique pur, dont ils firent leur religion.

Le gnosticisme christianisé triompha du gnosticisme pur, et l'Église anéantit les Templiers au commencement du XIVe siècle.

Le gnosticisme primitif et pur ne disparut pas pour cela. Il fut conservé dans une secte qui s'appella les *Rosicrucians* et qui, pour avoir des moyens d'existence, se consacra à l'étude de l'alchimie, sans pour cela renoncer à ces doctrines gnostiques.

Le nom de Rosicrucians vient de l'emblème adopté par la

(1) Bien entendu, le précis historique que nous donnons n'est que le résumé de la doctrine maçonnique. On trouvera à la fin de ce chapitre l'énumération des ouvrages consultés.

secte : une Croix sur une Rose. Par sa forme et ses replis, la Rose était la figure des *genitalia mulieris* ; « et comme la croix ou le triple phallus symbolisait la virilité ou le soleil dans toute sa force, l'assemblage de ces deux emblèmes offrait un sens de plus, et exprimait la réunion des deux sexes, symbole de la régénération universelle (1) » par la génération humaine, seul mode de création que la raison humaine pût admettre.

Les Rosicrucians, fort estimés en Angleterre par leurs recherches alchimiques, et disposant dans ce pays d'une influence des plus considérables au commencement du XVIIIe siècles, ont résumé leurs doctrines sur les Initiations dans le curieux tableau graphique ci-joint.

* * *

INDEX DOCUMENTAIRE.

The Rosicrucian and Masonic Record. Londres, 1877 et 1878.

Allgemeine Kulturgeschichte von der Urzeit bis auf der Gegenwart, par Otto Henne-Am-Rhyn, vol. IV. Leipzig, 1877-1882.

The Mystic Tie, par Albert G. Mackey, grand secrétaire du Saint-Empire du Suprême Conseil de la Juridiction Sud des États-Unis. New-York, 1874.

Geschichte der Freimaurerei, par Georges-Frédéric Findel, Leipzig, 1878.

The Secret Fraternities of the Middle Ages, par Améric Palfrey Manas. Londres, 1877.

Le Gnosticisme et la Franc-Maçonnerie, par Edouard Hans. Bruxelles, 1871.

(1) *Rituel du Grade de Rose-Croix*, par J. M. Ragon, pages 29 et suiv. Paris, 1860.

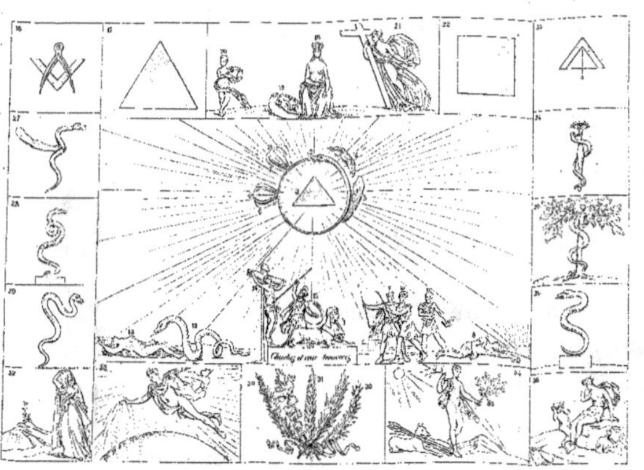

ENSEMBLE DES SYSTÈMES COMBINÉS DES ANCIENNES ET DES NOUVELLES INITIATIONS.

EXPLICATION

Il faut distinguer dans cet ensemble, le TABLEAU, partie essentielle, et l'ENCADREMENT qui ne renferme que des détails.

TABLEAU

Il exprime la synthèse de tout l'enseignement maçonnique.

Le sphynx (1) préside à toute la scène. Il porte sur son piédestal ces mots : *cherchez, vous trouverez.* Cela veut dire que l'explication de ces mystères est impénétrable à quiconque ne connaît pas à fond la doctrine secrète de la Maçonnerie.

Cette doctrine se trouve résumée dans le cercle mystérieux qui rayonne, dans la gloire, au milieu du Tableau. Le *serpent* (2), qui forme un cercle en se mordant la queue, représente l'Humanité qui n'a ni commencement ni fin et qui est la vraie et l'unique Divinité. — Au centre de ce cercle, un triangle (3) qui représente la Trinité dans l'Unité, homme - femme - enfant. — Sur le cercle, deux larves mâles (4 et 5), et deux CHAMBRES du Milieu (6 et 7) dans lesquelles sont plantées deux croix. (Voir le grade de Maître et celui de Rose-Croix).

A droite, le Soleil (8), ou la VIE, descend dans la tombe, (Hiver), sous la figure d'Hiram, frappé qu'il est par trois assassins infâmes, qui sont l'Ignorance (9), la Religion (10) et la Propriété (11).

A gauche, l'humanité (12), représentée là-haut par le serpent en cercle, féconde la femme (13) pour réparer l'assassinat d'Hiram, et ramener la vie, (Printemps).

Au milieu, le Christ (14), vrai coupable de l'Obscurantisme, vrai ennemi de la Lumière, complice et chef des méchants qui assassinent l'HOMME, est pour son châtiment, frappé de la lance, non plus au cœur mais au nombril, au foyer de la vie, par un Chevalier Kadosch (15) armé de toutes les armes de la Lumière maçonnique.

ENCADREMENT

I. — **En haut** : 1° Un Compas dans une équerre : union des sexes (16). 2° Le Triangle déjà expliqué dans le tableau (17). 3° La Terre couronnée de tours, pour exprimer qu'elle est le *principe* de toute force (18). Elle est, sous les noms d'Isis, de Junon, de Diane, de Proserpine, d'Urania, de Vénus, de Cybèle, d'Ops, de Rhéa, de Velléda, de Bonne-Déesse, etc., etc., la mère et la nourrice de l'HOMME. — A ses pieds, Horus sur son van (19). — A sa droite, l'Homme dans sa première Jeunesse (20). — A sa gauche, l'Homme régénéré après sa mort (21) (*Mohabone* : le fils de la putréfaction), ou l'Humanité mourant pour toujours revivre.

Ensemble, tout cela signifie que l'Humanité n'est fille que de la Terre, et que, malgré la mort, elle est, en tant que Humanité, le seul vrai Dieu éternel. 4° Le Carré ou PIERRE CUBIQUE (22), symbole de la perfection de l'Humanité, élevée par la Maçonnerie à l'état parfait. 5° Le Fil-à-plomb (23), symbole de la justice qui doit présider à l'œuvre de la Régénération Maçonnique.

II. — **Côté droit** : 1° Serpent d'Osiris (24). 2° Serpent d'Eden (25). 3° Knephis, dieu d'Elephantine (26).

III. — **Côté gauche** : 1° Serpent Indien (27). 2° Serpent Hébraïque (d'Airain) (28). 3° Python (29).

IV. — **En bas** : Les cinq tiges du milieu (30) représentent la PERFECTION, le nombre cinq étant considéré comme nombre parfait. Leur forme phallique, et la nature en particulier de celle du centre qui est un épi de blé (31), signifient que notre perfection vient du principe : « GÉNÉRATION PAS CRÉATION. » C'est ce que veut dire le G mystérieux, au centre de l'ÉTOILE SYMBOLIQUE. — A droite et à gauche, les QUATRE SAISONS :

(32) **Printemps** : la Veuve, Isis, la Terre, relevant son voile de deuil pour voir le retour de son époux, Osiris, le Soleil, qui a fait fleurir la fleur, signe de vie, sur son propre tombeau ; cette Veuve est la Loge qui cherche la Fécondité.

(33) **Été** : Osiris, Apollon, le Soleil, etc., etc., semant la fécondité sur la terre. Le Soleil est l'unique source de toute vie.

(34) **Automne** : le Soleil, Osiris, Apollon, etc., etc., descendant dans le pays de la mort. C'est Enée descendant aux enfers, avec un RAMEAU D'OR que lui donna Cybèle, pour qu'il en pût revenir. Ce rameau d'or (35) est l'Acacia Maçonnique, symbole du retour perpétuel de la vie dans la mort.

(36) **Hiver** : la Veuve Isis, la Terre, dénudée, pleure son époux Osiris, le Soleil.

Dans l'ensemble, tout cela est le résumé de la Théorie Cosmique de la Maçonnerie. Elle donne, comme élément *primaire* de la VIE, l'*atome* végétal, et, comme véhicule constant de l'existence des mondes, la vibration dont le type graphique est la Giration, et l'entraînement par elle de tout ce qui existe.

Rituel du Grade de Rose-Croix, par J.-M. Ragon. Paris, 1860.

Lexicon of Freemasonry, par Albert-Georges Mackey, grand secrétaire du Suprême Conseil pour la Juridiction Sud des États-Unis, page 270. Londres, 1873.

The Historical Landmarks of Freemasonry, par Georges Oliver, grand commandeur du Suprême Conseil d'Angleterre. Londres, 1850.

5° NAISSANCE DE LA FRANC-MAÇONNERIE ACTUELLE DONT LE PÈRE EST L'ATHÉÏSME ET LA MÈRE L'ANARCHIE.

Les *Rosicrucians* Jean-Théophile Desaguliers, naturaliste, et Jacques Anderson, ministre protestant, « assistés, dit la lettre de convocation, des frères Georges Payne, King, Calvert, Lumden, Madden, Elliot, et beaucoup d'autres, » convoquèrent, le 24 juin 1717, dans l'auberge *du Pommier*, sise dans Charles-Street, près du marché de Covent Garden, les membres des quatre Loges qui, seules, se trouvaient en activité à Londres à cette époque.

Cette réunion avait pour but d'opérer la fusion de la « Fraternité de Maçons Libres et Acceptés » avec la « Société Alchimique des Rosicrucians, » de permettre aux Rosicrucians d'abriter leurs recherches alchimiques et leurs idées gnostiques et rationalistes sous le manteau respecté de la Fraternité, et de procurer aux Maçons Libres et Acceptés les avantages que seuls les adeptes riches, influents et ambitieux des Rosicrucians pouvaient leur apporter, étant donnée la décadence réelle qui menaçait la primitive Fraternité.

L'Assemblée, réunie à l'auberge *du Pommier*, accepta à l'unanimité cette fusion. La Franc-Maçonnerie naquit, le 24 juin 1717, de cette acceptation.

La « Fraternité des Constructeurs, » la « Fraternité des

Libres Maçons, » et la « Fraternité des Maçons Libres et Acceptés, » disparurent pour toujours; et la Franc-Maçonnerie, *foyer du gnosticisme pur*, s'éleva en face de l'Église chrétienne, « foyer du gnosticisme faussé et adultère. »

Le groupement de ces quatre loges de Londres assemblées à l'auberge *du Pommier*, prit le nom de « Grande Loge d'Angleterre. »

En 1723 Anderson rédigea, fit approuver et publia le « Livre des Constitutions des Maçons Libres et Acceptés. »

Cette dénomination de Maçons Libres et Acceptés, qui rappelait la construction de l'église Saint-Paul, fut conservée pour écarter tout soupçon sur le véritable but de la Franc-Maçonnerie naissante.

Mais ce but resta toujours la propagande et le triomphe du gnosticisme pur et du libéralisme rationaliste dans tout l'univers.

Cette propagande fut conduite avec une énergie telle, qu'en sept années, de 1723 à 1730, les émissaires de la Grande Loge d'Angleterre avaient fondé des Loges Franc-Maçonniques dans tous les pays de l'Europe.

Pour faire croire que la nouvelle Franc-Maçonnerie n'était autre chose que la continuation de la « Fraternité des Maçons Libres et Acceptés, » les appellations, les cérémonies et particularités que cette dernière avait reçues de la *Fraternité* des Constructeurs, furent religieusement respectées.

Une seule modification fut adoptée. Les *Maîtres* formèrent un degré séparé et distinct des *Compagnons*, et c'est sous le triple classement d'*Apprentis*, *Compagnons* et *Maîtres*, que l'armée du gnosticisme pur s'élança à la conquête du monde

INDEX DOCUMENTAIRE.

History of Freemasonry, par Jacques-Georges Gould. Londres, 1884.

Geschichte der Freimaurerei, par Georges-Frédéric Findel. Leipzig. 1878.

La Masoneria, par Viriato Alfonso de Castro. Paris, 1871.

The Freemason's Vademecum, par Étienne Jones, vénérable de la Loge d'Antiquité, date immémoriale. Londres, 1862.

The Rosicrucian and Masonic Record. Londres, 1877-78.

The Old Constitutions of the Ancient and Worshipful Society of Free and accepted Masons, éditées par Jean Edmond Cox. grand aumônier de la Grande Loge Unie d'Angleterre. Londres. 1871.

The Constitutions of the Ancient Fraternity of Free and Accepted Masons, édition officielle publiée par la Grande Loge Unie d'Angleterre. Londres. 1884.

The Secret History of the United Grand Lodge of England and Wales, mss. de la collection privée du duc de Sussex, nº 117.

The Freemasons Monitor, par Thomas-Smith Webb. Salem. 1816.

Illustrations of Freemasonry par Guillaume Preston, vénérable de la Loge d'Antiquité, date immémoriale. Londres, 1856.

II.

Fondation des différents Rites Maçonniques,

OU DIFFÉRENTS PROCÉDÉS EMPLOYÉS PAR LES FRANCS-MAÇONS POUR RANÇONNER FRAUDULEUSEMENT LES IMBÉCILES ET LES ORGUEILLEUX AU PROFIT DES ATHÉES ET DES ANARCHISTES.

Mais la Franc-Maçonnerie ne conserva pas longtemps l'unité extérieure que ses fondateurs, principalement Anderson et Desaguliers, avaient rêvé pour elle.

Dès 1728, les Rites firent leur apparition; et ces incarnations variées devinrent de plus en plus nombreuses, à mesure que le succès parut s'attacher à la variété des formes extérieures dont ces Rites enveloppèrent l'enseignement Franc-Maçonnique et le double but que se proposait le gnosticisme pur.

Les Rites sont, dans la Maçonnerie, des formes accidentelles qui laissent en effet à l'institution ce qu'elle a d'essentiel, à savoir : sa haine de l'Église et de la Royauté.

En 1717, il n'existait qu'une Franc-Maçonnerie unique.

En 1728, le premier Rite, celui de l'Écossais Ramsay, fit son apparition.

En 1743, le premier Rite français, celui du Temple, fut fondé à Lyon.

En 1750, un nouveau Rite fut créé en Angleterre et un autre en France.

En 1758, deux nouveaux Rites se produisirent en France.

En 1770, deux Rites firent leur apparition en Allemagne.

En 1776, deux nouveaux Rites apparurent en Allemagne et un en France.

En 1780, un autre fut fondé en Allemagne.

En 1782, deux en France.

En 1783, un en Allemagne.

En 1785, un en Suède.

En 1796, un en Allemagne.

En 1801, un nouveau Rite fut fondé en France et un dans l'Amérique du Nord.

En 1805, un nouveau Rite apparut en Italie.

En 1825, un au Mexique.

En 1839, un en France.

En 1865, un en Angleterre.

De sorte que, de 1717 à 1865, dans une période de cent quarante-huit années, la doctrine Franc-Maçonnique du gnosticisme pur fut présentée aux adeptes de vingt-quatre manières différentes, au moyen de vingt-quatre procédés particuliers de mise en scène.

De ces vingt-quatre Rites, douze seulement sont encore en pleine activité.

Ce sont les suivants :

Deux anglais, le Rite d'York et le Rite Ancien et Primitif.

Deux français, le Rite Écossais-Moderne et le Rite du Temple.

Quatre allemands, les Rites de Fessler, Zinnendorf, Schrœder et Knigge.

Un italien, le Rite de Misraïm.

Un suédois, le Rite de Swedenborg.

Un mexicain, le Rite National Mexicain.

Un américain, le Rite Écossais Ancien et Accepté.

C'est ce dernier Rite qui compte actuellement le plus grand nombre d'adhérents.

Vingt-deux Suprêmes Conseils, ou Corps dirigeants d'État,

du Rite Écossais Ancien et Accepté sont aujourd'hui en plein exercice. Ils se sont constitués en Confédération en septembre 1875, et c'est le Suprême Conseil de Suisse qui exerce le Pouvoir exécutif de la Confédération.

C'est donc la Pratique Maçonnique du Rite Écossais Ancien et Accepté qui doit être l'objectif principal de notre travail.

* * *

INDEX DOCUMENTAIRE.

Histoire philosophique de la Franc-Maçonnerie, par Kauffman et Cherpin. Lyon, 1850, p. 439 et suiv.

History of Freemasonry, par Jacques-Georges Gould. Londres, 1884.

Histoire pittoresque de la Maçonnerie, par J.-T.-B. Clavel. Paris, 1854, p. 166 et seq.

Geschichte der Freimaurerei, par Georges-Frédéric Findel. Leipzig, 1878.

Acta Latomorum, par Thory. Paris, 1815.

Histoire générale de la Franc-Maçonnerie, par Émile Rebold. Paris, 1861, p. 146 et 147.

Die drei Altesten Kunsturkunden der Freimaurerei, par J.-B. Krause. Dresde, 1810.

History of Freemasonry in Sweden, parue dans le numéro 3, page 23, du *Kneph*, journal officiel du Rite Ancien et Primitif.

Sammtliche Schrifften über Freimaurerei, par Georges Fessler. Freiberg, 1805-1807.

History of the Ancient and accepted Rite of Freemasonry, par Robert Folger, grand secrétaire du Suprême Conseil de la juridiction nord des États-Unis. New-York, 1881.

De l'Ordre maçonnique de Misraïm depuis sa création. par Marc Bedarride. Paris, 1845, p. 153. vol. II.

Boletin oficial del supremo Consejo de Mexico. Mexico, 1869.

Notice sur le Rite de Memphis, par Léon Jaybert, Bulletin du Grand-Orient de France, numéro de mars 1858.

History of the Ancient and Primitive Rite, par Jean Yarker. Londres, 1881.

The Cosmopolitan Masonic Pocket-Book and Calendar pour l'année 1885. Londres, 1885.

Traité d'union, d'alliance et de confédération des Suprêmes Conseils du Rite Écossais Ancien et Accepté, du 22 septembre 1875. Lausanne, 1875.

III.

Fondation et classification des hauts Grades.

TRIOMPHE DE L'ESCROQUERIE ATHÉE ET ANARCHISTE SOUS LE NOM DE FRANC-MAÇONNERIE.

Le lecteur verra dans cette *classification* la réelle portée de la Maçonnerie. Il reconnaîtra en elle la synthèse de toutes les erreurs, et la concentration de toutes les forces capables de dissoudre les Sociétés. C'est la première fois peut-être qu'il est permis de voir clair dans ce désordre, savamment combiné, de trente-trois degrés enchevêtrés les uns dans les autres sans aucune suite logique, dans l'intention évidente de dérouter les recherches et de faire prendre la confusion pour de la profondeur.

Nous avons, dans l'Etude historique qui sert d'introduction à cet ouvrage, rappelé comment le maître-tailleur Pirlet et le maître de ballet Lacorne inventèrent, en 1758, le Rite des « Empereurs d'Orient et d'Occident, » qui délivrait des titres de *Chevalier*, de *Prince*, de *Souverain* et d'*Empereur*.

Cette invention fut la conséquence du premier schisme Maçonnique français, provoqué, en 1756, par la nomination, comme Grand Maître adjoint, de Lacorne; nomination, nous l'avons vu, quasi-imposée par le Grand Maître Comte de Clermont.

Le « Souverain des Souverains, » chef de ce Rite, P. Joinville, donna, en 1761, plusieurs brevets en blanc à un commissionnaire en marchandises, Stephen Morin, israélite, qui partait pour l'Amérique.

Stephen Morin fit commerce de ces brevets, et en vendit un certain nombre à un autre israélite, Franken, qui, en 1767, installa le Rite à New-York.

Parmi les initiés de Franken se trouvait un médecin nommé Frédéric Dalcho, et parmi les initiés de Morin se trouvait un Français, le Comte de Grasse-Tilly.

Frédéric Dalcho eut l'idée d'augmenter de huit degrés le Rite des « Empereurs d'Orient et d'Occident » pour en faire un nouveau Rite et secouer le joug de l'autorité de Morin. Il eut donc un Rite à 33 degrés.

Le Comte de Grasse-Tilly aida Dalcho à traduire en français les rituels des huit nouveaux grades et se chargea d'apporter en France le Rite ainsi compliqué et rajeuni. Il l'y implanta le 22 septembre 1804.

Le Rite Écossais Ancien et Accepté fut constitué comme il suit :

Les trente-trois degrés furent partagés en sept catégories.

1re. Grades dits Symboliques, Primitifs et Universels.

2me. Grades de développement des Grades Primitifs et Universels.

3me. Grades pris à l'Illuminisme allemand du Tribunal de la Sainte-Wehme.

4me. Grades Juifs et Bibliques.

5me. Grades Templiers.

6me. Grades Alchimiques et Rosicrucians.

7me. Grades administratifs et supérieurs.

La 1re catégorie comprend les grades 1er, 2me et 3me, d'*Apprenti*, *Compagnon* et *Maître*.

Ces trois grades ne sont point hiérarchiques et n'impliquent nullement une subordination quelconque.

La 2me catégorie comprend les grades de chevalier *Rose-Croix*, 18me, et de chevalier *Kadosch*, 30me. Ils servent de lien et de trait d'union entre les cinq autres catégories et la première, qui constitue la Franc-Maçonnerie primitive et universelle.

La 3me catégorie comprend les grades d'*Élus* qui sont le 9me, *Élu des Neuf*; le 10me, *Élu des Quinze*; le 11me, *Sublime Élu*; et le 21me, *Chevalier Prussien* ou *Franc-Juge*. Ils procèdent de la secte des Illuminés allemands, des Francs-Juges du tribunal de la sainte Wehme, ou de la Sainte Vengeance, dont J. Weishaupt fut le chef; Knigge, le fondateur du Rite Eclectique institué en 1783 en Allemagne, les introduisit, en modifiant leur forme, dans la série des grades maçonniques.

La 4me catégorie comprend les grades *Juifs* et *Bibliques*, qui rappellent la construction et la reconstruction du Temple de Salomon ; allégorie acceptée par la Franc-Maçonnerie, si, par les mots « Temple de Salomon, » l'on entend l'homme par excellence, le cœur et l'intelligence de l'homme. On leur a conservé leur mise en scène essentiellement biblique. Ce sont les grades 4me, *Maître Secret* ; 5me, *Maître Parfait* ; 6me, *Secrétaire Intime*; 7me, *Prévôt et Juge*; et 8me, *Intendant des Bâtiments*; pour les grades exclusivement Juifs. Et les grades 12me, *Grand Maître Architecte*; 13me, *Royal Arche*; 14me, *Grand Écossais* ; 15me, *Chevalier d'Orient*; 16me, *Prince de Jérusalem* ; et 17me, *Chevalier d'Orient et d'Occident*; pour les grades Juifs et Bibliques.

La 5me catégorie comprend les grades *Templiers*. Au XIIe siècle, il existait en Orient une secte de chrétiens Joannistes; ils prétendaient que les Évangiles n'étaient qu'allégories pures. Leur chef, Theoclet, initia aux mystères Joannistes le chevalier Hugues de Payens, chef des Templiers, fondés en 1118, et en fit son successeur. Les Templiers professaient donc le gnosticisme primitif; leurs enseignements eurent une place toute marquée dans la Franc-Maçonnerie qui se vouait à la propagation de ce gnosticisme pur; et ils donnèrent naissance au Rite Templier de 1743.

Ces grades sont le 19me, *Grand Pontife*; le 20me, *Vénérable Maître de toutes les Loges symboliques*; le 23me, *Chef du Tabernacle*; le 24me, *Prince du Tabernacle*; le 25me, *Chevalier du Serpent d'Airain*; le 26me, *Prince de Merci*; le 27me, *Souverain Commandeur du Temple*; et le 29me, *Grand Écossais de Saint-André*.

La 6me catégorie comprend les grades *Hermétiques*, *Cabalistiques* et *Rosicrucians*, qui sont le 22me, *Royal Hache*; et le 28me, *Prince Adepte*.

La 7me catégorie enfin, comprend les grades *administratifs et suprêmes* · le 31me, chargé de maintenir dans toute son intégrité la doctrine du Gnosticisme pur; le 32me, affecté à la propagande, et le 33me, consacré à produire de véritables chefs de la Franc-Maçonnerie, initiés à tous ses mystères et secrets.

Nous allons procéder à l'étude de la véritable pratique Maçonnique de tous ces grades, dont l'ensemble constitue la manifestation matérielle de la Franc-Maçonnerie.

* * *

INDEX DOCUMENTAIRE.

Secret History of the Ancient and Accepted scottish Rite, par John Yarker, nº 7 du Masonic Examiner. Londres, 1871.

History of the Ancient and Accepted Scottish Rite of Freemasonry, par Robert Folger, grand secrétaire du Suprême Conseil pour la juridiction nord des États-Unis. New-York, 1881.

Transactions of the Suprême Concil for the Southern Jurisdiction of the United States. Mémoire d'Albert Pike, grand commandeur du Suprême Conseil pour la juridiction sud des États-Unis, vol. I de 1884. Charleston, 1884.

Histoire philosophique de la Franc-Maçonnerie, par Kauffman et Cherpin. Paris, 1850, p. 413 et 444.

Histoire des trois grandes Loges de Francs-Maçons en France, par Émile Rebold. Paris, 1865, p. 452 et suiv.

Il Rito Scozzesse Antico e Acettato, étude philosophico-critique, par Dominico Anghera, grand maitre de la Maçonnerie italienne. Naples, 1875.

Histoire pittoresque de la Franc-Maçonnerie, par J.-T. B. Clavel. p. 56 et 57. Paris, 1844.

Études historiques et symboliques sur la Franc-Maçonnerie, par Adolphe Vaillant, p. 25 et 29. Paris, 1860.

Cours philosophique et interprétatif des Institutions anciennes et modernes, par J.-M. Ragon. Paris, 1841, p. 176 et 177.

Das verbesserte system der Illuminaten, par H. Weishaupt. Francfort, 1788.

Essai sur la secte des Illuminés, par le marquis de Luchet. Paris, 1792, p. 46.

Allegemeine Kulturgeschichte von der Urzeit bis auf den Gegenwart, vol. IV, par Otto Henne-Am-Rhyn, Leipzig, 1877-1882.

The Book of the Lodge, par Robert Macoy. New York, 1855.

Morals and Dogma of Freemasonry, par Albert Pike, grand

commandeur du Suprême Conseil pour la Juridiction sud des États-Unis, Charleston, 1881, p. 817.

Geschichte der Tempel-Herren Orden, par Wilke. Leipzig, 1825-1835.

The Rosicrucian and Masonic Record. Londres, 1877-1878.

Geheime Geschichte einer Rosen Kreuzers, par Albrecht. Hambourg, 1792.

Essai historique sur l'institution du Rite Écossais, par Vassal. Paris, 1827.

Abrégé historique de l'organisation en France, jusqu'au 1er mars 1814, des 33 degrés du Rite Écossais Ancien et Accepté. Paris, 1814.

ENSEIGNEMENT.

ENSEIGNEMENT.

Glorification du Vice.

1re Catégorie.

GRADES SYMBOLIQUES ET UNIVERSELS.

Ces trois premiers degrés sont, à vrai dire, toute la Maçonnerie. Le principe, le but, le moyen, tout est là.

Les *Purs* ne veulent pas entendre parler de Hauts-Grades. Les trois premiers degrés représentent l'Idée démocratique. Les Hauts-Grades ne sont qu'une manière d'Aristocratie dont les amis de la vraie Égalité ne sauraient s'accommoder.

Le *Rite Écossais* compte trente-trois degrés : c'est le rite bourgeois, le *Suprême Conseil*. Il faut payer trente-trois fois ; et les initiations coûtent cher! C'est la Droite de la Maçonnerie.

Des démocrates fourvoyés chez les Écossais, se sont séparés d'eux par un schisme, et, en France, ont fondé la *Grande Loge symbolique Écossaise* : c'est la Gauche.

Entre les deux, *le Grand Orient de France* forme le Centre. C'est là que se trouve le nombre; et le nombre est opportuniste.

Fidèle à l'idée maçonnique pure, le Grand Orient a toujours dressé contre les Hauts-Grades des réquisitoires terribles; mais alors il a vu s'éloigner de lui une multitude de Frères, plus ou moins séduits par les titres ronflants ou par les décorations brodées en or sur soie blanche, rouge ou bleue; aussi a-t-il fini par reconnaître le 18e et le 30e degrés, qui complètent directement l'idée maçonnique des trois premiers grades.

Nous aurions pu donner ici le rituel officiel de ces trois premiers grades; mais, bien que ce document soit secret et mérite d'être sérieusement médité, pour l'art avec lequel il dissimule ce qu'il prétend enseigner plutôt que pour ce qu'il dit, la lecture en est néanmoins peu intéressante. De plus, ce serait surcharger démesurément un ouvrage destiné à la vulgarisation.

1° APPRENTI, 2° COMPAGNON, 3° MAITRE.

Les trois grades de la Maçonnerie primitive de Anderson et Desaguliers, dont les deux premiers sont empruntés à la « Fraternité des Maçons Libres » et le 3e était une invention des Rosicrucians pour conserver vivant le souvenir de l'assassinat de Charles Ier d'Angleterre, ne présentent aucune subordination réelle, malgré les titres hiérarchiques qu'ils portent, d'Apprenti, de Compagnon et de Maître.

Nous les considérerons donc dans leur ensemble, sans faire précéder l'exposé de la Pratique Maçonnique des Rituels officiels du Suprême Conseil de France, rédigés, il y a une dizaine d'années, par une Commission dont le Frère Jules Simon était le rapporteur, mais en publiant l'ensemble officiel de leurs prétendus SECRETS.

La Gradation dans la Perversion.

SIGNIFICATION SECRÈTE DES TROIS GRADES SYMBOLIQUES.

L'explication que nous allons donner de la Franc-Maçonnerie n'est point une chose de fantaisie ou d'invention. S'il y a là des infamies, nous n'en sommes pas responsables. Toujours nous nous appuierons sur l'autorité des maîtres les plus vénérés de cet abominable institut; et, parmi les horreurs qu'on va lire, on n'en trouvera pas une seule qui ne soit puisée aux sources authentiques de ce que les Maçons appellent avec emphase le *Dogme Maçonnique*.

Il y a mieux : nous mettons au défi les plus savants et les plus habiles docteurs des Loges de donner, de *tous* leurs rituels et de *tous* leurs symbolismes, une autre explication aussi naturelle, aussi complète, dont toutes les parties s'harmonisent aussi parfaitement pour arriver à l'unité.

Toutes ces doctrines constituent d'ailleurs un système philosophique bien connu et dont le nom propre est le Panthéisme. Il a été enseigné par des esprits doués parfois d'un remarquable talent, comme Kant, Fichte, Schelling, Hegel, Herder, Lessing, en Allemagne, et par beaucoup de leurs élèves, en France et en d'autres pays. Or, quel est le Franc-Maçon qui ne professe pas pour ces maîtres et pour leurs doctrines une sincère admiration, qui ne se sert pas à chaque instant contre nous de leur autorité et plus encore de leurs arguments?

Au surplus, le premier titre de gloire invoqué de tout temps par la Maçonnerie, est d'avoir été l'héritière légitime et directe du Gnosticisme. Et qu'est-ce que le Gnosticisme, sinon la forme antique du panthéisme allemand et de la

Franc-Maçonnerie? Eh bien, c'est de l'histoire : le Gnosticisme pratiquait toutes les abominations que récèle la Franc-Maçonnerie. Il est naturel que le même dogme produise la même morale.

Les Maçons se piquent également d'être les héritiers des traditions de l'Ancien Orient, de Samothrace, de l'Inde et de l'Égypte. On retrouve partout dans leurs livres, dans leurs discours, dans les vocables de leurs loges, les noms d'Isis, d'Éleusis, de Mithra; partout on les entend faire l'apologie de ces *Sublimes Mystères*. Qu'était tout cela, sinon l'apothéose de l'homme, de l'homme élevé aux honneurs de la divinité? C'est encore de l'histoire, et les langues humaines, nos langues chrétiennes surtout, n'ont pas d'expressions qui puissent peindre tant de mystiques impudicités.

C'était la promesse faite par le serpent à nos premiers parents dans le paradis terrestre : « Vous serez comme des Dieux, » leur disait-il. Ils le crurent, et devinrent semblables à des bêtes.

Cette promesse, la Franc-Maçonnerie la répète, dans les mêmes termes, à ses adeptes. Il n'y a pas d'autre Dieu que vous-mêmes, leur dit-elle; car Dieu, c'est la Nature, c'est le Grand Tout; et tout appartient à l'homme qui, par son génie, exerce son empire sur la nature.

Ce principe posé, et pas un vrai Maçon ne le conteste, ses conséquences conduisent aussitôt à la parfaite intelligence de la Maçonnerie.

Si l'homme est Dieu, tous ses actes sont divins. De là, son droit absolu à la plus absolue liberté.

Entre tous les actes de l'homme, quel est le plus divin? Évidemment celui qui a pour objet de perpétuer cette divinité qui est l'homme; l'acte de la génération.

Et voilà, à leur avis, le sens rationnel et vraiment gnostique caché sous les absurdes superstitions des chrétiens, qui

MEMENTO OFFICIEL DU 1er DEGRÉ : APPRENTI.

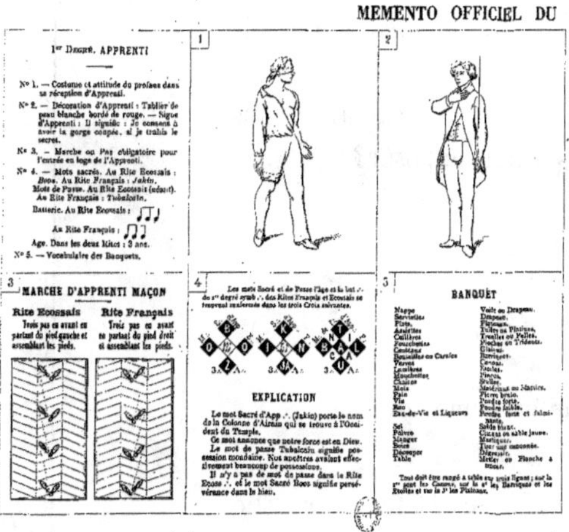

1er Degré. APPRENTI

N° 1. — Costume et attitude du profane dans sa réception d'Apprenti.

N° 2. — Décoration d'Apprenti : Tablier de peau blanche bordé de rouge. — Signe d'Apprenti : Il signifie : Je consens à avoir la gorge coupée, si je trahis le secret.

N° 3. — Marche ou Pas obligatoire pour l'entrée en loge de l'Apprenti.

N° 4. — Mots sacrés. Au Rite Ecossais : *Booz*. Au Rite Français : *Jakin*.
Mots de Passe. Au Rite Ecossais (néant).
Au Rite Français : Tubalcaïn.
Batterie. Au Rite Ecossais : ♫♩
Au Rite Français : ♫♩
Age. Dans les deux Rites : 3 ans.

N° 5. — Vocabulaire des Banquets.

1

2

3 MARCHE D'APPRENTI MAÇON

Rite Ecossais
Trois pas en avant en partant du pied gauche et assemblant les pieds.

Rite Français
Trois pas en avant en partant du pied droit et assemblant les pieds.

4 Les mots Sacré et de Passe l'âge et la bat ∴ du 1er degré symb ∴ des Rites Français et Ecossais se trouvent renfermés dans les trois Croix suivantes.

EXPLICATION

Le mot Sacré d'App ∴ (Jakin) porte le nom de la Colonne d'Airain qui se trouve à l'Occident du Temple.

Ce mot annonce que notre force est en Dieu.

Le mot de passe Tubalcaïn signifie possession mondaine. Nos ancêtres avaient effectivement beaucoup de possessions.

Il n'y a pas de mot de passe dans le Rite Ecoss ∴ et le mot Sacré Booz signifie persévérance dans le bien.

5 BANQUET

Nappe	Voile ou Drapeau.
Serviettes	Drapeaux.
Plats	Plateaux.
Assiettes	Tuiles ou Platines.
Cuillères	Truelles ou Pelles.
Fourchettes	Pioches ou Tridents.
Couteaux	Glaives.
Bouteilles ou Carafes	Barriques.
Verres	Canons.
Lumières	Étoiles.
Mouchettes	Pinces.
Chaises	Stalles.
Mets	Matériaux ou Mastics.
Pain	Pierre brute.
Vin	Poudre forte.
Eau	Poudre faible.
Eau-de-Vie et Liqueurs	Poudre forte et fulminante.
Sel	Sable blanc.
Poivre	Ciment ou sable jaune.
Manger	Mastiquer.
Boire	Tirer une canonnée.
Découper	Dégrossir.
Table	Atelier ou Planche à tracer.

Tout doit être rangé à table sur trois lignes ; sur la 1re sont les Canons, sur la 2e les Barriques et les Étoiles et sur la 3e les Plateaux.

L'Ordre. — Étant debout porter à plat la main droite sous la gorge, les quatre doigts serrés, et le pouce écarté formant l'équerre, le bras gauche pendant.

Le Signe. — Étant à l'ordre, retirer la main horizontalement vers l'épaule droite et la laisser retomber le long du corps, le bras allongé, ce qui décrit une équerre.

La Marche. — Étant à l'ordre, le corps légèrement effacé, faire trois pas en avant en partant du pied gauche et en assemblant à chaque pas, et faire le signe en guise de salut.

L'Attouchement. — Prendre la main droite de celui dont on veut se faire connaître, presser légèrement avec l'ongle du pouce la première phalange de l'index, frapper par un mouvement invisible trois coups égaux, c'est la demande du mot sacré ; en réponse on le donne, comme ci-après.

Mot Sacré. — Le Fr ∴ auquel on demande le mot sacré d'App ∴ doit répondre : *Je ne sais ni lire, ni écrire, je ne sais qu'épeler, dites-moi la première lettre, je vous dirai la seconde !*

1° Le Demandeur : B.		L'Interpellé : O.
2°	d° O	d° Z.
3°	d° BO	d° OZ.

Ensemble. BOOZ.

Mot de Passe. — L'App ∴ n'a pas de mot de Passe au Rite Ecoss ∴ Anc ∴ Acc ∴.

Mot de Semestre. — Est le mot de reconnaissance des memb ∴ en activité ; il est donné deux fois par an dans les Loges.

La Batterie. —.—.—.

L'Age. — Trois ans.

Temps du Travail. — De midi à minuit.

Acclamation. — Houzza ! Houzza ! Houzza !

L'Habillement. — L'Apprenti porte un tablier de peau blanche dont la bavette est relevée.

adorent un Père Éternel engendrant éternellement, un Fils éternellement engendré, un Saint-Esprit trait d'union éternel entre le Père et le Fils. Pour eux, c'est tout simplement l'homme engendrant l'enfant au moyen de la femme.

Voilà le Dieu maçonnique révélé, la création écartée, la génération divine expliquée; voilà l'insondable mystère de la lettre G, au sein de l'étoile flamboyante, manifesté! Voilà enfin comment la piété consiste à multiplier le plus possible les actes générateurs.

C'est la corruption érigée en culte réligieux. C'est la Prostituée de 93, sous le nom de Raison, sur les autels de Notre-Dame.

Venons au fait. Quelles considérations vaudraient jamais la brutalité des doctrines que nous allons exposer?

1er Degré. *Apprenti.*

Exploitation vicieuse de la Curiosité.

Le grade d'Apprenti fut composé, en 1646, par Élie Ashmole, alchimiste Rosicrucian; il fut introduit dans la Franc-Maçonnerie lors de la fusion du Rosicrucianisme avec la Fraternité des Libres Maçons.

L'initiation représente dramatiquement l'origine, la *naissance* du Dieu-Nature, du Grand Tout.

Elle enseigne que l'idée d'un Dieu surnaturel et personnel est une imposture sacerdotale, inventée pour civiliser l'humanité sauvage, et qu'aucun être n'est absolument matériel; car les deux principes, matière et forme, feu et eau, homme et femme, sont toujours deux en un seul, et un en deux éternellement générants. Elle révèle que Dieu est un être

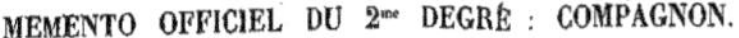

MEMENTO OFFICIEL DU 2me DEGRÉ : COMPAGNON.

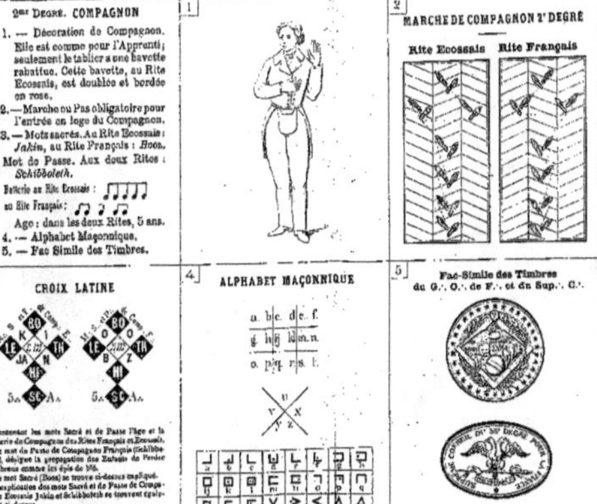

L'Ordre. — Se fait par deux mouvements spontanés : le premier consiste à porter la main droite sur le cœur, les doigts arrondis comme pour le saisir; le deuxième, c'est d'élever l'avant-bras gauche à la hauteur de la tête, la main ouverte, la paume en avant, le pouce rapproché du corps.

Le Signe. — Se mettre à l'ordre, retirer horizontalement la main droite vers le flanc droit et la laisser tomber perpendiculairement; pendant ce moment, abaisser la main gauche le long du corps.

La Marche. — Etant à l'ordre, faire les trois pas d'Apprenti, faire le signe d'App.·. puis deux pas pour compléter, le premier à droite, le deuxième à gauche, et faire le signe de Compagnon.

L'Attouchement. — Prendre la main droite du tuileur, frapper cinq coups égaux avec le pouce sur la première phalange du médius et donner le mot de passe; le tuileur passe le pouce sur la première phalange du médius qu'il presse légèrement de l'ongle; c'est la demande du mot sacré.

Mot de Passe : SCHIBBOLETH.

Mot Sacré. — Le f.·. auquel on demande le mot sacré, doit répondre : *Je ne sais ni lire ni écrire, je ne sais qu'épeler; dites-moi la première lettre, je vous dirai la seconde :*

1º Le Demandeur : J.		L'Interpellé : A.
2º	dº KI	dº N.
3º	dº JA	dº KIN.
		Ensemble. JAKIN.

La Batterie .—.—.—.—.—.

L'Age. — Cinq ans.

Temps du Travail. — De midi à minuit.

Acclamation. — Houzza! Houzza! Houzza!

Habillement. — Le Compagnon porte un tablier de peau blanche, dont la bavette est rabattue.

C

a cette signification précise, et *Jéhovah* se prononce Ih-Oh, et veut dire Lui-Elle, les deux sexes, l'Hermaphrodite (1).

Le Compagnon apprend que le Temple représente l'homme, que Salomon signifie le Soleil, Jupiter-Ammon, que les deux colonnes représentent l'homme et la femme, le principe créateur étant la colonne blanche, la J, et le principe destructeur, celui qui exige la destruction du germe dans la matrice pour amener la reproduction et la régénération, étant la colonne noire, la B.

Ce double principe, mâle et femelle, créateur et destructeur, lumineux et ténébreux, est représenté également par le pavé mosaïque de carreaux blancs et noirs, par le compas, symbole du Ciel, du Soleil, de l'homme ; par l'équerre, symbole de la terre, d'Isis, de la femine ; et par l'Étoile flamboyante (2).

L'Étoile flamboyante, ou sceau de Salomon, est l'emblême créateur par excellence. L'homme couché présente, en effet, une protubérance centrale ⋀.

La femme couchée présente, au contraire, une cavité centrale ⋁.

Et leur union, l'entrelacement du *membrum virile* ⋀ avec le *genitalia mulieris* ⋁, donne l'Étoile flamboyante, en unissant, pour les besoins graphiques du contour fermé de la figure, les extrémités qui restent libres.

(1) *Speculative Freemasonry*, par Jean Yarker, grand maitre du Rite Ancien et Primitif, p. 14. Londres, 1872. — *Lexicon of Freemasonry*, par Albert-Georges Mackey, grand secrétaire du Suprême Conseil de la Juridiction Sud des États-Unis, p. 156-229, Londres, 1873.

(2) *Cours Oral de Franc-Maçonnerie Symbolique*, par Henri Cauchois, grand orateur du Grand Orient de France. Paris, 1863, p. 109. — *Études historiques et symboliques sur la Franc-Maçonnerie*, par Adolphe Vaillant.

Au centre, l'Étoile flamboyante porte la lettre phénicienne [illegible], équivalente au IOD hébreu, et représentant les deux canaux séminaux et l'urètre, qui consituent l'essentiel du *membrum virile* (1).

3e Degré. *Maître.*

Exploitation vicieuse de l'Orgueil.

Le grade de Maître fut composé en 1649 par Élie Ashmole, alchimiste Rosicrucian, pour représenter la mort de Charles Ier, et exciter, par cette représentation, les idées de vengeance des partisans des Stuarts, protecteurs attitrés des Rosicrucians.

Reprenant la légende du *Targum* juif, qui avait servi de canevas à Ashmole pour son travail, Anderson et Désaguliers composèrent le grade Franc-Maçonnique de Maître, en substituant à Charles Ier l'Architecte biblique Hiram (2).

L'édification d'un *Temple* gnostique étant la figure de l'Institution maçonnique établie en 1717, il était naturel que ce Hiram devint le personnage principal de la Légende Franc-Maçonnique.

Hiram était sculpteur, fondeur, ciseleur, teinturier et peintre; ce fut lui qui coula les deux colonnes d'airain, la mer d'airain, les dix cuves et les dix socles, les chaudières,

Paris, 1860, p. 102 et seq. — *Ahiman Rezon or Rituals of Freemasonry.* New-York, 1873. — *Cours Philosophique et Interprétatif des Initiations*, par J. M. Ragon. Paris, 1841, p. 102.

(1) *The Manual of Freemasonry*, par Richard Carlile. London, 1876. p. 97 à 99.

(2) Mss. autographe Anderson, n° 105 de la collection privée du duc de Sussex, grand maître de la Franc-Maçonnerie anglaise.

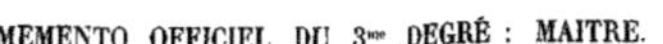

MEMENTO OFFICIEL DU 3me DEGRÉ : MAITRE.

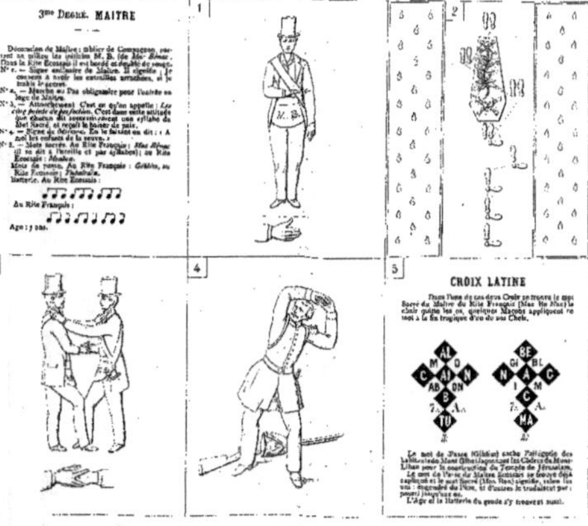

L'Ordre. — Porter la main droite ouverte, les doigts étendus et rapprochés, le pouce séparé en équerre et appuyé contre le flanc gauche au-dessous du pectoral.

Le Signe dit d'horreur. — Etant à l'ordre, élever les deux mains vers les cieux, les doigts étendus et séparés, en disant : « *Ah! Seigneur mon Dieu!* » laisser après cette exclamation retomber les mains pour marquer la surprise et l'accablement.

L'Attouchement. — 1° S'approcher réciproquement du pied droit par le côté intérieur; 2° se toucher le genou droit; 3° s'approcher le haut du corps; 4° se poser réciproquement la main gauche sur l'épaule droite, pour se tenir plus étroitement et s'attirer l'un et l'autre; 5° se prendre mutuellement la main droite en formant la griffe pour embrasser la paume, c'est ce qu'on appelle les 5 points parfaits de la Maçonnerie. Ensuite on prononce alternativement l'un et l'autre les trois syllabes du mot sacré.

Signe de Secours. — Dans le cas où un M ∴ se trouve en danger, il appelle ses FF ∴ à son secours par le signe suivant : renverser sur la tête ou à la hauteur du front les deux mains dont les doigts sont entrelacés en disant : *A moi les enfants de la Veuve!*

La Marche. — Faire d'abord les trois pas d'Apprenti, suivis des deux pas de Comp ∴ puis les trois pas de Mait ∴.

Mot de Passe. — TUBALCAIN.

Mot Sacré. — MAHABONE.

La Batterie —.—.—.—.—.—.

L'Age. — Sept ans et plus.

L'Acclamation. — Houzzai! Houzzai! Houzzai!

Habillement. — Tablier blanc bordé de rouge; au milieu du tablier sont peintes ou brodées en rouge les lettres M ∴ B ∴.

Cordon bleu moiré liseré de rouge, porté en écharpe de droite et gauche; au bas du cordon une rosette rouge à laquelle est suspendu un bijou en or, composé d'une équerre sur laquelle se croise un compas ouvert à 45 degrés.

coupes et vases nécessaires aux sacrifices du Temple de Salomon (1). Il était fils d'un Syrien nommé Ur (*feu*) (2), et d'une veuve de la tribu de Nephtali.

Malgré l'existence biblique de Hiram, il ne doit être considéré en Franc-Maçonnerie que comme un être allégorique, personnifiant le Grand Architecte de l'Univers, au même titre que le hiérophante des anciens mystères était le représentant emblématique de Phta, d'Orisis ou de la divinité au culte de laquelle il était consacré (3).

Ce *Grand Architecte de l'Univers* n'a, en Maçonnerie, aucun sens déterminé, exclusif, et surtout aucune espèce de signification religieuse. C'est purement et simplement une formule qui s'accommode à toutes les opinions, même à celles des athées (4).

L'Initiation au grade de Maître représente la mort d'Hiram, l'architecte. Son enseignement est la continuation et le couronnement de celui des grades d'Apprenti et de Compagnon (5).

Maintenant, voici que les deux sexes sont unis; le nom de Dieu qu'on cherchait, est trouvé. Ce nom est *Mahabone*, le fils de l'inceste de Loth avec sa fille (6); c'est-à-dire, l'homme, fils de l'union du Soleil, avec sa fille, la Terre; et c'est aussi *Mac-Benac*, le fils de la putréfaction, l'homme-

(1) *Rois*, liv. III, chap. VII, v. 13 et suivants. — *Paralipomènes*, liv. II, chap. II, v. 13 et suivants.

(2) *Histoire du peuple Juif*, par Josèphe Flavius, traduction du grec, par Arnauld d'Andilly. Paris, 1676.

(3) *Speculative Freemasonry*, par Jean Yarker, grand maître du Rite Ancien et Primitif. Londres, 1873, p. 13 et suiv.

(4) *Rivista della Massoneria*, p. 8 du n° du mois d'août 1874. Rome, 1874.

(5) *Rituel de Maître*, publié par le Suprême Conseil pour la France et ses dépendances.

(6) *Tuileur général de la Franc-Maçonnerie*, par J. M. Ragon, p. 28. Paris, 1860.

femme dans l'acte même de la génération, car tout ce qui naît et qui a vie, vient de la mort et de la pourriture (1).

Le mystère ineffable de la Nature, que cet enseignement condense sous une forme abrégée, mérite une explication plus détaillée.

Considérons un grain de blé!

Produit d'un grain de blé semblable à lui, il est tout à la fois *cause* et *résultat*.

Allégoriquement, il peut donc être considéré tantôt comme *Père*, tantôt comme *Fils*.

Il renferme en lui la semence reproductrice. Donc, il est, en même temps que *Père* et que *Fils*, *Esprit* vivificateur et reproducteur.

Il est déposé dans le sein de la Terre, qui est sa *Mère*, et qui devient sa *Femme*, puisqu'ils accomplissent ensemble l'acte de la génération. Elle est encore sa *Sœur*, car, toute fécondation exigeant homogénéité, la Terre est sœur du principe renfermé dans le grain.

A peine la puissance génératrice du grain est-elle en rapport avec la puissance génératrice de la Terre, que le grain se gonfle, s'amollit, fermente et se décompose.

Les éléments qui le constituent engagent un combat terrible entre la vie et la mort.

La mort triomphe, toute aggrégation est rompue, le grain tombe en putréfaction.

Mais alors le germe qui, dans l'étroite enveloppe qui le contenait, semblait condamné à une perpétuelle prison, le germe se dégage, s'élance, perce le sein de la Terre et commence à paraître (2).

(1) *Lexicon of Freemasonry*, par Albert-Georges Mackey, grand secrétaire du Suprême Conseil de la Juridiction Sud des États-Unis, Londres, 1873.

(2) *Système de la Génération Universelle des Êtres*, par Charles de l'Aulnaye, p. 346 et 347. Paris, 1821.

Sa naissance coûte la vie à son père, au grain dont seule la désagrégation a rendu possible son existence.

Consacré à enseigner ce secret suprême, à retracer la lutte éternelle des deux agents de la nature et leurs victoires alternatives, destiné à mettre en évidence que la vie et la mort sont toutes deux le Principe et toutes deux le Terme de ce qui existe, que l'une ne peut être sans l'autre et que toutes deux émanent d'une même puissance — puissance qui ne saurait être mieux exprimée si ce n'est par un type bi-sexuel, androgyne, hermaphrodite; — le Grade de Maître mérite donc l'importance qu'Anderson et Desaguliers lui ont donnée.

Voilà les idées générales que ces deux Rosicrucians entourèrent de la mise en scène des « Libres-Maçons; » et voilà, par conséquent, les idées primitives, les idées mères des grades d'Apprenti, de Compagnon et de Maître Maçon.

Le développement philosophique du XVIIIe siècle modifia notablement cette doctrine primitive, et, au commencement du XIXe, elle subit encore une plus profonde altération.

Étudions ces grades tels qu'ils étaient secrètement compris dans la première moitié de notre siècle.

— Le grade d'Apprenti est le grade de la naissance Maçonnique; il représente la conception et la naissance du Soleil, de l'ordre et de l'harmonie du sein du chaos primitif (1).

— Le grade de Compagnon est l'emblème de la jeunesse et de la virilité, quand l'homme est parvenu à soumettre ses passions et qu'il peut fortifier sa volonté par l'étude des sciences, des lettres et de la philosophie (2).

Ainsi que l'été, lorsque le soleil est dans sa force, pénètre

(1) *Véritas*, par Henri Merville, page 3. Londres.

(2) *Cours interprétatif et philosophique des Initiations*, par J.-M. Ragon, p. 153. Paris, 1840, p. 122.

l'Univers de sa chaleur bienfaisante, ainsi le Compagnon nourrit et féconde l'humanité au feu de ses sublimes doctrines, de ses travaux d'amour, dirigés tous vers la réalisation du bonheur de l'humanité (1).

C'est au Feu qu'est consacré ce Grade, et l'Étoile Flamboyante en est l'emblème; car la génération qu'elle représente, a en Lui la cause de son efficacité; sans Lui pas de mouvement, pas d'existence; c'est de Lui que la matière, effet du mouvement, reçoit la forme qui lui donne une existence propre (2).

Comme le Feu est immense, éternel, impérissable, infini et omniprésent, et que l'Étoile Flamboyante l'emblématise, on a essayé, récemment, de mettre au centre de cette étoile la lettre G, initiale du mot Dieu dans les langues du Nord, pour rappeler que le *Grand* Architecte de l'Univers a les mêmes qualités, les mêmes attributs que le Père.

— Le grade de Maître représente allégoriquement la mort du Dieu-Lumière, du Dieu-Soleil, soit qu'on le considère au point de vue physique, quand le soleil physique meurt en hiver pour ressusciter au printemps, le jour de Pâques, au moment de son passage par le signe zodiacal du *Bélier* ou *Agneau* réparateur, soit qu'on le regarde philosophiquement, comme emblématisation *(sic)* du chaos d'où est sortie la Lumière éternelle, de la putréfaction, mort apparente des Êtres, mais en réalité source impérissable de vie.

Et comme la Nature, devenue veuve de son époux, perd sa fécondité et ses joies, les Maîtres Maçons, fils de cette Nature, deviennent les *Fils de la Veuve* (3).

(1) *Lexicon of Freemasonry*, par Albert-Georges Mackey, grand secrétaire du Suprême Conseil de la Juridiction Sud des États-Unis. Londres, 1873.

(2) *Manual of Freemasonry*, par R. Carlile. Londres, 1876, p. 7 et 84-87.

(3) *Cours interprétatif et philosophique des Initiations*, par F. M. Ragon: Paris 1841. Pages 138-162.

La pratique moderne des trois degrés d'Apprenti, de Compagnon et de Maître diffère notablement des doctrines Franc-Maçonniques primitives, aussi bien que des enseignements professés par les Maçons au commencement du XIXe siècle..

De nos jours, la Maçonnerie entreprend contre le Catholicisme et la Royauté une lutte face à face, corps à corps (1). Elle a laissé de côté son Dieu Androgyne, l'Adonaï et le Jéhovah des Juifs Gnostiques; elle ne tient plus compte des modifications philosophiques apportées, au commencement de notre siècle, à la doctrine du Dieu Bi-Sexuel. Actuellement elle dédaigne davantage les moyens pour ne s'inquiéter que du résultat; et ce résultat, son fervent cri de guerre le formule franchement :

Mort au surnaturalisme! Qu'il soit anathème et cesse à tout jamais d'exister (2)!

En effet, la Justice et la Vérité étant les seuls fondements incontestables de toute société, et toute Religion basée sur la révélation tendant à détruire ces fondements, - toute Religion devient immorale, puisqu'elle annihile l'homme au profit d'un Dieu révélé - et qu'elle est la négation de l'humanité (3). Et si toute Religion est incapable de satisfaire les intérêts de l'humanité, c'est dans le champ de la science que la Maçonnerie devra chercher le terrain qui permette l'entente commune de tous les hommes (4).

(1) *Diccionario Enciclopedico de la Masoneria,* par Louis Richard Fors. Barcelone, 1884.

(2) *Chaîne d'Union,* année 1876, p. 397 et 399; année 1877, p. 147; année 1878, p. 152. — *Le Réveil d'Indra,* par le Frère Jacques. Clermont-Ferrand, 1871. p. 23 et 39.

(3) *Chaîne d'Union,* année 1877, p. 124.

(4) *Monde Maçonnique,* année 1877, p. 455.

Et maintenant comment la Franc-Maçonnerie moderne comprend-elle la résistance contre la Royauté, ou mieux contre le principe d'autorité, quel qu'il soit? Comment entreprend-elle la lutte, sur quelle base, à l'aide de quelles armes ou de quel enseignement? Examinons la signification de ses doctrines pour chacun des grades d'Apprenti, de Compagnon et de Maître.

Grade d'Apprenti. N'étant ni nu, ni habillé, ni pieds nus, ni chaussé; ayant les yeux bandés et la corde au cou; sans métaux, sans appui; n'ayant, dans l'état de nature où il se trouve, d'autre ressource que la force physique, le candidat représente les masses muettes et désolées du *Peuple*. La superstition l'aveugle; l'ignorance le rend impuissant; son corps est rivé aux lourdes chaînes de la tyrannie; son âme assujettie au despotisme des Prêtres : des Prêtres qui agissent au nom d'un Dieu soi-disant de clémence et d'amour, pour exterminer tous ceux qui tenteraient d'échapper à leur joug en ne professant pas leurs croyances(1).

Pauvre et humilié, aveugle et muet, mais éprouvant un irrésistible attrait vers la Grande Lumière, l'Aspirant frappe à la porte de la Franc-Maçonnerie qui l'accueille et qui, après lui avoir rendu la conscience de sa dignité d'homme, lui donne la place à laquelle il a droit parmi les autres hommes, ses égaux, ses frères.

Grade de Compagnon. Seules, l'instruction, l'acquisition des connaissances, la culture de l'intelligence naturelle peuvent faire l'homme ce qu'il doit être; seules, elles peuvent le rendre maître de lui-même, seigneur et roi de la Création, puisqu'il est maître et roi de la génération dont la

(1) *Legenda Magistralia*, à l'usage exclusif des Souverains Grands Inspecteurs Généraux, par Albert Pike, grand commandeur du Suprême Conseil pour la Juridiction sud de États-Unis. Charleston, 1881, p. 3.

création n'est qu'une conséquence. Le grade d'Apprenti a déjà appris au peuple à se tenir debout, la tête levée, puisqu'il se compose d'hommes égaux à tous les autres hommes : le peuple apprendra du grade de Compagnon que ce n'est pas par le Désespoir, les excès ou la Vengeance, mais que c'est par la Prudence, le Caractère, la Modération, la Justice, qu'il peut conquérir la liberté politique et la liberté religieuse; cette liberté politique dont la Loge est l'Idéal; cette liberté religieuse que seul le dogme Maçonnique assure dans toute sa radieuse plénitude (1).

Grade de Maître. Le Maître Hiram est la personnification de la liberté rationnelle, physique, intellectuelle et spirituelle.

Ses infâmes assassins sont l'*Ignorance* de l'Oligarchie ou des Partis politiques, l'*Intolérance* du fanatisme et de l'hypocrisie et la *Superstition*, politique aussi bien que religieuse.

Le retour à la vie, d'Hiram, symbolise l'indomptable énergie, la haute puissance de l'esprit de Liberté, qui, toujours écrasé, se relève et se relèvera toujours, quelle que soit la force de ses ennemis.

Le Maître-Maçon se lie indissolublement à la cause de la Liberté du peuple; il devient l'Apôtre de l'instruction pour tous, l'ennemi mortel de tout despotisme et de toute intolérance (2).

L'obligation qui domine ce triple enseignement, c'est que le Maçon doit tout faire, sans exception, pour parvenir à réaliser et à pratiquer ces doctrines dans toute leur étendue.

(1) *Legenda Magistralia*, à l'usage exclusif des Souverains Grands Inspecteurs Généraux, par Albert Pike, souverain grand commandeur du Suprême Conseil pour la *Juridiction* sud des États-Unis, Charleston, 1881, p. 3 et 4.

(2) *Ibidem*, pages 4 et 6.

La Gradation dans l'Escroquerie.

LES TROIS GRADES SYMBOLIQUES, SUIVANT LES DIVERS SUPRÊMES CONSEILS.

Afin de mettre en lumière l'importance de l'enseignement pratique de la Maçonnerie, et aussi afin de faire ressortir les contradictions qui existent entre ses adeptes, nous allons résumer les « Instructions secrètes pour les Vénérables Maîtres et Orateurs des Loges Symboliques; » instructions promulguées par le Suprême Conseil d'Angleterre, les Suprêmes Conseils de l'Amérique du Nord et de l'Amérique du Sud, le Grand Orient d'Italie et le Suprême Conseil de France.

A. *Suivant le Suprême Conseil d'Angleterre.*

On enseigne à l'Apprenti que, pour rendre effectifs les droits et les devoirs de l'homme, il doit unir le Progrès moral au Progrès intellectuel, dégager son intelligence de tout préjugé capable de nuire à son action, modifier les principes selon les exigences de l'expérience et des besoins reconnus. L'intelligence de l'homme devant quand même progresser, il en résulte que, pour l'esprit, le *statu quo* équivaut au dépérissement.

Le Compagnon doit être l'apôtre de l'Egalité, le défenseur des lois du Progrès. C'est par ce moyen qu'on parviendra à asseoir sur d'immuables bases le règne de la Justice.

Le Maître, lui, aura conscience du soin et du dévouement avec lesquels ont doit préparer l'avènement de ce règne ; il comprendra l'importance exceptionnelle des moyens employés pour une œuvre sans laquelle la Liberté se transformerait en Licence et l'Ordre en Anarchie (1).

B. *Suivant les Suprêmes Conseils de l'Amérique du Nord.*

L'Apprenti personnifie l'aveuglement, la misère et l'esclavage de l'humanité livrée à ses mauvais instincts; il reçoit de la Franc-Maçonnerie, avec la coopération des Maçons, la Lumière de l'espérance dans la perfectibilité et le bonheur de l'humanité.

Le Compagnon accepte des devoirs d'amour, de gratitude et de dévouement pour la Franc-Maçonnerie; d'affection, de sympathie et de justice pour ses semblables; il cesse d'être une machine pour devenir un des facteurs du bonheur de l'humanité.

Le Maître médite la nécessité de naître une deuxième fois, en mourant symboliquement et ressuscitant complètement régénéré et dépouillé de tous les préjugés de l'Obscurantisme (2).

C. *Suivant les Suprêmes Conseils de l'Amérique du Sud.*

L'Apprenti voit surgir dans son esprit le doute philosophique, base de toute sagesse; il s'étonne d'avoir appris des choses qu'il n'ait pas tout d'abord soumises au creuset de la Raison; il devient conscient de son esclavage matériel et intellectuel.

(1) *Supreme council for England and Wales: Ritual of the Lodge*, publié officiellement par le Suprême Conseil d'Angleterre. Londres, 1870.

(2) *Legenda Magistralia*, à l'usage des Souverains Grands Inspecteurs Généraux, par Albert Pike, grand commandeur du Suprême Conseil pour la Juridiction sud des États-Unis. Charleston, 1881. — *Monita* des Souverains Grands Inspecteurs Généraux. Suprême Conseil de la Juridiction sud des États-Unis. Boston, 1880.

Le Compagnon apprend à connaître quelles sont les facultés morales dont il est doué; il étudie les moyens les plus efficaces de les développer, de les accroître autant qu'il est possible.

Mis en présence des mystères de la vie et de la mort, le Maître considère que la pensée et l'intelligence sont les agents de la génération intellectuelle, ainsi que le *Phallus* et le *Lingam* le sont de la génération naturelle; il recherche par quels moyens il donnera à son intelligence toute sa perfection (1).

D. *Suivant le Grand Orient d'Italie*.

L'orateur doit, dans tous ses discours, envelopper et vêtir de son éloquence les 33 affirmations suivantes, qu'il ne doit jamais modifier dans leur teneur.

1re. La Maçonnerie vient des époques les plus reculées de l'histoire, comme l'indique son ère; elle a subi diverses modifications pour s'adapter à l'esprit de chaque siècle, en s'améliorant et s'assimilant le bon et le bien de toutes les époques de la civilisation humaine.

2e. Pythagore professait une doctrine, un enseignement mystérieux, *Acroamatique*, qui était le complément, la révélation de l'enseignement public et populaire, *ésotérique*, de son époque.

3e. La Maçonnerie a des symboles analogues à ceux de la doctrine pythagoricienne. Dans ses mystères comme dans les

(1) *Educacion elemental Masonica*, par Andres Viriato de Castro, grand commandeur du Suprême Conseil de Colon. Madrid, 1884, p. 286. — *Rituales del Simbolismo*, par Jean Utor, grand secrétaire du Suprême Conseil d'Espagne. Madrid, 1881-1883. — *Bibliotheca Masonica dos Masones Libres e Aceitos*, vol. II. Paris, 1840. — *Masoneria Simbolica*, par Édouard Caballero de Puga, grand secrétaire du Grand Orient National d'Espagne. Madrid, 1884-1885.

mystères anciens, les forces de la nature sont représentées par des symboles dont la signification intime n'est révélée qu'aux seuls initiés.

4°. Les dignitaires de la loge représentent les Agents de la Création, et dans tous les mystères leur enseignement comprend trois degrés.

5°. Ce n'est que postérieurement et afin de spéculer sur la vanité et l'imbécillité humaine, que des exploiteurs éhontés ont introduit d'autres grades postiches.

6°. Les anciens entouraient l'admission aux mystères, des épreuves les plus dures; ils exigeaient les serments les plus solennels, sanctionnés par les plus atroces châtiments, de ne jamais en révéler les secrets aux profanes.

7°. La légende d'Adon-Hiram représente le cours, la marche annuelle du soleil.

8°. Les trois premiers degrés représentent trois périodes de cette marche annuelle.

9°. Le 1er degré représente la période du 21 décembre au 21 mars, du solstice d'hiver à l'équinoxe du printemps.

10°. Le 2e degré représente la période du 21 mars au 21 septembre, de l'équinoxe du printemps à l'équinoxe d'automne.

11°. Le 3e degré représente la période du 21 septembre au 21 décembre, de l'équinoxe d'automne au solstice d'hiver.

12°. Cela explique pourquoi, dans le 1er degré, le profane, plongé d'abord dans les ténèbres, parcourt les trois épreuves de la purification par l'air, par l'eau et par le feu, accompagné du Frère terrible qui symbolise le mal.

13°. Dans le 2e degré, le compagnon représente le soleil qui donne forme et beauté à la nature entière.

14°. Dans le 3e degré, la scène s'assombrit, parce que le soleil redescend, de fait, vers la région des ténèbres.

15°. Dans la légende d'Adon-Hiram, le Temple presque terminé représente l'année qui s'avance vers sa fin.

16e. Les trois compagnons assassins sont les trois mois de septembre, octobre et novembre qui conspirent contre le soleil.

17e. Les trois portes du Temple sont les trois points du ciel où le soleil est visible : Levant, Midi et Couchant.

18e. Adon-Hiram, le soleil, ne peut donner la parole, qui symbolise la vie, parce que l'automne approche et qu'il a perdu ses forces vivifiantes.

19e. La règle de 24 pouces qui frappe le Maître à la gorge représente le jour de 24 heures dont la diminution de temps et de lumière porte le premier coup au soleil.

20e. L'équerre qui lui donne le second coup est la saison équivalente à un quartier zodiacal.

21e. Le maillet qui lui donne le troisième coup, le coup mortel, est cylindrique et rond ; il représente l'année qui termine la vie annuelle du soleil.

22e. Les neuf maîtres qui vont à la recherche d'Adon-Hiram, sont les mois de décembre, janvier, février, mars, avril, mai, juin, juillet et août, qui rendent la vie au soleil.

23e. La branche d'acacia était consacrée au soleil par les Arabes, comme le gui par les Gaulois, le myrte par les Grecs, etc.

24e. Le tombeau et la branche vivante d'acacia représentent l'entrelacement du mystère de la vie et du mystère de la mort qui gouverne le monde.

25e. La marche du candidat représente la révolution du zodiaque.

26e. Les ornements maçonniques ont leur signification ; et le tablier, semi-circulaire, représente l'hémisphère inférieur.

27e. Le cordon représente la bande du zodiaque, et le compas signifie le soleil, par sa tête ; les rayons du soleil par ses branches.

28ᵉ. L'équerre représente la portion de la circonférence terrestre qui se trouve éclairée par le soleil, quand cet astre parvient à son zénith.

29ᵉ. L'âge de l'apprenti est de trois ans, emblème des trois éléments de la génération, l'Agent, le Patient et le Produit.

30ᵉ. L'âge de compagnon est de cinq ans, emblème de la vie active dans les cinq sens vitaux de l'homme.

31ᵉ. L'âge du maître est de sept ans, emblème de la vie parfaite symbolisée par les sept planètes.

32ᵉ. La Maçonnerie vraie se termine ici.

33ᵉ. Tout autre grade maçonnique est, ou invention des ennemis de la Maçonnerie pour la discréditer, ou manœuvre coupable de charlatans indignes. Le grade de Rose-Croix fut composé par les jésuites, et le grade Kadosh Templier doit son existence à des intérêts politiques diamétralement opposés aux intérêts de la Maçonnerie (1).

E. *Suivant le Suprême Conseil de France.*

Grade d'Apprenti. L'Apprenti n'est accepté dans la Maçonnerie que comme un homme de bonne volonté.

Dans la Maçonnerie pratique du moyen âge, il était le serviteur des maîtres.

Il voyait et il apprenait.

Silencieux dans le chantier du travail, il suivait l'œuvre du maître, il portait les matériaux, se soumettait et obéissait.

Docile à la voix de ses supérieurs, esclave d'un serment, ignorant les secrets de l'art et de la sagesse, il attendait la récompense du zèle qu'il montrait.

Il avait comme droit, celui de choisir le chef de son atelier,

(1) *Rituali ufficiali per ogni Logia dei Liberi Muratori sotto l'Obbedienza del Grande Oriente Italiano.* Édition officielle, Turin, 1862, p. 51, 52, 53.

sur la liste des maîtres les plus dignes; liste dressée par les maîtres eux-mêmes.

L'apprentissage était donc une épreuve de docilité et de soumission.

Lorsque l'institution maçonnique devint une corporation régulière, l'apprenti eut à franchir le péril des épreuves physiques.

La Maçonnerie actuelle a conservé quelques-unes de ces épreuves, comme un moyen traditionnel de frapper l'imagination des adeptes, en leur laissant entrevoir que le chemin de la sagesse est rempli d'aspérités et que la science est un arbre dont on n'atteint le sommet qu'après avoir vaincu les passions.

Grade de Compagnon. Les Compagnons rendent aux Maitres bon témoignage du zèle des apprentis.

Les maîtres appellent alors les apprentis zélés au compagnonnage, à l'étude des arts libéraux. Ils les initient à tous les éléments de la science et à l'emploi de tous les outils, tant au point de vue matériel et intellectuel, qu'au point de vue allégorique.

Quelles que soient cependant les connaissances qu'il ait acquises, le compagnon est loin encore d'avoir fini son travail; les matériaux destinés à la construction de ce temple dont il est à la fois la pierre et l'ouvrier, ne sont pas suffisamment polis.

Il est sur la voie, mais n'aperçoit point le but, qu'il ne pourra atteindre qu'après les efforts les plus persistants.

Grade de Maître. L'allégorie renfermée dans la Maîtrise est sublime.

« Un pas de plus et l'ouvrier se détacherait de la matière pour s'élever dans le monde des intelligences.

» La forme tumulaire du Temple, son aspect, les images de deuil qu'il renferme, tout donne à ce grade le caractère d'une cérémonie funèbre.

» Nos pères ont-ils voulu nous enseigner par là que la science est douloureuse et nous rappeler ce terrible aphorisme :

Summum sapientiæ doloris summum?

» Au milieu d'un silence profond, la voix du maître s'élève pour raconter la poétique légende de la mort d'Hiram.

» Simple et touchante allégorie dans laquelle le principe du bien, d'abord combattu et terrassé par l'orgueil, survit et s'élance de la tombe pour se perpétuer dans les âges!

» Toutes les croyances ont consacré le culte des tombeaux.

» Les maçons vont plus loin, ils vous y font descendre; et là, tandis que vous dépouillez le vieil homme, ils vous instruisent par le récit de la vie du maître.

» Le compagnon est tombé avec les passions de l'humanité. Il doit se relever purifié et éclairé; et afin qu'il comprenne que le dogme sans les œuvres ne suffit pas, il voit les Maîtres marcher autour de lui à la recherche de la lumière (1).

* * *

INDEX DOCUMENTAIRE.

Instructions secrètes des Souverains Grands Inspecteurs généraux, pour la conduite des Loges, Chapitres et Conseils, par le vicomte de la Jonquière. Mss. portant le nº 43 de la Collection des « La Jonquière Manuscripts » de la Grande Loge d'Edimbourg.

Tuileur général de la Franc-Maçonnerie, par J. M. Ragon, p. 28. Paris, 1860.

(1) *Suprême Conseil pour la France et ses dépendances. Rituel de chevalier Rose-Croix. Vue d'ensemble des trois premiers degrés.* Édition officielle, p. 17 à 20.

Lexicon of Freemasonry, par Albert-Georges Mackey, grand secrétaire du Suprême Conseil de la Juridiction Sud des Etats-Unis, Londres, 1873.

Cours Oral de Franc-Maçonnerie Symbolique, par Henri Cauchois, grand orateur du Grand Orient de France. Paris, 1863, p. 109.

Etudes Historiques et Symboliques sur la Franc-Maçonnerie, par Adolphe Vaillant. Paris, 1860, p. 25 et seq.

Ahiman Rezon or Rituals of Freemasonry. New-York, 1873.

Cours Philosophique et Interprétatif des Initiations, par J. M. Ragon. Paris, 1871, pages 102-141.

Veritas, par Henri Melville. Londres, 1874.

Signs and Symbols, par Georges Oliver, souverain grand commandeur du Suprême Conseil d'Angleterre. Londres, 1857.

Etudes historiques et symboliques sur la Franc-Maçonnerie, par Adolphe Vaillant, pages 25-29-167. Paris, 1860.

Speculative Freemasonry, par Jean Yarker, grand maitre du Rite Ancien et Primitif, p. 14. Londres, 1872.

Allgemeine Kulturgeschichte von der Urzeit, bis auf den Gegenwart, par Otto Henne-am-Rhym, vol. IV. Leipzig, 18.

History of Freemasonry, par Jacques-Georges Gould. Londres, 1884.

The Masonic Manual, par Jonathan Ashe. Londres, 1870.

Manual of Freemasonry, par Richard Carlile. Londres, 1876, pages 7 et 84-87.

The signet of King Salomon, par Charles-Louis Arnold. New-York, 1868.

The New Masonic Trestle-Board, par Charles-Guillaume Moore. Boston. 1872.

Rituel de Maitre, mss. portant le n° 786 de la collection du Grand Orient de France.

La Storia, Scoppo e Dottrina della Massoneria, par *un Frammassone che non lo è più*. Bologna, 1870.

The Rosicrucian and Masonic Record. Londres, 1877-78.

The Freemason's Treasury, par Georges Oliver, souverain grand commandeur du Suprême Conseil d'Angleterre, page 288. Londres, 1863.

Orthodoxie Maçonnique, par J. M. Ragon. Paris, 1853.

Lights and Shadows of Freemasonry, par Richard Carlile. London, 1876, pages 97-99.

Histoire Pittoresque de la Franc-Maçonnerie, par J. B. T. Clavel, pages 43-60. Paris, 1844.

Memorandum du Suprême Conseil du Rite Ecossais Ancien et accepté pour la France et ses dépendances. Paris.

Masoneria Simbòlica, par Edouard Caballero de Puga, grand secrétaire du Grand Orient national d'Espagne. Madrid, 1884-5.

Dictionary of symbolical Masonry, par Georges Oliver, grand commandeur du Supréme Conseil d'Angleterre. Londres, 1853.

Système de la génération universelle des Êtres, par Charles de l'Aulnaye, p. 345. Paris, 1821.

Del culto d'Iside presso i Romani, par Germain de Gordes. Mantoue, 1807.

Die hebräischen mysterien, par Otto Decius. Leipzig, 1788.

Les Religions de l'Antiquité dans leurs formes symboliques, par Guillaume Creuzer, traduction de Guigniant. Paris, 1825-1841.

The Book of the Ancient and Accepted Scottish Rite of Freemasonry, par Charles-Thomas Mac-Clenachan, grand maitre des cérémonies du Supréme Conseil pour la Juridiction nord des États-Unis. New-York, 1873.

Supreme Council for England and Wales. Ritual of the Lodge, publié officiellement par le Suprême Conseil d'Angleterre. Londres. 1870.

Legenda Magistralia, à l'usage des Souverains grands Inspecteurs généraux, par Albert Pike, grand commandeur du Suprême Conseil pour la Juridiction Sud des États-Unis. Charleston, 1881.

Monita des Souverains grands Inspecteurs généraux. Suprême Conseil pour la Juridiction Nord des États-Unis. Boston, 1880.

Educacion Elemental Masonica, par André Viriato de Castro, grand commandeur du Suprême Conseil de Colon. Madrid, 1884, p. 239 et suiv.

Rituales del Simbolismo, par Jean Utor, grand secrétaire du Suprême Conseil d'Espagne. Madrid, 1881-83.

Rituali ufficiali per ogni Logia del Liberi Muratori sotto l'Obbedienza del Grande Oriente d'Italia. Édition officielle. Turin, 1862, pages 51, 52, 53.

Suprême Conseil pour la France et ses dépendances. Rituel du chevalier Rose-Croix. Vue d'ensemble des trois premiers degrés, pages 17 à 20. Édition officielle.

Mss. autographe de Anderson, nº 105 de la collection privée du duc de Sussex, grand maître de la Franc-Maçonnerie anglaise.

Rituel de Maître, publié par le Suprême Conseil pour la France et ses dépendances.

Rivista della Massoneria. Août 1874. Roma.

Chaine d'Union, années 1876-77-78.

Monde Maçonnique, année 1877.

Diccionario Enciclopedico de la Massoneria, par Louis Richard Fors. Barcelone, 1884.

La Gradation dans la Turpitude.

EXPLICATION SECRÈTE DU RITUEL DU 3e DEGRÉ.

On vient de voir que les maçons anglais, les maçons de l'Amérique du Sud, les maçons italiens et les maçons français ne comprennent pas de la même manière, n'envisagent pas au même point de vue les trois premiers grades de la Franc-Maçonnerie, qui sont pourtant les grades primitifs, universels.

Il nous reste à pénétrer la signification réelle des symboles, attributs et conventions ritualistiques de ces trois grades, ce que nous ferons en étudiant dans tous ses détails la loge des maîtres, la chambre du milieu.

Il faut croire, pour leur honneur, que pas un maître sur mille ne sait ce qu'il fait quand il travaille en loge. Il importe donc que les Maçons soient éclairés, et que tous les honnêtes gens sachent à quoi s'en tenir.

Le Temple étant l'emblème du Corps humain, la Chambre du Milieu, nom de la Loge des Maîtres parce que c'est là que les mystères les plus intimes de la Franc-Maçonnerie sont célébrés, représente la Matrice, l'Utérus, à l'intérieur duquel s'accomplissent les labeurs de la reproduction des êtres (1).

Un rideau sombre partage la Loge dans le sens de la longueur. A l'Occident, l'obscurité; une seule lumière est allumée : c'est le séjour de la mort, l'endroit où git la semence, la graine non fécondée; c'est l'ovaire. La Loge, au contraire, dans la partie située à l'Orient, est resplendissante de clarté; ici la graine fécondée par l'acte de la génération est absorbée par la matrice (2).

Le Respectable Maître seul a le maillet; les deux surveillants ont chacun un rouleau de carton de 9 pouces de circonférence sur 18 pouces de longueur. Ces rouleaux représentent le *membrum virile* (3).

Au milieu de la Loge se trouve un matelas, ou un cercueil, ou une fosse, qui symbolisent toujours le lit, le *Pastos* des

(1) *Orthodoxie Maçonnique*, par J.-M. Ragon, page 368. Paris. — *Dictionnaire Maçonnique*, édité par J. Brianchon, page 50. Paris, 1825.

(2) *Cours oral de Franc-Maçonnerie symbolique*, par Henri Cauchois, grand orateur du Grand Orient de France, p. 140. Paris, 1863. — *Le Rameau d'Or d'Eleusis*, par Joseph Etienne Marconis, grand Hiérophante du Rite de Misraim, p. 181. Paris, 1861.

(3) *Histoire pittoresque de la Franc-Maçonnerie*, par J.-B.-T. Clavel, p. 43. Paris 1844.

Anciens, où s'accomplissent les mystères de la génération humaine (1).

Ce matelas, ce cercueil et cette fosse représentent aussi l'Arche de Noé, et l'Arche sainte de l'Ancien Testament. Car ces deux Arches ne sont que des figures du lieu où s'élabore la reproduction des êtres (2).

Entre l'autel et le cercueil se trouve le tracé de la Loge de Maître, dont voici la description :

Le fond du tableau est rempli par les représentations de la mort d'Osiris, de Balder et d'Hiram, légendes qui forment la base des mystères Égyptiens, Scandinaves et Franc-Maçonniques modernes.

Le fronton semi-circulaire représente le ciel étoilé avec le Christ-Soleil, entouré des signes du Zodiaque, et se tenant à l'Ordre d'Apprenti, tel qu'il est représenté sur le portail de droite de l'église Saint-Denis.

Ce fronton s'appuie sur deux colonnes, la colonne B, symbole du *membrum virile* et la colonne I, symbole du *genitalia mulieris*.

Aux côtés de ce Christ-Soleil se trouve un cep de vigne et une gerbe de blé, allusion aux paroles : « Mangez, ceci est mon Corps; buvez, ceci est mon Sang (3). »

Sur les marches du portique sont figurées Nénus, la *veuve* d'Adonis, emblème du soleil, à droite, et Isis, la *veuve*

(1) *Lexicon of Freemasonry*, par Albert-Georges Mackey, grand secrétaire du Suprême Conseil pour la Juridiction Sud des Etats-Unis p. 59 et 241. Londres, 1873.

(2) *The Book of the Lodge*, par Georges Oliver, grand commandeur du Suprême Conseil d'Angleterre, p. 45. Londres, 1867. — *Cours oral de Franc-Maconnerie symbolique*, par Henri Cauchois, grand orateur du Grand Orient de France, p. 61, 63, 66. Paris, 1863.

(3) *Histoire pittoresque de la Franc-Maçonnerie*, par J.-B.-T. Clavel, p. 76. Paris, 1844.

d'Osiris, autre emblème du soleil, à gauche. Elles représentent la Nature et la Loge, *veuves* du Soleil et d'Hiram. Vénus se tient à l'Ordre d'Apprenti; car, d'après Macrobius, c'est la posture qu'elle adopta en apprenant la mort d'Adonis (1).

Sur la partie inférieure du tableau, sortant du même tronc, sont trois branches, l'une d'acacia, l'autre de chêne, la troisième de figuier : emblèmes initiatiques, la première de la Franc-Maçonnerie, la seconde des Gaulois et des Scandinaves, l'autre des Syriens et des Orientaux (2).

Cela signifie que tous les mystères sont issus d'un seul et même tronc, qu'ils tirent leur origine d'une souche unique, des mystères de l'Inde, dont voici l'exposé succinct :

Tiphon mit à mort Orisis en l'enfermant dans un cercueil. Il coupa ensuite son cadavre en plusieurs morceaux et les jeta dans le Nil. La veuve d'Osiris, Isis, se mit à la recherche de ces morceaux, et les retrouva tous, excepté le *membrum virile*. C'est en commémoration de cette perte que l'adoration du *Phallus* fut instituée; car lui seul rend possible la reproduction, la conservation des êtres (3).

Les Francs-Maçons retrouvent ce Phallus dans le grade de Maître, sous la désignation de la parole qui est *Mahabone*. Isis le retrouva dans son *Genitalia* suivant les uns; dans Horus, dont elle devint grosse, suivant les autres. La

(1) *The History of Initiation*, par Georges Oliver, souverain grand commandeur du Suprême Conseil d'Angleterre, p. 133 et 134. Londres, 1841.

(2) *Lexicon of Freemasonry*, par Albert-Georges Mackey, grand secrétaire du Suprême Conseil pour la Juridiction Nord des États-Unis, p. 105 et 231, Londres, 1873.

(3) *Lexicon of Freemasonry*, par Albert-Georges Mackey, grand secrétaire du Suprême Conseil pour la Juridiction Sud des Etats-Unis, p. 249. Londres, 1873. — *History of Initiation*, par Georges Oliver, grand commandeur du Suprême Conseil d'Angleterre, p. 127. Londres, 1841.

Loge, la Veuve de la Franc-Maçonnerie, le retrouve dans le nouvel initié, dont on la suppose fécondée (1).

Voici comment cette fécondation est censée avoir lieu.

Dans la première partie de l'initiation, la semence est encore inerte; elle est comme morte. Le candidat qui porte en lui cette semence inerte — c'est un mâle puisque le compas, emblème du *membrum virile*, est figuré sur sa poitrine — le candidat est étendu sur le matelat, ou dans la fosse, ou dans le cercueil, emblème du lit le *Pastos* des mystères de la génération (2).

Le premier surveillant, pas plus que le second, ne peut le rendre à l'activité, à la vie. Seul, le Respectable Maître, qui représente la femelle ou la Loge, puisqu'il porte sur sa poitrine l'équerre, symbole du *Genitalia mulieris*; seul, le Respectable Maître, en se penchant sur le candidat qui représente le mâle, et en s'enlaçant avec lui par les cinq points de la perfection, va permettre à la semence de vivre et d'agir (3).

L'union du mâle et de la femelle a fécondé la semence; la Loge devenue grosse du candidat, le met au monde neuf mois plus tard, comme *Maître Parfait*.

C'est le 4e degré de l'Ecossisme, pour l'obtention duquel il est prescrit que « neuf mois pleins doivent être écoulés,

(1) *The History of Initiation*, par Georges Oliver, grand commandeur du Suprême Conseil d'Angleterre, p. 32, 118, 122, 127, 133, 134, 137, 139, 141, 144, 147, 149, 154, 157, 168, 172, 180, 185, 188, etc. Londres. 1841. — *Lexicon of Freemasonry*, par Albert-Georges Mackey, grand secrétaire du Suprême Conseil pour la Juridiction Sud des Etats-Unis, p. 15, 43, 49, 54, 67, 68, 69, 71, 349, 365, 26, 36, 50, 105, 231, etc. Londres, 1873.

(2) *Lexicon of Freemasonry*, par Albert-Georges Mackey, grand secrétaire du Suprême Conseil pour la Juridiction Sud des Etats-Unis, p. 241. Londres, 1873.

(3) *The mysteries of Freemasonry*, par Richard Carlile, p. 64. Londres.

depuis la date où l'aspirant a reçu le grade de Maître-Maçon (1).

En résumé, la véritable pratique Maçonnique pour les trois premiers degrés doit se baser exclusivement sur ceci :

Que l'Apprenti, *Bohaz*, personnification d'Osiris ou de Bacchus, venant chercher la Vérité dans la Loge, trouve qu'il est un Dieu-mâle et incomplet pour la génération des êtres (2);

Que le Compagnon *Jackin*, personnification d'Isis ou de Vénus, est le Dieu-femelle qui complète le Dieu-mâle et rend possible la génération des êtres (3);

Que le Maître *Mahabone* ou *Mac Benac* est le Dieu hermaphrodite complet, fils de Loth et de sa fille, fils du soleil et de la terre.

Et cela parce que :

1° Tout est formé par voie de *génération*, et non par voie de *création*, qui n'est que la simple induction de la Génération.

2° La corruption ou *destruction* suit la génération dans toutes ses œuvres.

3° La régénération rétablit, sous d'autres formes, les effets de la destruction (4).

La formule systématique des trois premiers degrés de la Franc-Maçonnerie est donc la suivante :

(1) *Tableau des grades écossais suivant l'ordre général décrété par le Suprême Conseil du 33e degré*, par le comte de Grasse-Tilly, daté du 22 décembre 1804.

(2) *Lexicon of Freemasonry*, par Albert-Georges Mackey, grand secrétaire du Suprême Conseil pour la Juridiction Nord des Etats-Unis, p. 249. Londres, 1873.

(3) *History of Initiation*, par Georges Oliver, grand commandeur du Suprême Conseil d'Angleterre, p. 128. Londres. 1841.

(4) *La Maçonnerie considérée comme le résultat des Religions Egyptienne, Juive et Chrétienne*, par Moïse Reghellini de Scio. Paris, 1833, n° 1, p. 364. — *Speculative Freemasonry*, par Jean Yarker, grand maître du Rite Ancien et Primitif, p. 27. Londres. 1872.

L'homme incomplet, le Profane, par l'initiation dans la Franc-Maçonnerie, devient *Bohaz*.

Il se complète avec *Jackin* dans la Loge, et rétablit sa divinité corrompue en *Mahabone* (1).

* * *

INDEX DOCUMENTAIRE.

Signs and symbols, par Georges Oliver, grand commandeur du Suprême Conseil d'Angleterre. Londres, 1857.

The Traditions of Freemasonry, par Albert-Thomas-Charles Pearson, grand maître des Templiers des Etats-Unis, New-York, 1850.

Bibliotheca Masonïca o Instrucçao completa do Franc-Maçon Libre e aceito, vol. II. Paris, 1840.

Rituel développé des 2e et 3e grades symboliques, par Charassin. Paris, 1844.

The Ahiman Rezon, or Rituals of Freemasonry. New-York, 1873.

(1) *Histoire Pittoresque de la Franc-Maçonnerie*, par J.-B.-T. Clavel, p. 49. Paris. — *Lexicon of Freemasonry*, par Albert-Georges Mackey, grand secrétaire du Suprême Conseil pour la Juridiction Sud des Etats-Unis, p. 229. Londres, 1873. — *La Maçonnerie considérée comme le résultat des Religions Egyptienne, Juive et Chrétienne*, par Moïse Reghellini de Scio. Paris, 1832, vol. I, p. 364. *Speculative Freemasonry*, par Jean Yarker, grand maître du Rite Ancien et Primitif. Londres, 1872, p. 16 et suiv.

INITIATION

AU GRADE D'APPRENTI.

L'initiation ritualistique au degré d'apprenti, comprend deux parties. Le premier acte se joue dans la Chambre des Réflexions; le second dans la Loge même.

La Chambre des réflexions est meublée d'une table, d'un escabeau et d'un cercueil; pour décoration, des têtes de morts, des tibias en sautoir, de menaçantes inscriptions. « Si ton cœur tremble, retire-toi; etc... » Comme accessoires, un flambeau, une cruche, un morceau de pain noir, un encrier, une plume et deux feuilles de papier en forme de triangle. L'une de ces feuilles porte ces trois questions :

« Quels sont les devoirs de l'homme : envers soi-même?

» Envers ses semblables?

» Envers sa patrie? »

A l'étranger, on en ajoute une quatrième :

« Quels sont les devoirs de l'homme envers Dieu? »

Proudhon, le fameux socialiste, lors de son initiation, répondit ce qui suit :

« L'homme se doit à lui-même : *Tout*.

» A ses semblables, il doit : *Liberté*, *Égalité*, *Fraternité*.

» A sa patrie : *Rien*. »

La seconde feuille de papier porte ces mots : « Ceci est mon testament. »

Le député Andrieux, qui fut préfet de police en 1881, écrivait sous ce titre : « Je lègue mes dettes à ma famille et le reste aux pauvres. »

Ayant rempli ces deux feuilles, le candidat les remet à un frère masqué qui les porte au Vénérable; elles doivent servir de base à l'interrogatoire que subira ultérieurement l'initié.

Le frère masqué retourne auprès du candidat, lui bande soigneusement les yeux, dirige sa marche qu'il a soin de rendre brusque et saccadée et le conduit, à travers un grand nombre d'escaliers et par cent détours, jusqu'à la porte de la Loge.

Le candidat frappe à cette porte. Il écoute le dialogue symbolique qu'échangent le gardien de la Loge et le « Frère Terrible ; » c'est ainsi que l'on désigne le frère masqué qui vient de servir de guide au candidat.

Celui-ci a été dépouillé de son habit ; son soulier gauche est mis en pantoufle. Les yeux bandés, il écoute le discours solennel que lui adresse le Vénérable.

Le Vénérable interroge alors le candidat sur les raisons qui le poussent à demander l'accès de la Franc-Maçonnerie. Le candidat boit ensuite une gorgée d'eau pure et une gorgée d'eau amère, puis commence ses « voyages » symboliques.

Le premier voyage s'accomplit au milieu d'un effroyable bruit de lutte. Des obstacles matériels sont semés sur les pas du candidat.

Un grand cliquetis d'épées accompagne le deuxième voyage ; les obstacles cette fois se font plus rares. On apporte de l'eau devant le candidat, et on lui lave les mains.

Le troisième voyage se fait au milieu du plus profond silence qu'on interrompt seulement en simulant un vent violent. Le candidat n'a plus aucun obstacle à vaincre. Pour terminer, on lui fait traverser des flammes multicolores.

Cela signifie que, par la persévérance dans la voie de la vertu, l'on finit par triompher de tous les obstacles et de tous les éléments.

Le candidat ayant accompli ses trois voyages, prête le serment de discrétion. La pointe d'un compas appuyée sur son cœur, il jure de ne rien divulguer des secrets de la Maçonnerie, « sous peine d'avoir la tête coupée et la langue arrachée.

S'il manque à son serment, que son corps soit jeté dans la mer et soit éternellement roulé par le flux et le reflux de l'Océan. »

Les assistants demandent alors « la lumière » pour le candidat; on laisse tomber le bandeau qui lui couvrait les yeux, et au même moment on l'éblouit en lui présentant un flambeau dont on avive la flamme au moyen d'un chalumeau à poudre de lycopode.

On enseigne au candidat la marche, le signe, l'attouchement, les mots de passe et sacré du grade d'apprenti. Le Vénérable place enfin son glaive sur la tête du nouvel initié, et le « crée, reçoit et constitue Apprenti-Maçon. »

L'initié se tient ensuite entre les deux colonnes qui marquent l'entrée de la Loge. C'est là qu'il est proclamé, par le Vénérable, membre de la Loge où a lieu l'initiation.

INITIATION

AU GRADE DE COMPAGNON.

L'initiation ritualistique au grade de Compagnon, comprend deux parties bien distinctes.

La première est une sorte d'interrogatoire qui porte sur tout ce que le candidat est censé avoir appris pendant qu'il assistait comme Apprenti aux tenues des Loges. On pose au candidat nombre de questions embarrassantes et captieuses; la manière dont il y répond servira à le classer définitivement parmi les Maçons; on saura ainsi dans quelle catégorie il doit être rangé et s'il doit être compté parmi les zélés, les indifférents ou les incapables.

Pendant la seconde partie de l'initiation, on fait faire au candidat cinq « voyages symboliques. » Au premier voyage qu'il accomplit, il tient dans la main gauche un maillet et un ciseau. On lui présente un cartouche où sont écrits les noms des cinq sens. La Franc-Maçonnerie n'employant les objets matériels que comme symboles des idées immatérielles, on explique au candidat que les cinq sens signifient perception, conscience, certitude, sensibilité et sentiment.

Au deuxième voyage, le candidat tient dans la main gauche une règle et un compas. On lui enseigne les cinq ordres d'architecture, puisque c'est l'art de la construction qui doit servir de prétexte et de dehors à la Franc-Maçonnerie.

Au troisième voyage, le candidat tient dans la main gauche une règle et une pince. On lui montre un cartouche où sont inscrits les noms des arts libéraux : rhétorique, arithmétique, géométrie, astronomie et musique. On lui fait en même temps entendre que le Maçon doit se livrer à l'étude des sciences, pour dissiper, selon la lumière maçonnique, les erreurs et les préjugés sociaux.

Pendant le quatrième voyage, le candidat tient à la main une règle et une équerre. On lui enseigne que Jésus de Nazareth fut un sage, un législateur, doué de vertus essentiellement humanitaires, au même titre que Solon, Socrate, Lycurgue ou Pythagore.

Le cinquième voyage a pour but la glorification du travail. Le candidat, cette fois, a les mains vides, afin de lui faire comprendre que le travail que glorifie la Franc-Maçonnerie est purement intellectuel.

Le Très Vénérable Maître résume alors l'enseignement du grade. Il explique au candidat quelle est sa mission : il doit se vouer à la civilisation de la Société par la propagation des sciences maçonniques, et, par la morale maçonnique, à l'amélioration de l'espèce humaine.

Ensuite le candidat prête serment; il jure de garder fidèlement les secrets qu'on lui révèle; il consent, s'il devenait parjure, à ce « qu'on lui arrache le cœur, afin qu'il ne soit plus mémoire de lui parmi les Maçons. »

Il est alors « reçu et constitué » Compagnon Maçon par le Très Vénérable Maître, dans l'atelier de la Loge où a eu lieu l'initiation.

On lui ordonne de frapper un cube en pierre de cinq coups de maillet, puis on lui fait prendre place entre les deux colonnes qui encadrent la porte de la Loge. C'est là qu'il est proclamé Compagnon.

Dans l'instruction détaillée que l'on donne aux Compagnons sur le symbolisme du grade, on s'efforce de jeter quelque confusion en leur esprit ; ainsi on leur explique que les cinq voyages signifient les cinq âges de l'homme, les cinq périodes de la civilisation des sociétés, les cinq parties de l'année, en faisant trois saisons de l'hiver et du printemps réunis.

Le but que l'on vise en compliquant le cérémonial de cette initiation, c'est de persuader au Compagnon que la Maçonnerie contient et renferme toute chose ; en un mot, qu'elle est tout.

INITIATION

AU GRADE DE MAITRE.

Cette initiation est complètement développée dans l'*Explication secrète du Rituel du 3me degré.*

Glorification de l'Athéïsme et de l'Anarchie.

2e Catégorie.

GRADES DE DÉVELOPPEMENT DES DEGRÉS SYMBOLIQUES ET UNIVERSELS.

Nous allons continuer l'étude du Rite Écossais ancien et accepté, en abordant les deux grades les plus importants, qui sont le développement de la théorie et de la pratique du Gnosticisme pur dont les bases ont été posées dans les trois premiers degrés.

Ces grades sont les 18me et 30me du Rite :

Chevalier Rose-Croix.
Chevalier Kadosch.

Nous lisons, à l'article 312 des *Règlements Généraux* du Suprême Conseil :

« Il est expressément interdit de provoquer ou d'entamer en Loge des discussions politiques ou religieuses. Les travaux maçonniques cessent de droit dès qu'il s'élève des discussions de cette nature. »

Comme enseigne, cela produit sur les naïfs un excellent effet.

Nous allons voir maintenant combien les austères puritains des Loges ont à cœur d'observer leurs propres règlements.

Cette Catégorie est exclusivement dirigée contre les pouvoirs politiques et les pouvoirs religieux, afin d'assurer, par leur ruine, le triomphe des doctrines enseignées dans les trois premiers grades.

Mort à toute religion. — L'Athéïsme obligatoire.

GRADE DE CHEVALIER ROSE-CROIX.

Le grade de Chevalier Rose-Croix reconnaît pour base les doctrines gnostiques de la Confraternité des Frères de la Rose-Croix, dont la fondation, ou du moins la réorganisation, est attribuée à Jean-Valentin Andrea, abbé de Adelberon, mort en 1564 (1).

Comme dans la nature tout naît, tout se détruit et tout se régénère, la génération, la destruction et la régénération sont les trois considérations majeures qui font l'objet du grade de Rose-Croix, développement théorique des trois premiers grades symboliques de la Franc-Maçonnerie (2).

Voilà, en tant que doctrine gnostique pure. En tant que politique, le grade de Rose-Croix consacre le souvenir de l'émancipation des peuples par la Fraternité, et discute les moyens de parvenir à faire de cette émancipation une réalité pratique (3).

Nous allons donner une description complète des symboles et emblèmes de ce grade, pour mieux faire ressortir les tendances de son enseignement.

Rappelons que le *Rituel de Chevalier Rose-Croix* a été rédigé par une commission de Souverains grands Inspecteurs

(1) *Essai sur les accusations intentées aux Templiers et sur le secret de cet Ordre, avec une dissertation sur l'Origine de la Franc-Maçonnerie*, par Frédéric Nicolas, p. 179. Amsterdam, 1783. — *De vera origine adhuc latente Fratrum de Rosea-Cruce*, par Jean-Guillaume Buhle. La Haye, 1804.

(2) *Rituel du grade de Rose-Croix Heredum*, IVe Partie. *Tuileur de l'Ecossisme*, par de l'Aulnaye, p. 138. Paris, 1821.

(3) *Histoire philosophique de la Franc-Maçonnerie*, par Kauffman et Cherpin, p. 194. Lyon, 1850.

généraux, dont le Frère Jules Simon était rapporteur (1). Il a été publié officiellement par le Suprême Conseil du Rite Écossais ancien et accepté pour la France et ses dépendances.

C'est dans le grade de Rose-Croix que le Maçon apprend la théorie de l'émancipation de l'humanité asservie par les pouvoirs civils et par les religions.

Les ignobles mystères pénétrés dans les trois premiers degrés, reparaissent ici, plus ignobles encore si c'est possible. Il faut bien avoir sous les yeux la source d'où jaillissent les eaux précieuses de la liberté, pour en apprécier la puissance et la fécondité!

Etant donnée la doctrine des trois premiers degrés, la vertu ne doit avoir qu'un objet sur la terre : détruire les religions et les gouvernements, ennemis irréconciliables de la liberté maçonniquement entendue. Voilà l'esprit du grade de Rose-Croix.

Nous demandons pardon aux hommes et à Dieu des sacrilèges impudicités que nous osons reproduire. Mais il faut que la lumière soit faite, et que le signe apocalyptique de la Bête soit marqué pour jamais au front de ce honteux institut.

Les assemblées des Maçons revêtus du 18me degré, se nomment *Chapitres*. On a renoncé au qualificatif de « Souverain » donné autrefois au chapitre et aux Maçons du 18me degré, pour le réserver exclusivement aux Maçons du 33me et dernier degré du Rite Écossais ancien et accepté.

Le Chapitre est composé de trois chambres : la Noire, l'Infernale et la Rouge, symboles de la destruction, de la gestation et de la reproduction par l'ardeur de la génération.

(1) *Memorandum du Suprême Conseil pour la France et ses dépendances*. Paris.

La chambre Noire est tendue de noir. Les tentures sont parsemées de larmes d'argent, symbole de l'obscurité, de l'inertie, de la mort du germe (1).

Le plancher est en mosaïque à rhombes alternativement blancs et noirs, symbole de la Lumière et des ténèbres, du Bien et du Mal, du principe générateur masculin et du principe générateur féminin.

Des fragments de colonnes brisées et d'instruments maçonniques jonchent le plancher, symbolisant l'inertie du germe, qui précède sa destruction provoquée par l'accomplissement de la génération.

Au S.-O, N.-O et S.-E., se trouvent trois colonnes, supportant chacune un transparent triangulaire, symboles du triple principe : génération, destruction et régénération.

Le transparent de la colonne S.-O. porte le mot FOI, expression de la croyance en tant qu'acte logique et fondamental de la Raison humaine.

Le transparent de la colonne S.-E. porte le mot ESPÉRANCE, expression du sentiment instinctif qui nous donne la certitude de la perfectibilité humaine.

Le transparent de la colonne N.-O porte le mot CHARITÉ, expression de l'éducation qui donne à l'intelligence humaine tous les trésors et tous les bienfaits possibles.

A l'E. de la chambre noire, un autel, élevé de trois marches et recouvert d'un drap noir, supporte un Crucifix acompagné de deux flambeaux de cire jaune. Le Crucifix a été adopté comme emblématique de la crucifixion de Jésus de

(1) *Rituel du grade de Rose-Croix*, par J. M. Ragon. Paris, 1860, p. 31 et suiv. *Ritual of the Rose-Croix degree*, par Albert Pike, souverain commandeur du Suprême Conseil pour la Juridiction Sud des Etats-Unis, p. 77 et suiv. Charleston. 1881. – *Ritual de Principe Rosa-Crux*, par Viriato de Castro, grand commandeur du Suprême Conseil de Colon. Madrid, 1841, p. 297 à 334.

Nazareth, depuis 680, par décision du 6e synode de Constantinople, formulée dans son 82e canon (1).

Ce Crucifix est l'emblème de l'homme, du signe zodiacal du Verseau placé sur la Croix que forme le méridien, en coupant à angles droit l'équateur au passage du soleil par ce signe.

Devant cet autel, et le dérobant à la vue, se trouve un grand rideau tombant du plafond et pouvant s'écarter à droite et à gauche; image de l'obscurité qui, pour les non-initiés, cache les vérités primordiales de l'existence du monde.

Du côté extérieur du rideau noir, on voit une petite table recouverte aussi d'un drap noir, et sur laquelle se trouvent :

Un Compas, figure du *membrum virile*;

Une Équerre, figure du *genitalia mulieris*;

Un Triangle, figure de la génération dans ses phases de Cause, Moyen et Effet;

Une Croix ayant une Rose dans l'intersection de ses bras, image de la génération dans son opération : la Croix symbolisant la virilité suprême du *membrum virile* et la Rose la perfection du *genitalia mulieris* : la Croix primitive, celle des pamelies égyptiennes, exhibée dans les fêtes d'Osiris, étant formée par trois *membra virilia* réunis à angles droits par les *testiculi* à l'extrémité d'un bâton; et la Rose étant l'emblème d'Isis, de la femme féconde par excellence (2).

(1) *Cours Philosophique et Interprétatif des Initiations,* par J.-M. Ragon, pages 306-318. Paris, 1841. — *Morals and Dogma of Freemasonry,* par Albert Pike, grand commandeur du Suprême Conseil pour la Juridiction Sud des Etats-Unis. Charleston, 1881, p. 290 à 292.

(2) *Cours Philosophique et Interprétatif des Initiations,* par J.-M. Ragon, pages 306-307. Paris, 1841.

La chambre Infernale est une salle étroite qui n'est éclairée que par la lumière qui provient des transparents éclairés qui couvrent les murs. Ces transparents représentent les tourments des Enfers poétiques décrits par le Dante dans sa *Divine Comédie* et par John Milton dans son *Paradis Perdu* (1).

Elle symbolise que les maux, les misères, les malheurs, les souffrances qui accompagnent l'être humain, résultat de la génération, lui sont imposées par la loi suprême de la Nature qui exige que la décomposition, la destruction, la lutte à issue fatale, précède toujours toute conception, toute régénération.

A droite et à gauche de cette chambre se trouvent deux squelettes. Tous deux sont dans l'attitude d'un homme qui lancerait une flèche, figure de l'impulsion que donne à la vie la destruction libératrice de l'enveloppe du germe (2).

La Chambre Rouge, tendue de tentures cramoisies, symbole de l'activité et de l'ardeur, de la vie régénérée issue de la mort, est éclairée par trois groupes de lumières, placés à l'E., l'O. et le S., et comportant chacun 11 lumières.

Ces 33 lumières symbolisent les 33 constellations connues des anciens qui se trouvent sur l'horizon du 21 décembre au 21 mars, et qui sont les 6 dernières constellations zodiacales, 6 des constellations australes et 21 constellations boréales.

A l'Orient, et sous un dais, apparaissent deux transparents; le transparent supérieur porte une Étoile flamboyante émettant des rayons; au centre est inscrite la lettre phéni-

(1) *Ritual of the Rose-Croix degree*, par Albert Pike, grand commandeur du Suprême Conseil pour la Juridiction Sud des Etats-Unis, p. 38 et 85. Charleston, 1881.

(2) *Ritual de Caballero Rosa-Cruz*, par Andréa Viriato de Castro, grand commandeur du Suprême Conseil de Colon, page 297. Madrid, 1884.

cienne , symbole de l'acte de la génération et de la perfection du *membrum virile*. Le transparent inférieur représente un sépulcre ouvert et vide, symbole de la matrice féminine, tombeau du résultat de la génération, une fois le nouvel être sorti à la lumière, à la vie active (1).

A l'Orient, dans le coin situé au N.-E., se trouve l'étendard du chapitre. C'est un carré de satin blanc brodé, de 30 pouces de côté. Sur cet étendard est figuré un compas couronné et ouvert d'environ 60 degrés; c'est l'emblème de la puissance génératrice active de la nature. Debout sur son nid qui renferme sept de ses petits, un pélican se perce le flanc de son bec et fait jaillir sept jets de sang : symbole du dévouement avec lequel, dans le degré de Rose-Croix, le Franc-Maçon, désireux de l'émancipation de l'humanité, donne sa vitalité tout entière. Le sang de l'oiseau symbolique, nourriture des jeunes pélicans, ne signifie-t-il pas les principes émancipateurs qui constituent le but politique et social du grade, et dont le Rose-Croix nourrit les hommes comme de sa substance (2)?

Sur la poitrine du pélican, une Rose recouvre une Croix, emblème de la génération de Franc-Maçons dévoués que, dans le degré de Rose-Croix, la Franc-Maçonnerie donne à l'Humanité (3).

Devant le Président, assis à l'Orient, se trouve l'Autel des

(1) *Speculative Freemasonry*, par Jean Yarker, grand maître du Rite Ancien et Primitif, p. 78 et suiv. Londres. 1872.

(2) *Ritual de Caballero Rosa-Cruz*, par Andréa Viriato de Castro, grand commandeur du Suprême Conseil de Colon. Madrid, 1884, p. 297 à 334. — *Speculative Freemasonry*, par Jean Yarker, grand maître du Rite Ancien. p. 78 et suiv. Londres, 1872.

(3) *L'Arche Sainte*, par Kauffmann et Cherpin, p. 159. Lyon, 1851. — *Ritual of the Rose-Croix degree*, par Albert Pike, grand commandeur du Suprême Conseil pour la Juridiction Sud des Etats-Unis. Charleston, 1881. p. 99.

promesses, recouvert de drap cramoisi, et portant le livre des Constitutions, le Compas, l'Équerre et la *Crux-Ansata*, symbole de détail et d'ensemble des organes générateurs, qui permettent aux Francs-Maçons de mettre au monde des hommes dévoués à l'émancipation de l'Humanité.

Devant le Président, se trouvent deux colonnes blanches, quadrangulaires, de 7 pieds de hauteur, portant des transparents triangulaires blancs avec l'inscription : INFINITÉ pour celui de droite, et IMMORTALITÉ pour celui de gauche. Devant le 1er Surveillant est une colonne semblable, dont le transparent porte le mot : RAISON, et devant le 2e surveillant, une 4e colonne porte sur son transparent le mot : NATURE. Ces colonnes symbolisent la doctrine gnostique du grade, dont la formule, complétée par les trois autres colonnes, FOI, ESPÉRANCE, CHARITÉ, est la suivante :

L'étude de la NATURE, faite par la RAISON, nous révèle tout ce qui doit constituer notre croyance, notre FOI, et son INFINITÉ nous inspire l'ESPÉRANCE absolument certaine de l'IMMORTALITÉ de l'Humanité par la CHARITÉ, par l'Amour, qui en assure la régénération constante et illimitée au moyen de la génération universelle.

Les particularités du grade de Chevalier Rose-Croix sont les suivantes :

1° En signant, le Chevalier Rose-Croix enlève toutes les voyelles de son nom et laisse, en nombre impair, toutes les consonnes, faisant suivre cette modification d'un triangle équilatéral surmonté d'une croix tracée à l'encre rouge. Le Frère Gambetta signait : *Gmbtt* ♁ (1);

(1) *Ritual of the Rose-Croix degree*, par Albert Pike, grand commandeur du Suprême Conseil pour la Juridiction Sud des Etats-Unis, pages 22, 61, 43, 99. Charleston, 1881. — *Ritual de Caballero Rosa-Cruz*, par Andréa Viriato de Castro, grand commandeur du Suprême Conseil de Colon. Madrid.

2° Ils datent leurs écrits appelés : « Colonnes gravées » de « l'Orient d'Hérédum » c'est-à-dire des héritiers du gnosticisme primitif, « sous la Voûte Céleste du Zénith qui correspond à... (Ici la latitude du lieu, Nord ou Sud) le... jour du mois hébraïque... de l'Année Maçonnique 5887., etc...

3° Les Chevaliers Rose-Croix entrent sans être préalablement tuilés, dans toutes les assemblées du 1er au 17e degré inclusivement.

4° Une fois entrés, ils ont droit à prendre le maillet de la Présidence, si le Président a un grade inférieur au 18e.

5° Ils ont droit à la place d'honneur à l'Orient si le Président est 18e ou davantage.

6° Si satisfaction immédiate n'était point accordée aux droits de la Présidence, si le Président est moins que 18e, et du siège d'honneur si le Président est 18e ou plus, le Chevalier Rose-Croix va s'asseoir par terre, dans le coin N.-E. de l'Atelier, et, *ipso facto*, les travaux de l'Atelier sont suspendus; ils ne peuvent être repris qu'une fois satisfaction pleine et entière donnée aux droits du Chevalier Rose-Croix.

Le signe du Bon Pasteur représente les deux termes RAISON et IMMORTALITÉ de la doctrine du grade.

Le signe de reconnaissance représente les deux autres, INFINITÉ et NATURE.

Le mot de passe signifie : DIEU AVEC NOUS, Dieu en nous! expression concrète de la doctrine de Dieu Androgyne.

Le mot Sacré est I. N. R. I.

Il a reçu les dix interprétations suivantes :

JESUS NAZARENUS REX JUDÆORUM (1).

IGNE NATURA RENOVATUR INTEGRA (2).

(1) Interprétation Suisse et Irlandaise.

(2) Interprétation Française et Italienne.

IGNE NITRUM RORIS INVENITUR. (1).
IAMAYIM NOR RUAKH IABASHAH (2).
JUSTUM NECARE REGES IMPIOS (3).
IGNATII NATIONUM REGUMQUE INIMICI (4).
INDEFESSO NISU REPELLAMUS IGNORANTIAM (5).
INFINITAS NATURA RATIOQUE IMMORTALITRS (6).
INSIGNIA NATURÆ RATIO ILLUSTRAT (7).
JUSTITIA NUNC REGET IMPERIA (8).

Voici, d'après les principaux Suprêmes Conseils, quel est l'enseignement du Grade de Chevalier Rose-Croix.

D'après le Suprême Conseil de France :

« La Foi et la Charité, s'unissant pour relier tous les hommes dans la Communion de l'Amour, procurent tout ce qui peut contribuer à la réhabilitation de l'humanité (9). »

D'après le Suprême Conseil d'Angleterre :

« La loi d'Amour fraternel, la loi de Tolérance civile et politique et la loi de Tolérance religieuse, constituent la triple base de la régénération de l'humanité (10). »

D'après les Suprêmes Conseils d'Amérique :

« Le mal disparaîtra de la terre une fois l'humanité régénérée par la loi d'Amour, une fois que tous les hommes s'aimeront les uns les autres comme ils s'aimeront eux-

(1) Interprétation des Rosicrucians hermétiques.
(2) Interprétation Israélite. *Eau, Feu, Air, Terre Sèche.*
(3) Interprétation Jésuitique.
(4) Interprétation anti-Jésuitique.
(5) Interprétation Américaine du Sud et Espagnole.
(6) Interprétation Américaine du Nord et Anglaise.
(7) Interprétation du Suprême Conseil de Charleston.
(8) Interprétation pratique.
(9) *Rituel de Chevalier Rose-Croix*, publié par le Suprême Conseil pour la France et ses dépendances, p. 59.
(10) *Supreme Council of England and Wales. Ritual of the Chapter*, publié officiellement par le Suprême Conseil d'Angleterre. Londres, 1871.

mêmes, grâce à la propagation, par la Franc-Maçonnerie, des doctrines de Foi, d'Espérance, de Charité et d'Amour Maçonniques qui constituent la Vérité (1). »

D'après le Suprême Conseil d'Italie :

« La Lumière de la Vérité Maçonnique finit toujours par triompher des ténèbres de ses ennemis, les sectaires de l'erreur; par sa rénovation constante la Franc-Maçonnerie finit toujours par avoir le dessus (2). »

Il en est pour le grade de Rose-Croix comme pour les grades symboliques; nous voyons que les Maçons Anglais, Américains, Italiens et Français diffèrent complètement dans leur manière d'envisager ces enseignements.

La véritable Pratique Franc-Maçonnique est la suivante :

Ce n'est pas ce que nous croyons ou ne croyons pas qui intéresse l'humanité, mais bien ce que nous parvenons à être les uns pour les autres.

Comme croire est l'opposé de savoir, comme l'espérance n'est qu'un simple état de l'âme et comme la charité n'embrasse que l'humanité, mais l'humanité tout entière, c'est plus que jamais le devoir impérieux du Franc-Maçon Chevalier Rose-Croix « d'anéantir le gnosticisme bâtard et perfide du catholicisme, qui fait de la Foi un aveuglement prémédité, de l'Espérance un piédestal conventionnel, et de la Charité un égoïsme personnel (3). »

(1) *Ritual of the Rose-Croix degree*, par Albert Pike, grand commandeur du Suprême Conseil pour la Juridiction sud des Etats-Unis. Charleston, 1881. — *Morals and Dogma of Freemasonry*, par Albert Pike, grand commandeur du Suprême Conseil pour la Juridiction sud des Etats-Unis. Charleston, 1881, p. 308.

(2) *Rituale dei Principi Rosa-Croce*, par Dominique Anghera, grand maître de la Franc-Maçonnerie italienne. Rome, 1872.

(3) *Cours Philosophique et Interprétatif des Initiations*, par J.-M. Ragon, p. 291 et 292. Paris, 1841.

La Nature révèle à sa raison tout ce qu'il doit croire et espérer. Son amour pour ses semblables lui dicte tout ce qu'il leur doit; et c'est par ces principes qui le rendent fort et lui permettent de rester libre, que l'homme peut parvenir à l'émancipation de l'humanité.

Cette émancipation amènera le renversement de toutes les tyrannies, l'écrasement de toutes les intolérances, la disparition de tous les fanatismes, aussi bien dans l'ordre politique que dans l'ordre religieux (1).

C'est à cette émancipation que le Chevalier Rose-Croix voue son existence, sa vitalité corporelle et intellectuelle tout entière. Et les doctrines génésiaques qu'il a reçues dans les premiers grades, en lui révélant que la génération est tout et que la création n'est que l'induction de la génération, lui donnent des armes puissantes pour triompher dans cette lutte.

Le Franc-Maçon rendu clairvoyant par les trois premiers degrés, est initié dans le grade de Rose-Croix à la théorie de ses devoirs envers l'humanité, renfermés dans la formule qui résume le grade :

« L'émancipation de l'humanité par l'amour et la vérité Franc-Maçonniques. »

Voici les traits caractéristiques de l'initiation Franc-Maçonnique à ce grade.

(1) *Instructions Secrètes aux Souverains Grands Inspecteurs Généraux pour la conduite des Loges, Chapitres et Conseils,* par le vicomte de la Jonquière. Mss. portant le n° 43 des « la Jonquière Manuscripts » de la Grande Loge d'Édimbourg.

INITIATION

AU GRADE DE ROSE-CROIX.

L'initiation ritualistique au grade de Chevalier Rose-Croix comprend deux actes distincts, ayant pour théâtres la Chambre noire et la Chambre rouge.

On introduit le candidat dans la Chambre noire. Les Chevaliers Rose-Croix y sont réunis, accablés et désespérés par « la perte de la parole. »

Le candidat consent à les aider dans la recherche de cette « parole perdue; » et l'on commence par lui révéler quels sont les guides capables de le conduire, en lui faisant accomplir trois voyages emblématiques.

Lors du premier voyage, le candidat découvre la « Foi; » dans le deuxième, la « Charité; » dans le troisième, « l'Espérance. »

Suivant le Rite français en usage au Grand Orient de France, l'initiation au grade de Chevalier Rose-Croix diffère absolument. Ces guides que découvre le candidat ne sont plus la Foi, la Charité et l'Espérance, mais bien « la Liberté, l'Egalité et la Fraternité : » modification toute politique, et qui, étant donné l'esprit du grade, est tout simplement un absurde contre-sens.

Grâce à l'inspiration de ces guides, le candidat pourra contribuer à la recherche de la parole perdue; mais auparavant, il devra jurer sur le glaive de garder fidèlement dans son cœur tous les secrets révélés aux Rose-Croix.

Le candidat, guidé par la Foi, accomplit trois nouveaux voyages; trois autres, guidé par la Charité, et trois autres, guidé par l'Espérance. Il est, dans ces voyages symboliques, accompagné par tous les Chevaliers Rose-Croix. On lui couvre alors la tête d'un épais voile noir.

C'est à ce moment, le visage voilé, qu'il est introduit dans la Chambre Rouge. Il raconte qu'une voix mystérieuse s'est élevée du fond de son cœur, lui révélant « la parole. » Cette parole, il l'a burinée en caractères ineffaçables, et l'a placée dans un coffre de pur métal qu'il dépose entre les mains du Très Sage.

Le Très Sage ouvre le coffre, épèle les lettres de la « parole, » annonce qu'elle est retrouvée, et, pour récompenser le candidat du service qu'il vient de rendre, il propose de le « créer et constituer » Chevalier Rose-Croix. Il appuie alors son glaive sur la tête, sur l'épaule gauche et l'épaule droite du candidat, figurant ainsi un triangle.

Ensuite ont lieu : la révélation des secrets particuliers au grade, ordre, signe et contre-signe, attouchement, mots et batterie; puis l'acclamation du nouveau Chevalier, enfin sa proclamation entre les deux colonnes qui encadrent la porte du Chapitre.

Le grade du Chevalier Rose-Croix pourrait porter le nom de Chevalier du Calvaire. Son objet est de travestir les mystères catholiques qui ont trait à la mort de Jésus. On s'efforce par là de faire comprendre aux initiés l'inanité des doctrines du catholicisme. Aussi fait-on dans ces cérémonies un usage constant de la croix; aussi y prodigue-t-on à tout propos les génuflexions.

Convaincre l'initié que la Maçonnerie possède *seule* la vraie religion : le gnosticisme; que toutes les autres religions, notamment le catholicisme, ont emprunté à la Franc-Maçonnerie ce qu'elles peuvent avoir de vrai; enfin, que les autres religions ne possèdent en propre que ce qui est absurde et faux, voilà le but que l'on vise dans l'initiation au grade de Rose-Croix.

Et voici, enfin, le MEMENTO OFFICIEL DU GRADE DE ROSE-CROIX.

* * *

INDEX DOCUMENTAIRE.

Lexicon of Freemasonry, par Albert-Georges Mackey, grand secrétaire du Suprême Conseil pour la Juridiction Nord des Etats-Unis. New-York, 1873.

The Ahiman Rezon, or Rituals of Freemasonry. New-York, 1872.

Cours philosophique et Interprétatif des Initiations, par J.-M. Ragon, p. 317. Paris, 1841.

Lights and Shadows of Freemasonry, par Robert Morris. New-York, 1866.

The Signet of King Solomon, par Charles-Louis Arnold. New-York, 1868.

Speculative Freemasonry, par Jean Yarker, grand maître du Rite Ancien et Primitif, pag. 78 et suiv. Londres, 1872.

Legenda Magistralia à l'usage exclusif des Souverains Grands Inspecteurs Généraux par Albert Pike, grand commandeur du Suprême Conseil pour la Juridiction sud des Etats-Unis. Charleston, 1881.

Morals and Dogma of Freemasonry, par Albert Pike, grand commandeur du Suprême Conseil pour la Juridiction Sud des Etats-Unis. Charleston, 1881, p. 290 à 292.

The Rosicrucian and Masonic Record. Londres, 1877-78.

Rituel manuscrit du Grade de Prince Rose-Croix, nº 807 de la Bibliothèque du Grand Orient de France. Paris, 1841.

Rituel du Grade de Rose-Croix, par J. M. Ragon. Paris, 1860, p. 31 et suiv.

Ritual of the Rose-Croix degree, par Albert Pike, grand commandeur du Suprême Conseil pour la Juridiction Sud des Etats-Unis. Charleston, 1881, p. 38 et suiv.

MEMENTO OFFICIEL DU 18me DEGRÉ : CHEVALIER ROSE-CROIX.

18me Degré.

CHEVALIER ROSE-CROIX

N° 1. — Signe *d'Ordre*.

N° 2. — Signe de reconnaissance et Contre-Signe.

N° 3. — Signe de Secours.

N° 4. — Attouchement.

N° 5. — Cordon et Bijou.

Signe d'Ordre dit du Bon Pasteur. Tenir les bras croisés sur sa poitrine, les doigts joints et la main étendue.

Signe. — Lever la main droite et montrer le ciel avec l'index, les autres doigts fermés, pour montrer qu'il y a une puissance supérieure à l'homme et que, pour arriver à la comprendre, l'esprit doit dominer la matière.

Contre-Signe. — Descendre la main et montrer la terre avec l'index pour rappeler que l'homme est né de la terre et que, après le dégagement de l'esprit, son corps retournera à la terre.

Attouchement. — Etant au signe du Bon Pasteur se placer l'un en face de l'autre, se saluer en s'inclinant, ensuite se poser réciproquement les deux mains sur la poitrine en les croisant alternativement.

Dans cette position se donner le mot de passe et le baiser fraternel.

Mot de Passe : EMMANUEL.

Auquel on répond : PAX VOBIS.

Mot Sacré : I .·. N .·. R .·. I .·.

En le prononçant lettre par lettre alternativement.

Batterie. — Sept coups : .—.—.—.—.—. Six et un.

Age : Trente-trois ans.

Ritual de Soberano Principe Rosa-Cruz, par Andréa Viriato de Castro, grand commandeur du Suprême Conseil de Colon. Madrid, 1884, p. 207 à 334.

Bibliotheca Masonnica dos Masones Libres e Aceitos. Paris, 1840-42, vol. III.

Ritual de Caballero Rosa-Crux, par Andréa Viriato de Castro, grand commandeur du Suprême Conseil de Colon. Madrid, 1884, p. 297 à 334.

Supreme Council of England and Wales. Ritual of the Chapter, publié officiellement par le Suprême Conseil d'Angleterre.

Rituale dei Principi Rosa-Croce, par Dominico Aghera, grand maître de la Maçonnerie italienne. Rome, 1872.

The book of the Ancient and Accepted Scottish Rite, par Charles-Thomas Mac Clenachan, grand maître des cérémonies du Suprême Conseil pour la Juridiction Nord des Etats-Unis. New-York, 1873.

Instructions secrètes des Souverains Grands Inspecteurs Généraux pour la conduite des Loges, Chapitres et Conseils, par le vicomte de la Jonquière. Mss. portant le nº 43 de la collection des « de la Jonquière Manuscripts » à la Grande Loge d'Edimbourg.

Mort à toute Autorité. — L'Anarchie obligatoire.

GRADE DE CHEVALIER KADOSH.

Le grade de Chevalier-Kadosch enseigne la pratique de l'émancipation, dont le grade de Rose-Croix donne la théorie.

Ensemble, ils sont la morale en action des trois premiers grades qu'ils complètent et qu'ils couronnent.

La Maçonnerie est donc toute entière dans les grades d'Apprenti, Compagnon et Maitre. Pour plus de clarté, ceux de Rose-Croix et de Kadosch en montrent l'application. Tous les autres sont accessoires et ne portent que sur des questions de détail.

L'enseignement de la doctrine gnostique pure, commencé dans les trois premiers grades et développé en théorie dans le grade de Rose-Croix, reçoit son développement pratique dans le grade de *Chevalier-Kadosch*.

Kadosch, *Kadosh* ou *Kodesh* est un mot qui signifie littéralement « Saint, Pur, Sacré, Consacré, Purifié, » et réellement que le Franc-Maçon qui est en due et légitime possession de ce grade, est véritablement « l'homme par excellence, purifié de toute souillure de préjugés (1). »

La Morale du grade de Chevalier Kadosch, dernier terme et but réel de l'enseignement maçonnique se résume dans ces quelques mots :

« *Moi, rien que moi, tout à moi, tout pour moi*, et cela par tous les moyens quels qu'ils soient (2). »

Il existe sept manières différentes de réaliser ce programme et par conséquent sept différents grades de Chevalier Kadosch. Ce sont :

N° 1. *Le Kadosch Israélite.*

N° 2. *Le Kadosch Chrétien Primitif.*

N° 3. *Le Kadosch des Croisés.*

N° 4. *Le Kadosch des Templiers.*

N° 5. *Le Kadosch Puritain.*

(1) *Ritual of Knight Kadosh*, par Albert Pike, grand commandeur du Suprême Conseil de la Juridiction sud des États-Unis, p. 449 et suiv. Charleston, 1879. — *Ritual de Caballero Kadosh*, par Andréa Viriato de Castro, grand commandeur du Suprême Conseil de Colon. Madrid, 1884, p. 223 et 259. — *Cours Philosophique et Interprétatif des Initiations*, par J.-M. Ragon. Paris, 1841, p. 386.

(2) *Tuileur de l'Ecossisme*, par Charles de l'Aulnaye, p. 215-219. Paris, 1821.

N° 6. *Le Kadosch Jésuite.*

N° 7. *Le Kadosch Ecossais.*

C'est le Kadosch Ecossais, soi-disant étranger à toutes les sectes, libre de toute ambition, ami de tous les hommes, ennemi de tous les vices, de tous les crimes, de tout fanatisme, et de toute superstition que nous allons étudier; c'est lui seul qui constitue le *nec plus ultra* du gnosticisme pur qui est la vraie Franc-Maçonnerie (1).

L'initiation complète au grade de Kadosch est triple, et comprend l'initiation : 1° au grade d'illustre Chevalier du Temple; 2° au grade de Chevalier de l'Aigle Blanc et Noir; 3° au grade de grand Elu Chevalier Kadosch, symbolisant ainsi le triple aspect de : cause, moyen, effet, essentiel à tout grade véritablement franc-maçonnique, c'est-à-dire gnostique pur.

Le grade de Kadosch est essentiellement pratique; Hiram a existé, mais la légende de sa mort, telle qu'elle est racontée dans le grade de Maître, est de pure invention pour les besoins du symbolisme. Hiram est remplacé dans le grade de Kadosch par Jacques Bourguignon de Molay, dernier grand maître de l'Ordre du Temple, qui non seulement a existé, mais qui fut brûlé vif par ordre de Philippe-le-Bel et du pape Clément V, le 11 mars 1314 (2).

Le grade de maître et les cinq grades qui le suivent s'occupent de tirer vengeance d'assassins qui n'ont jamais existé, qui sont purement et simplement emblématiques (3).

(1) *Ritual of Knight Kadosh*, par Albert Pike, grand commandeur du Suprême Conseil pour la Juridiction sud des États-Unis. Charleston, 1879. Pages 449, 497-498.

(2) *Rituel de Chevalier Kadosch*, par J.-M. Ragon. Paris, 1860, p. 387. — *Réception au Sublime grade de Kadosh*, Mss. portant le n° 631 à la Bibliothèque du Grand Orient de France.

(3) *Cours oral de Franc-Maçonnerie Symbolique*, par Henri Cauchois, grand orateur du Grand Orient de France. Paris, 1863, p. 155 et 156.

Le grade de Kadosch s'occupe de tirer vengeance des auteurs d'un assassinat historique. Un des assassins occupait le trône de France, l'autre ceignait la tiare des Papes (1).

Cette vengeance s'exerce, figurativement, sur des représentations des auteurs mêmes de cet assassinat. Implicitement, elle s'exerce *sur qui de droit* (2).

Ce grade enseigne directement, avec une mise en scène absolument dramatique où figurent poignard, couronne royale, tiare pontificale, cercueil et tentures plus ou moins lugubres, l'assassinat des prêtres et des rois.

Le nouveau chevalier, par quatre effroyables serments, jure de frapper quand il faudra.

Ce grade transforme les régicides en héros, les assassins des prêtres en martyrs.

Le « Rituel du Chevalier Kadosch, » rédigé par une commission de Souverains grands Inspecteurs Généraux dont le Frère Jules Simon était le rapporteur, a été publié officiellement par le Suprême Conseil du Rite Écossais ancien et accepté pour la France et ses dépendances.

INITIATION.

L'initiation au grade de Grand Elu Chevalier Kadosch, exige quatre chambres ou appartements.

La première chambre est la chambre noire, de la couleur des tentures. Une lampe funéraire l'éclaire. Au centre, un sépulcre; sur ce sépulcre, un cercueil. Dans le cercueil, un chevalier vêtu d'un linceul. Aux pieds du cercueil, trois têtes de mort. Celle du milieu figure la tête du Grand Maître Jacques de Molay; elle est couronnée d'immortelles et de

(1) *Tuileur de l'Ecossisme*, par Charles de l'Aulnaye, p. 216, 217, 218, 219. Paris, 1821.

(2) *Ibidem*.

lauriers, et repose sur un coussin de velours noir. Celle de droite porte la couronne royale fleurdelisée; elle figure la tête de Philippe-le-Bel, roi de France. Celle de gauche porte le tiare des Souverains Pontifes romains; elle figure la tête du pape Clément V, Bertrand de Goth.

Tout cela symbolise les victimes du despotisme civil et militaire et de l'intolérance religieuse. Perpendiculairement au sépulcre, un banc pour le candidat. En face, un transparent avec les mots : « Celui qui saura surmonter les terreurs de la mort s'élèvera au-dessus de la sphère céleste et aura droit à être initié aux plus grands mystères. »

La deuxième chambre est la chambre blanche, de la couleur de ses tentures. A l'Orient, deux autels quadrangulaires; l'un supporte un vase de parfums, l'autre un vase rempli d'esprit de vin allumé, dont la flamme bleuâtre est la seule lumière qui éclaire la chambre.

Entre les deux autels est suspendu un aigle à deux têtes, de grandeur naturelle, mi-parti blanc et noir, ayant les ailes toutes grandes ouvertes.

La troisième chambre est la chambre bleue, de la couleur de ses tentures; le plafond est bleu également et représente un ciel brillamment étoilé.

Un épais rideau coupe cette chambre de l'Ouest à l'Est, sur la moitié de sa longueur.

A l'Orient se trouve une plate-forme élevée de sept degrés, sur laquelle sont placés sept fauteuils, un à l'Orient pour le Président, et trois à droite, trois à gauche, disposés parallèlement à la longueur de la chambre.

Sur le fauteuil du Président, une draperie cramoisie, en forme de dais, encadre l'étendard des Kadosch. Cet étendard est blanc et noir, symbole de la juxtaposition du bien et du mal, du principe mâle et du principe femelle, dans l'existence humaine et dans la nature.

Devant le fauteuil du Président est un autel. Là, une balance supporte une épée, et deux poignards sont placés en croix sur le Livre des Constitutions. Cela veut dire que si l'équité de la balance ne peut être imposée par l'épée de la Justice, c'est au poignard du Kadosch, c'est à la force qu'on devra avoir recours pour appliquer la loi maçonnique : « Guerre aux Rois, aux Prêtres et aux Catholiques, par tous les moyens, quels qu'ils soient. »

A l'Est, Nord et Sud de cet autel sont trois candélabres, contenant chacun trois flambeaux de cire jaune. Ces candélabres sont recouverts de crêpe noir, emblème de l'universalité de l'humanité que doit embrasser le bonheur parfait issu de la Franc-Maçonnerie.

La quatrième chambre est la chambre rouge, de la couleur de ses tentures. A l'Orient, la tenture est de velours noir. On y voit, brodées d'argent, des têtes de mort transpercées par des poignards, symbole du droit *absolu* que le Kadosch a de faire triompher la Franc-Maçonnerie, même au prix de l'existence de ceux qui sont rebelles à ses enseignements. Au-dessus du trône placé à l'Orient, est suspendu un aigle, mi-parti blanc et noir, les ailes déployées. Il tient une épée entre ses serres. A son cou pend une triple croix patriarchale, attachée par un ruban blanc et noir. Ce qui signifie que la force et la science engendrent, au triple point de vue physique, moral et intellectuel, de véritables Francs-Maçons Kadosch, capables de réaliser quand même le triomphe de la justice maçonnique.

Vers l'Occident est un mausolée qu'on dirait de marbre noir; il a la forme d'une pyramide tronquée et porte à son sommet une urne funéraire recouverte de crêpe noir sur laquelle est posée une couronne de laurier. Une couronne royale se trouve à la droite de cette urne, une tiare papale à la gauche. Aux quatre coins du mausolée, des lampes funéraires, remplies d'esprit de vin, jettent de pâles clartés. Cela signifie que le martyr repose au milieu de ses bourreaux, que le peuple laisse vivre ses tyrans et ses despotes en attendant l'heure de son triomphe; triomphe que la Franc-Maçonnerie est chargée de préparer et de précipiter.

A mi-chemin de l'Orient et du mausolée, est l'échelle mystérieuse, emblème capital du grade de Chevalier Kadosch.

Cette échelle mystérieuse a deux montants de sept échelons chacun. Le montant de gauche est consacré aux sciences requises pour assurer le triomphe des doctrines gnostiques représentées par le montant de droite.

Elle symbolise le développement pratique du gnosticisme pur, étudié en principe dans les trois premiers degrés, et en théorie dans le degré de Rose-Croix.

Montant de gauche :

Le Chevalier Kadosch doit enseigner

dans un beau langage	Grammaire	1er échelon.
avec éloquence	Rhétorique	2me –
et logique serrée, ...	Logique	3me –
par des raisonnements précis, .	Arithmétique	4me –
positifs et exacts, ...	Géométrie	5me –
que les harmonies	Musique	6me –
de la Raison pure sont le résultat de la pratique des préceptes, . . .	Astronomie.	7me –

qui sont renfermés emblématiquement dans le montant de droite.

Montant de droite :

1er Échelon : TSEDEHAH.

Les malheureux, quels qu'ils soient, ont toujours droit à toutes nos ressources physiques, intellectuelles et morales.

2me Échelon : SCHOR LABAN.

Fais aux autres ce que tu voudrais qu'ils te fissent.

Ne fais pas aux autres ce que tu ne voudrais pas qu'ils te fissent.

3me Échelon : MATHOK.

L'adversité doit toujours être subie avec résignation et douceur de caractère.

4me Échelon : EMOUNAH.

Nous devons toujours dire la vérité ou nous taire.

Jamais et sous aucun prétexte nous ne devons mentir.

5me Échelon : HAMAL SAGGHI.

Nous avons besoin de travailler sans trêve ni repos à amener l'humanité à sa perfection morale.

6me Échelon : SABBAL.

Tous les défauts des autres hommes doivent être supportés par nous avec une patience inaltérable.

7me Échelon : GHEMOUL BINAH THEBOUNAH.

La fidélité absolue doit être la règle de nos engagements; la discrétion parfaite la règle de nos rapports sociaux.

De chaque côté du mausolée se tient un héraut armé de toutes pièces, la masse d'armes à la main.

Entre le mausolée et l'Occident se trouve l'autel des serments, entouré de dix lumières. Un flambeau de cire jaune est placé entre les trois premiers dignitaires.

Les désignations ritualistiques des chambres sont les suivantes :

Sépulcre	— Chambre Noire	— Conseil.
Autel	— Chambre Blanche	
	Chambre Bleue	— Aréopage.
	Chambre Rouge	— Sénat.

Le Président représente :

Le Grand Maître des Templiers dans la chambre noire;

Zoroastre dans la chambre blanche;

Le chef du Tribunal de la Sainte-Vehme dans la chambre bleue;

MEMENTO OFFICIEL DU 30me DEGRÉ : CHEVALIER KADOSCH.

30me Degré.

CHEVALIER KADOSCH

N° 1. — Signe d'Ordre.

N° 2. — Signe,

Nos 3 et 4. — Attouchement.

N° 5. — Attitude pour donner le *Mot Sacré*.

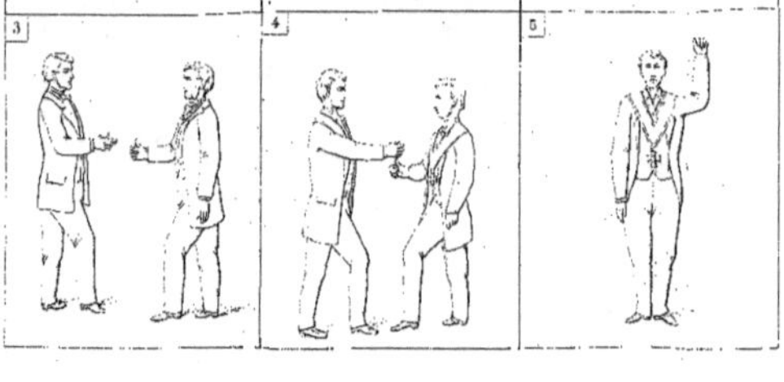

Signe. — Porter la main droite sur le cœur, les doigts écartés, la laisser ensuite tomber sur la cuisse droite en fléchissant le genou.

Ordre. — Le glaive dans la main gauche, la droite sur le cœur.

Attouchement. — La pointe du pied droit contre celle du F.·. genou contre genou ; l'un présente le pouce droit levé, l'autre le saisit rapidement et tous deux reculent d'un pas.

Le premier dit : HABORKAH.

Le second répond : BTH .·. ADONAI.

Batterie. — Sept coups ainsi ! ! ! ! ! ! !

Mots Sacrés. — MIKAMOKA .·. BEALIM .·. ADONAI.·.

Mots de Passe. — Demande : BEGORAL.·.
Réponse : PARAS .·. KOL .·.

Marche. — Trois pas précipités les mains sur la tête, la paume en dehors.

Age. — Un siècle et plus, *ou*, je ne compte plu

Cordon. — Noir. Au bas, deux drapeaux cr droite, celui du Sup .·. Cons .·. à gauche celui de Il est terminé par une croix teutonique en émail contre bleu, avec le n° 30.

Bijou. — Aigle noir à deux têtes suspendu au un cordon noir, lisière d'argent.

Frédéric II, roi de Prusse, dans la chambre rouge.

Les chevaliers Kadosch se tutoient tous, car le but pratique qu'ils poursuivent les rend égaux, tous pouvant être appelés à exécuter pratiquement les décisions prises par leur Conseil.

Le « Rituel du Suprême Conseil pour la France et ses dépendances » donne les signes, mots et attouchements sanctionnés par la Confédération du Suprême Conseil de Lausanne, en Juillet 1876, pour le degré de Chevalier Kadosch. Ce grade étant le plus important de la Franc-Maçonnerie, puisqu'il est le *nec plus ultra* du gnosticisme pur, il y aurait peut-être lieu de consigner ici, dans tous leurs détails, les signes, mots et attouchements pratiqués dans les différents Conseils de Kadosch du monde. Mais nous jugeons cela inutile à l'œuvre de vulgarisation que nous avons entreprise. Nous craignons que le lecteur, fatigué par tant de mots, par tant de figures, d'emblèmes, de symboles qui voilent la doctrine Maçonnique, ne se sente découragé et n'abandonne le livre. Il faut un fil d'Ariane dans ce dédale dont on a multiplié volontairement et sciemment les difficultés. Ce fil d'Ariane, nous le tenons, mais n'allons pas l'emmêler et l'embrouiller comme à plaisir. Dégageons-le plutôt des nœuds inextricables et voulus où les Maçons l'ont enchevêtré, et ne nous arrêtons pas en un chemin jusqu'ici heureusement parcouru.

Nous nous bornerons, comme complément de l'étude du Grade de Chevalier Kadosch, à publier le *Memento Officiel* des SECRETS de ce grade et à donner le Catéchisme de ce grade. Ici, la doctrine qui inspire ces enseignements apparaîtra du moins toute claire.

Memento Officiel du Grade de Kadosch.

CATÉCHISME COMPLET DE CHEVALIER KADOSCH.

D. Es-tu Chevalier Kadosch?

R. Tu l'as dit. Son nom fut autre et le même pourtant.

D. Je te comprends, Frère. Quel âge as-tu?

R. Un siècle et plus.

D. Que cherches-tu?

R. Lumière.

D. Quelle lumière, et pourquoi?

R. Celle de la Liberté, et pour ceux qui n'en abuseront pas.

D. Cherches-tu autre chose?

R. Vengeance.

D. Contre qui?

R. Contre tous les tyrans temporels et spirituels.

D. Où t'es-tu prosterné en versant des larmes?

R. Devant le tombeau d'un innocent assassiné.

D. Qu'ont foulé tes pieds?

R. Des couronnes royales et des tiares papales.

D. Pourquoi faire sommes-nous Kadosch?

R. Pour combattre à outrance et sans cesse toute injustice et toute oppression, procèdent-elles de Dieu, du Roi ou du Peuple.

D. En vertu de quel droit?

R. MISCHOR.

D. Que veux-tu dire?

R. En vertu de nos droits de Maîtres par excellence.

D. Où les as-tu acquis?

R. En montant et en descendant l'échelle mystérieuse.

D. Qu'est-ce qu'un Kadosch parfait?

R. Celui qui a prêté le serment irrévocable de maintenir.

coûte que coûte, les principes de l'Ordre, de défendre, coûte que coûte, la cause de la Vérité et de l'Humanité contre toute autorité usurpée, ou abusive ou irrégulière, qu'elle soit politique, ou militaire ou religieuse, et de punir sans pitié les traîtres à l'Ordre.

D. Penses-tu ainsi?

R. J'en fais le plus solennel serment.

D. Qu'as-tu sacrifié sur l'autel des Kadosch?

R. 1° Mon amour-propre, mon indifférence pour le bien-être des autres, et mes penchants vers ma commodité personnelle.

2° L'orgueil de mon opinion, ma vanité, ma résistance à soumettre mon opinion à celle de mes supérieurs.

3° Mon amour pour l'or et les richesses, en tant que contraire aux intérêts de l'Ordre.

4° Mon orgueil, mon envie et mes rancunes personnelles.

5° Mon ambition d'honneurs, pour mieux servir l'Ordre partout où il me sera prescrit de le faire.

6° Les passions, les vices et les appétits qui sont indignes d'un véritable Kadosch.

D. Combien de vœux as-tu prêtés à l'Ordre?

R. Quatre.

D. Quel est le 1er vœu?

R. En présence de ce crâne couronné de lauriers, emblème des nobles victimes du pouvoir irresponsable, je jure d'exécuter, sans hésiter, même au risque de ma vie, tout ce qui me sera ordonné par l'Ordre, et qui ne sera pas contraire aux devoirs de l'honneur et de la gratitude maçonniques.

Je jure d'accepter toutes les lois et les règlements de l'Ordre, faisant mon *Credo* de son *Credo*.

Je jure obéissance complète à mes supérieurs légaux dans la Franc-Maçonnerie.

Je jure d'être tempéré en tout, de maîtriser mes appétits et vaincre mes penchants pervers.

Je jure d'être fidèle et loyal jusqu'à la mort, à l'Ordre et à tous mes Frères, et de cacher à tous les secrets des Chevaliers Kadosch.

Je jure de me consacrer corps et âme à protéger l'innocence, à revendiquer les droits, à humilier les oppresseurs et à punir les infracteurs de la loi de l'Humanité et des droits de l'homme.

Je jure que jamais, même pour avoir la vie sauve, je ne pactiserai et que jamais je ne me soumettrai à n'importe quel despotisme matériel qui usurpe et abuse du pouvoir gouvernemental pour opprimer et asservir les hommes.

Je jure que jamais, même pour avoir la vie sauve, je ne pactiserai, et que jamais je ne me soumettrai à n'importe quel despotisme intellectuel qui enchaîne les consciences et garrotte la Libre-Pensée, faisant un crime abominable des croyances consciencieuses, et des doutes sincères et honnêtes.

Je jure d'honorer toujours la mémoire des martyrs de la Foi et de la Liberté, et d'apprendre par leur exemple à mourir plutôt que de faillir à mes serments.

D. Quel est le 2e vœu?

R. Je jure de consacrer ma vitalité tout entière à l'accomplissement du but des Chevaliers Kadosch, et de coopérer de toutes mes forces à cet accomplissement en exécutant tous les ordres qui à cet effet me seront régulièrement transmis.

Je jure de consacrer à cet accomplissement ma parole, mes ressources, mon influence, mon intelligence et mon existence.

Je jure d'être désormais, et à tout jamais l'apôtre dévoué jusqu'à la mort, de la Vérité et des droits de l'homme.

D. Quel est le 3e vœu?

R. Je jure de mon plein gré et de ma libre volonté, de protéger et de secourir les innocents, les faibles, les opprimés et les victimes de n'importe quelle injustice en tout temps et en tout lieu, et de toutes mes forces.

Je jure de n'épargner aucun effort ni aucun moyen pour obtenir le châtiment de tout oppresseur, de tout usurpateur.

Je jure de ne jamais calomnier aucun Chevalier Kadosch, et de ne jamais lui occasionner intentionnellement un dommage quelconque.

Je jure d'aider tout Chevalier Kadosch dans ses besoins, de l'assister dans ses maladies, et de ne jamais accepter de lui un duel, ni le provoquer à se battre en duel avec moi.

Je jure que si un Chevalier Kadosch me fait le signe sur le champ de bataille, je sacrifierai au besoin ma vie pour sauver la sienne, et que si je trouve un Chevalier Kadosch en prison, je risquerai tout pour lui rendre la liberté par quelque moyen que ce soit.

Je jure de venger le droit et la vérité, même les armes à la main si cela devenait nécessaire et m'était ainsi ordonné par mes chefs légitimes.

D. Quel est le 4e vœu?

R. Je jure de contribuer par tous les moyens qui seront à ma portée à la propagande et diffusion des idées libérales.

Je jure de m'efforcer, sans trève ni repos, d'assurer à mes frères la plus entière participation dans l'exercice réel de la souveraineté légale du peuple.

Je jure qu'en tout temps et en tout lieu, je maintiendrai et je ferai ce que comme Kadosch je jugerai favorable au bien et à l'honneur de ma patrie, quels que soient les inconvénients qui, pour ma popularité et mes intérêts, puissent résulter de mon attitude.

Je jure d'aider par tous les moyens, même en risquant ma vie, tout Frère qui serait poursuivi et persécuté pour ses croyances religieuses, pour sa fidélité à la cause de la Liberté, pour ses opinions politiques ou pour sa hiérarchie maçonnique.

Et, ratifiant de mon plein gré et de ma libre volonté tous les vœux qui, sur l'autel des Chevaliers Kadosch, ont été prêtés par moi, je foule aux pieds la couronne royale, non pas comme symbole d'une forme particulière de gouvernement ou d'un développement particulier de l'usurpation ou du pouvoir inconscient, mais comme emblème de la tyrannie licencieuse et irresponsable, quels que soient son nom, sa forme, sa manifestation.

Et comme je la foule aux pieds, l'humanité foule à ses pieds la tyrannie et le despotisme; car seule la souveraineté du Peuple a droit à ses hommages.

Je foule aux pieds la tiare pontificale et papale, non pas, comme symbole d'une foi, ou d'une religion, ou d'une église particulière, mais comme emblème de l'ambition hautaine et pervertie et de l'imposture qui asservissent l'homme par la crainte et l'abrutissent par la superstition, qui protègent l'ignorance et sont les alliées fidèles du despotisme.

Et, comme je la foule aux pieds, la Libre-Pensée foule à ses pieds l'Intolérance et le Despotisme spirituel, car seuls l'enseignement et la persuasion ont droit à ses hommages.

D. Comment résume-t-on les enseignements du grade de Chevalier Kadosch?

R. Les Chevaliers Kadosch se proposent d'opposer leur union étroite et indissoluble aux abus du gouvernement, du prêtre et du démagogue, et d'anéantir à tout jamais

L'Ambition	par	la Vertu.
La Rapacité		l'Amour.
Le Fanatisme		la Charité.
La Superstition		l'Illustration.

D. Quels sont les ennemis irréconciliables des Kadosch?

R. Le despotisme des gouvernants, l'oppression des privilégiés, et la tyrannie des prêtres, assassins infâmes de la liberté de l'homme, de la liberté de la pensée, de la liberté de la conscience.

D. Comment doivent-ils les combattre?

R. A mort, à outrance, sans trêve ni quartier.

D. Quelle est la base d'opérations du Chevalier Kadosch?

R. Sa profession de foi qui doit l'aider à faire des prosélytes.

D. Quelle est cette profession de foi?

R. J'aime le Peuple.

Je haïs la Tyrannie.

Je respecte inconditionnellement la liberté absolue de la conscience, de la pensée et de la parole.

Je haïs l'intolérance, l'hypocrisie, l'arrogance et l'usurpation du Clergé.

Je méprise le charlatanisme et les impostures des prophétiseurs, des prêtres et des démagogues.

Je respecte et je considère le travail qui ennoblit la nature humaine.

Je combats tous les monopoles, soit qu'ils procèdent de la richesse, de la position ou de l'oisiveté.

D. Quelle est la synthèse de cette profession de foi?

R. Je combats à outrance, en aimant et haïssant, en respectant et méprisant.

Comme le grade de Chevalier Kadosch est *pratique*, tous les pays l'envisagent au même point de vue. Ce point de vue qui constitue en même temps la synthèse du grade, est le suivant :

Le gnosticisme pur, âme et moëlle de la Franc-Maçonnerie, voit ses principes posés dans les trois premiers grades, développés théoriquement dans le Rose-Croix, et pratiquement dans le Kadosch.

Le grade de Chevalier Kadosch ne comporte donc autre chose que l'action, que la pratique, que l'obtention matérielle des triomphes dus à la doctrine gnostique et libérale, et des avantages qui en résultent.

Éclairé par la révélation des trois premiers grades, qui dit :

Génération, pas Création,

le Franc-Maçon apprend, dans le grade de Rose-Croix, que :

La Vérité et l'Amour Maçonniques émanciperont l'Humanité;

Il agit, dans le grade de Kadosch,

En aimant et haïssant à outrance, en respectant et méprisant sans bornes.

* * *

INDEX DOCUMENTAIRE.

Rituale del Trentesimo Grado della Massonerie deto di Cavaliere Kadosch. Roma, 1874.

Réception au sublime Grade de Kadosch. Ms. portant le nº 631, à la Bibliothèque du Grand Orient de France.

Ritual de Caballero Kadosch, par Andres Viriato de Castro, grand commandeur du Suprême Conseil de Colon. Madrid, 1884, p. 223-259.

Supreme Council for England and Wales. Ritual of the Council, publié officiellement par le Suprême Conseil d'Angleterre. Londres, 1880.

Ritual do Cabalheiro Kadosch, dans la *Bibliotheca masonnica dos Masones Libres e Aceitos*. — Paris, 1842-1845, p. 223 à 259.

Memorandum du Suprême Conseil du Rite Ecossais ancien et accepté, pour la France et ses dépendances. — Paris.

Ahiman Rezon or Rituals of Freemasonry, New-York, 1873.

Bibliotheca Masonnica dos Masones Libres e Aceitos, vol. III et IV. Paris, 1840-1842.

Tuileur des 33 Grades du rite Ecossais ancien et accepté, publié par le Pouvoir Exécutif de la Confédération des Suprêmes Conseils du Rite de Lausanne, 1er juillet 1876.

Ritual of Knight Kadosh, par Albert Pike, grand commandeur du Suprême Conseil pour la Juridiction Sud des Etats-Unis. Charleston, 1879, p. 525.

Secret Work of the Kadosh degree, par Albert Pike, grand commandeur du Suprême Conseil pour la Juridiction Sud des Etats-Unis. Charleston, 1881, p. 16 à 32.

The Book of the Ancient and Accepted Scottish Rite, par Charles-Thomas Mac Clenachan, grand maître des cérémonies du Suprême Conseil pour la Juridiction Nord des Etats-Unis. New-York, 1873.

Tuileur de l'Ecossisme, par Charles de l'Aulnaye. Paris, 1821, p. 215 à 236.

Manuel maçonnique, par Willaume. Paris, 1820, p. 195 à 208.

Tuileur général de la Franc-Maçonnerie, par J. M. Ragon. Paris, 1860, p. 165 à 168.

Instructions secrètes des Souverains Grands Inspecteurs Généraux pour la conduite des Loges, Chapitres et Conseils, par le vicomte de la Jonquière. Ms. portant le n° 43 de la collection des « La Jonquière Manuscripts » de la Grande Loge d'Edimbourg.

Legenda Magistralia, à l'usage exclusif des Souverains grands Inspecteurs Généraux, par Albert Pike, grand commandeur du Suprême Conseil de la Juridiction Sud des Etats-Unis. Charleston, 1881.

Monita des Souverains grands Inspecteurs Généraux du Suprême Conseil pour la Juridiction Nord des Etats-Unis. Boston, 1880.

Glorification de la Vengeance.

3e Catégorie.

GRADES DE L'ILLUMINISME ALLEMAND.

La 3e catégorie des grades du Rite Écossais Ancien et Accepté, comprend les quatre grades introduits en Allemagne par Knigge en 1783, et empruntés par lui à la secte des Illuminés, aux Francs Juges du Tribunal de la Sainte-Vehme, c'est-à-dire de la sainte vengeance, dont Jean Weishaupt fut le fondateur.

Ces grades sont les 21e, 9e, 10e et 11e, *Noachite, Maître Élu des Neuf, Illustre Élu des Quinze*, et *Sublime Chevalier Élu*.

Tout le monde connait l'effroyable tribunal de la Sainte-Vehme, dont les Jugements et les exécutions ont jeté la consternation dans l'Allemagne et dans l'Europe, à la fin du siècle passé.

Eh bien! le voici dans toute sa vérité, et revêtu de son omnipotence. C'est le vrai tribunal de la Maçonnerie.

Si la prudence lui conseille de frapper moins fort, ou même de disparaitre, il saura s'arrêter; mais son droit est entier; il demeure imprescriptible; et, quand son heure sera venue, il saura reparaître et porter de terribles coups.

Le tribunal de la Sainte-Vehme avait l'organisation suivante : Un grand juge, inconnu de tous, présidait un tribunal composé au moins de deux autres juges appelés Francs-Juges.

Ce tribunal était ouvert à tous sans exception. Il avait ses sicaires et ses exécuteurs. Ses jugements étaient sans appel, car ils étaient exécutés séance tenante. Au besoin, le tribunal acquittait ceux qui s'étaient fait justice eux-mêmes, et récompensait toujours les victimes et les justiciers.

Les grades 9e, 10e, 11e et 21e du Rite Écossais Ancien et Accepté sont la reproduction pure et simple de cette organisation.

Le 21e degré, désigné sous l'appellation de « Patriarche Noachite » rappelle les Juges du Tribunal de la Sainte-Wehme.

Le 9e degré, désigné sous le nom de « Maître élu des Neuf, » représente les exécuteurs du tribunal qui se faisaient justice eux-mêmes, et avaient recours ensuite au tribunal pour être réhabilités.

Le 10e degré, celui de « Maître élu des Quinze » représente les exécuteurs du tribunal qui agissaient en vertu du jugement du tribunal.

Le 11e degré, de « Sublime Chevalier élu, » se rapporte aux récompenses que le tribunal accordait à ses sicaires pour marquer la satisfaction qu'il avait de leur zèle.

Le caractère « Saint-Vehmique » du 21e degré est resté sans modification dans le Rituel du grade.

En ce qui concerne les trois autres grades, la légende de l'assassinat d'Hiram a été mise à profit pour offrir l'exemple d'un crime sans excuse, commis sur la personne d'un innocent, et cette entrée en scène d'Hiram a nécessité l'apparition de personnages bibliques, justifiant ainsi, en apparence du moins, l'introduction de ces grades dans le Rite Écossais Ancien et Accepté.

Nous allons, en conséquence, exposer le ritualisme pratiqué du 21e degré, et résumer ensuite la pratique des 9e, 10e et 11e.

Glorification des Vengeances Secrètes.

21e Degré. — *Noachite.*

L'assemblée des Noachites porte le nom de « Grand Chapitre. » Elle se tient un soir de pleine lune, dans un endroit aussi écarté que possible, dans un appartement orienté de façon à permettre à la lumière de la lune, qui seule doit éclairer les travaux du Chapitre, de pénétrer par une large fenêtre (1).

Le président porte le titre de « Lieutenant Commandeur. »

Le Commandeur n'est connu de personne; il entre masqué et enveloppé dans un vaste manteau; il sort de même, et il est défendu de suivre ses pas.

Lorsqu'ils sont assemblés en Chapitre, les Noachites portent sur leur visage un masque noir. Ils sont bottés, éperonnés, gantés de cuir jaune, armés de l'épée et du poignard.

A l'ouverture des travaux, le porte-étendard, placé à l'entrée du Grand Chapitre, fait la proclamation suivante :

« Que quiconque a eu à subir l'injustice des grands ou l'oppression des puissants;

» Que quiconque a été injustement accusé ou a vu son foyer outragé;

» Que quiconque est tombé entre les mains de juges corrompus et prévaricateurs;

» Que quiconque a été victime d'extorsions, d'abus et de violences;

» Vienne ici, et librement devant nous, dépose sa plainte et fasse ses réclamations.

(1) *Ritual of the 21st degree*, par Alb. Pike. Charleston, 1879, p. 53 à 70.

« Car ce Grand Chapitre, contre les jugements duquel il n'y a pas d'appel, lui rendra pleine et entière justice. »

Après quelques minutes d'attente, le candidat à l'initiation de ce grade est annoncé. Il est censé représenter Adolphe le Saxon, Maître Maçon et Chevalier Rose-Croix, compagnon d'armes, en Palestine, de Frédéric Barberousse, empereur d'Allemagne. Il vient demander justice au Grand Chapitre.

En partant pour la Terre-Sainte, Adolphe le Saxon avait fait un emprunt d'argent au comte Reinfred de Loégria et à l'évêque de Vienne, laissant en gage les domaines qui lui appartenaient. A son retour, Adolphe réclama ses biens. Le comte Reinfred lui fit voir alors un parchemin signé de son sceau, et par lequel il avait fait cession pleine et entière des terres qu'il possédait.

Adolphe déclare que l'acte qu'on lui oppose est faux; le comte et l'évêque affirment son authenticité.

C'est contre l'évêque et le comte Reinfred qu'Adolphe le Saxon demande justice au Grand Chapitre.

Parmi les « Chevaliers Maçons » qui siègent masqués au Grand Chapitre, se trouve le comte Reinfred; en présence de l'accusation formulée par Adolphe le Saxon il se lève, se démasque et soutient que la cession est véritable et valable.

Mais la marque de fabrication, visible dans la pâte du parchemin, prouve que celui-ci a été fabriqué à une date postérieure à celle que porte l'acte produit par le comte Reinfred. Convaincu de félonie, le comte est expulsé du Grand Chapitre. Sur le registre du Chapitre, le mot « mort » est écrit en face de son nom. L'évêque de Vienne est condamné à dédommager Adolphe le Saxon.

Adolphe le Saxon, c'est-à-dire le candidat, est admis comme membre du Grand Chapitre à la place de Reinfred de Loégria. Avant de prendre rang, il prête le serment que voici :

« Je jure de conserver secrètes toujours et pour tous, toutes les révélations de ce grade.

» Je jure de mettre en pratique dans la lettre et dans l'esprit, tous les serments que j'ai prêtés, et tous les enseignements que j'ai reçus depuis mon entrée dans la Franc-Maçonnerie.

» Je jure de mettre à exécution les jugements des Grands Chapitres des Noachites.

» Je jure de me soumettre entièrement à sa juridiction si je venais à commettre un délit ou un crime.

» Je jure d'être clément et compatissant, car je suis homme, et frère de tous les autres hommes. »

Une fois ce serment prêté sur une épée et un poignard croisés, emblème de la génération parfaite des œuvres de l'épée et du poignard, le candidat est reçu Noachite, et prend place au Grand Chapitre.

Le président envoie le nouvel initié veiller à la sûreté de ses frères et monter la garde hors du Grand Chapitre, jusqu'à ce qu'il ait su conquérir de ses frères une confiance assez grande pour être admis aux discussions.

Les signes et attouchements rappellent que trois Noachites suffisent pour que justice soit rendue; les mots du grade, que les Noachites doivent être équitables et modestes comme Noé, et éviter d'être victimes, comme Phaleg, l'architecte de la tour de Babel, de l'orgueil des descendants de Noé, Sem, Cham et Japhet.

Glorification des Vengeances par trahison.

9e Degré. — *Maître Élu des Neuf.*

Après le meurtre d'Hiram, le roi de Tyr, dont Hiram était le sujet, envoya demander vengeance à Salomon. Salomon donna ordre à neuf maîtres commandés par Joabert, son secrétaire intime, de rechercher les coupables, de s'emparer d'eux et de les amener devant lui afin qu'ils reçussent le châtiment que leur crime leur avait mérité.

Les neuf maîtres élus ou choisis par Salomon, partent pour exécuter les ordres du roi. A la lueur des étoiles, Joabert aperçoit au fond d'un ravin un chien qui se désaltère dans une eau courante et qui va se réfugier dans une caverne.

Joabert le suit, et là, dans cette caverne qu'une lampe éclaire, il reconnaît Abiram, l'un des assassins d'Hiram.

Abiram dort profondément. Joabert lui perce le cœur d'un coup de poignard et lui tranche la tête. Il porte à Salomon ce témoignage sanglant de l'accomplissement de sa mission.

Le vengeur Joabert, que représente le candidat, est admis par Salomon au grade d'Elu des neuf.

En faisant de ce grade, dont le fond appartient au tribunal de la Sainte-Vehme, un grade biblique, Frédéric Delcho et le comte de Grasse-Tilly, ses parrains pour son admission dans le Rite Ecossais sous la forme actuelle, ont sacrifié au symbolisme gnostique.

C'est Orus qui, trouvant le plus inerte des signes de l'automne, le Sagittaire, engourdi dans la caverne de Benacar, qui signifie la stérilité, mit fin à cette inertie stérile en fécondant Isis, la veuve d'Osiris, privée, ainsi que nous l'avons vu, du *membrum virile* (1).

Si donc, en politique, le 9e degré représente l'égalité devant la loi, en religion il veut dire que tout ce qui est stérile doit nécessairement disparaître, doit fatalement être détruit.

Sa synthèse, c'est la formule employée jadis dans l'initiation de ce grade : « Hors de l'existence ceux qui sont inutiles à la génération! »

Son enseignement, le voici : la procréation, la conservation de l'espèce humaine est un devoir impérieux, auquel nous ne saurions nous soustraire sans courir le danger d'être supprimés sans forme de procès, sans avertissement préalable, même dans notre sommeil.

Et comme les prêtres, les moines et les nonnes sont des inutiles, le 9e degré constitue une des pièces du terrible dossier qui les condamne à disparaître à jamais.

Glorification des Vengeances Maçonniques.

10e Degré. — *Illustre Élu des Quinze.*

Les deux autres assassins d'Hiram s'étant réfugiés en un pays étranger, Salomon envoya au souverain de ce pays une demande d'extradition. Cette demande fut confiée à une députation composée de quinze Maîtres.

(1) *Speculative Freemasonry*, par Jean Yarker, grand maître du Rite ancien et primitif. Londres, 1872, p. 93 et suiv. *Ritual de Elegido de los Nueve*, par Andrea Viriato de Castro, grand commandeur du Suprême Conseil de Colon. Madrid, 1884, p. 125 et 126.

Maachah, roi de Gath, favorisa leur mission. Les quinze Maîtres s'emparèrent des deux assassins et les amenèrent vivants au roi Salomon. Celui-ci les condamna a être attachés à des poteaux et à rester exposés au soleil et aux mouches, le corps ouvert de la poitrine aux parties génitales. On mit un terme à leur agonie en les décapitant, et leurs têtes allèrent rejoindre la tête mutilée d'Abiram sur les portes de Jérusalem (1).

Il s'agit donc ici de l'exécution des sentences du tribunal de la Sainte-Vehme, mais après audition de la cause et décision des Juges.

Revêtu de la livrée biblique, le 10e degré nous représente le renouveau de la nature à l'équinoxe du printemps, la réapparition de la puissance génératrice du soleil, une fois ses trois assassins, les mois de l'inertie germinative, anéantis et disparus (2).

Ce ne sont donc pas seulement les « inutiles pour la génération » qu'il faut poursuivre et détruire, mais aussi leurs complices, les lois contre nature qui imposent le célibat, l'immobilisation du capital humain (3).

(1) *Ritual of the 10th degree*, par Alb. Pike. Charleston, 1879, p. 149-164.

(2) *Speculative Freemasonry*, par Jean Yarker, grand maître du Rite ancien et primitif. Londres, 1872, p. 93 et suiv. — *Veritas*, par Henri Melville, Londres, 1874.

(3) *Instructions secrètes des Souverains grands Inspecteurs généraux pour la conduite des Loges, Chapitres et Conseils*, par le vicomte de la Jonquière, Mss portant le no 43 de la collection des « La Jonquière Manuscripts » de la Grande Loge d'Edimbourg.

Glorification des Vengeurs Maçonniques

11e Degré. — *Sublime Chevalier Élu.*

Le candidat ne saurait être admis à ce grade sans avoir prouvé qu'il a puni tous les traîtres, car ce grade est réservé comme une récompense aux exécuteurs des arrêts du tribunal de la Sainte-Vehme. Ceux-là seuls peuvent l'obtenir, qui ont puni les oppresseurs condamnés par les Francs-Juges.

Sous l'enveloppe biblique, voici quelle est la signification de ce grade.

Parmi les quinze Maitres qui ont contribué à venger l'assassinat d'Hiram, Salomon en choisit douze et les récompensa en leur confiant le gouvernement des douze tribus.

Tous les ennemis du roi Salomon sont anéantis. Adonaï, le Dieu androgyne, bisexuel, règne sans partage sur les douze tribus, image du peuple et symbole des douze mois de l'année, du temps qui n'a point de fin (1).

En résumé, les grades 9e, 10e et 11e, qui étaient des écoles d'exécution des arrêts du tribunal de la Sainte-Vehme, du Grand Chapitre du 21e degré, ont été défigurés par l'introduction de légendes bibliques et israélites.

Sous leur forme actuelle, ils enseignent le droit que nous avons de détruire, de mettre à mort tout ce qui s'opposera au règne de la génération universelle, tout ce qui peut porter empêchement à la conservation de l'humanité par la génération libre et sans entraves.

(1) *Ritual of the 11th degree*, par Albert Pike, grand commandeur du Suprême Conseil pour la Juridiction sud des États-Unis. Charleston, 1879, p. 167 à 181. — *Speculative Freemasonry*, par Jean Yarker, grand maître du Rite ancien et primitif. Londres, 1872.

Ce grand et permanent système de vengeance remonte aux temps les plus reculés, et appartient surtout à la théocratie, qui en a modifié l'application suivant les circonstances, et suivant le but poursuivi.

Il tire son origine symbolique des opérations de la nature, où ce ne sont que combats, luttes meurtrières et réactions entre le principe générateur et le principe destructeur (1).

Les signes, mots et attouchements de ces trois degrés, ont un caractère commun.

Les signes des 9e et 10e degrés s'expriment en levant la main droite comme si l'on voulait poignarder quelqu'un.

Les attouchements des trois grades consistent à tenir le poing droit fermé, le pouce levé, emblème essentiellement générateur (2).

Les mots de passe signifient dans leur ensemble que, seule, la génération libre et féconde peut tirer le peuple de son abjection, en lui donnant la suprématie du nombre.

Les mots sacrés appellent la vengeance de Dieu hermaphrodite contre les ennemis de la génération.

* * *

(1) *Instructions secrètes des Souverains grands Inspecteurs généraux pour la conduite des Loges, Chapitres et Conseils*, par le vicomte de la Jonquière, mss. portant le nº 43 de la collection des « La Jonquière Manuscripts » de la Grande Loge d'Edimbourg. — *Tuileur de l'Ecossisme*, par Charles de l'Aulnaye, p. 60 et 61. Paris, 1821.

(2) *Tuileur de l'Ecossisme*, par Charles de l'Aulnaye. Paris 1821, p. 59 et 75. — *Tuileur général de la Franc-Maçonnerie*, par J.-M. Ragon. Paris, 1860, p. 114 à 118. — *Manuel Maçonnique*, par Vuillaume. Paris, 1870, p. 96 à 106. — *Sephar H'Debarim, Book of the Words*, par Albert Pike, grand commandeur du Suprême Conseil pour la Juridiction sud des États-Unis. Charleston.

INDEX DOCUMENTAIRE.

History of the Ancien and Accepted Scottish Rite of Freemasonry, par Albert Folger. New-York, 1881.

Histoire Pittoresque de la Franc-Maçonnerie, par J. T. B. Clavel. Paris, 1844. p. 356 à 360.

Das Verbesserte system der Illuminatem, par Adam Weishaupt. Francfort, 1788.

Essai sur la secte des Illuminés, par le marquis de Luchet. Paris, 1792, p. 46 et suiv.

Allgemeine Kulturgeschichte von der Urzeit bis auf der Gegenwart, vol. XVIII, par Otto Henne-Am-Rhyn, Leipzig, 1877-1882.

History of secret Societies, par Guillaume Heckethorn. Londres, 1879.

The secret Fraternities of the Middle Ages, par Ameria Palfrey Marras. Londres, 1877.

Legenda Magistralia, à l'usage exclusif des Souverains grands Inspecteurs généraux, par Albert Pike, grand commandeur du Suprême Conseil pour la juridiction sud des Etats-Unis. Charleston, 1881.

Monita des Souverains grands Inspecteurs généraux, Suprême Conseil pour la Juridiction nord des Etats-Unis. Boston, 1880.

The Book of the Ancient and Accepted Scottish Rite, par Charles Thomas Mac-Clenachan, grand maître des cérémonies du Suprême Conseil pour la Juridiction nord des Etats-Unis. New-York, 1873.

Ritual of the 21st degree, par Albert Pike, grand commandeur du Suprême Conseil pour la juridiction sud des Etats-Unis. Charleston, 1879, p. 53 à 70.

Encyclopedia Britannica. Article *Holy Vehme*, and article *Freemasonry*. Londres, 1884.

Ritual de Patriarca Noaquita, par Andrea Viriato de Castro, grand commandeur du Suprême Conseil de Colon. Madrid, 1884, p. 74.

Instructions secrètes des Souverains grands Inspecteurs généraux pour la conduite des Loges, Chapitres et Conseils, par le vicomte de La Jonquière, mss. portant le n° 43 de la collection des « La Jonquière Manuscripts » de la Grande Loge d'Edimbourg.

Rituel d'Elu des Neuf, mss. n° 867 de la collection du Grand Orient de France.

Rituel d'Elu des Neuf, mss. n° 882 de la collection du Grand Orient de France.

Ritual of the 9th degree, par Albert Pike, grand commandeur du Suprême Conseil pour la Juridiction sud des Etats-Unis. Charleston, 1877, p. 127 à 146.

Veritas, par Henri Melville. Londres, 1874.

Ritual de Elegido de los Nueve, par Andrea Viriato de Castro, grand commandeur du Suprême Conseil de Colon. Madrid, 1884, p. 125 et 126.

Rituel d'Illustre Elu des Quinze, miss. n° 867 de la collection du Grand Orient de France.

Lexicon of Freemasonry, par Albert-Charles Mackey, grand secrétaire du Suprême Conseil pour la Juridiction nord des Etats-Unis. Londres, 1853.

Ritual of the 10th degree, par Albert Pike, souverain grand commandeur du Suprême Conseil pour la Juridiction sud des Etats-Unis. Charleston, 1879, p. 149 à 164.

Ritual of the 11th degree, par Albert Pike, grand commandeur du Suprême Conseil pour la Juridiction sud des Etats-Unis. Charleston. 1879, p. 167 à 181.

Ritual de Sublime Elegido, par Andrea Viriato de Castro, grand commandeur du Suprême Conseil de Colon. Madrid, 1884, p. 184.

Rituel de Sublime Elu, miss. n° 867 de la collection du Grand Orient de France.

Tuileur de l'Ecossisme, par Charles de l'Aulnaye. Paris, 1821, p. 59 et 75.

Tuileur général de la Franc-Maçonnerie, par J. M. Ragon. Paris, 1860, p. 114 à 118.

Manuel Maçonnique, par Vuillaume. Paris, 1870, p. 96 à 106.

Sephar H'Debarim, Book of the Words, par Albert Pike, grand commandeur du Suprême Conseil pour la Juridiction sud des Etats-Unis. Charleston.

Glorification du Mal.

4e Catégorie.

GRADES ISRAÉLITES ET BIBLIQUES.

La 4e catégorie des grades du Rite Écossais Ancien et Accepté comprend onze grades, cinq essentiellement Juifs et se rapportant à la construction du temple de Salomon, et six israélitico-bibliques, ayant trait à la reconstruction de ce temple (1)

A. Grades Israélites.

4e. Maitre Secret.
5e. Maitre Parfait.
6e. Secrétaire Intime.
7e. Prévot et Juge.
8e. Intendant des Batiments.

B. Grades Bibliques.

12e. Grand Maitre Architecte.
13e. Royal Arche.
14e. Grand Élu Parfait et Sublime Maçon
15e. Chevalier d'Orient.

16e. PRINCE DE JÉRUSALEM.
17e. CHEVALIER D'ORIENT ET D'OCCIDENT.

Ces grades sont Israélites et Bibliques dans leur forme. Le fond en est absolument politique et religieux.

C'est dans ces grades, en effet, que se trouvent les principes des droits, maçonniquement entendus, de propriété, de travail, de liberté, d'impôt, de réunion, de représentation nationale. C'est là qu'est exprimé tout ce qui doit constituer la civilisation maçonnique; là aussi que se rencontre la substitution des droits du naturalisme à ceux de la révélation.

Deux de ces grades, il faut l'avouer, le 13e et le 14e, ne sauraient être dépouillés de leur caractère surnaturel. Aussi les fervents les répudient-ils et les déclarent-ils anti-maçonniques. Interrogé sur cette anomalie, un des chefs de la Maçonnerie répondait : « Il fallait bien pouvoir garder dans les Loges ceux qui croient à la révélation. » Beaucoup de protestants auraient sûrement reculé devant un naturalisme absolu.

Il sera bon de noter en passant l'enseignement du grade de Secrétaire Intime qui est le 6e. On verra que la Maçonnerie a une singulière façon de comprendre l'honneur et de pratiquer la loyauté. Et, puisque la curiosité est une si belle vertu, nous voulons croire que les politiques maçons, lorsqu'ils sont au pouvoir, ne dédaignent pas un pareil moyen de gouvernement.

Cela dit, passons en revue les Grades Israélites et Bibliques dont se compose la quatrième catégorie.

GUERRE AU BIEN.

GRADES ISRAÉLITES.

Guerre à la Vertu.

4e DEGRÉ. — *Maître Secret.*

Le *Temple*, emblème allégorique de l'homme, physiquement et intellectuellement, ne reste point inachevé; les travaux sont activement poursuivis, malgré la mort tragique d'Hiram qui jusque-là les avait dirigés.

Le lieutenant d'Hiram, Adonhiram, est nommé chef des travaux; six maîtres experts l'assistent dans sa tâche, le nombre six étant le symbole de l'homme physique. Adonhiram, lui, personnifie l'élévation des sentiments que doit avoir celui qui entreprend de régénérer son esprit. Ne faut-il pas pour construire un pareil Temple, rejeter ces mauvais matériaux qui sont les préjugés?

Les trois premiers degrés nous ont prouvé qu'il n'y a que la génération, sans création. Le 4e va nous montrer que l'homme physique coopère à la génération, mais comme exécuteur d'un principe qui est en lui, non en dehors de lui.

Ce principe qui est dans l'homme, qui lui fait distinguer le bien du mal, la justice de l'injustice, et qui le pousse vers la perfection, est la conscience (1).

(1) *Ritual de Maestro Secreto*, par Andrea Viriato de Castro, grand commandeur du Suprême Conseil de Colon. Madrid, 1884. — *Le Parfait Maçon*, par Vernhes. Montpellier, 1820, p. 57. — *Encyclopédie de la Franc-Maçonnerie*, par Chemin Dupontès, Paris, 1819-1825. — *Ritual of secret Master*

Et ainsi que les trois premiers degrés nous ont prouvé qu'il n'y a pas création hors de la génération, le quatrième nous prouve qu'il n'y a pas de révélation hors de la conscience (1).

Les signes, attouchements et paroles de ce grade sont emblématiques. Ils veulent dire la discrétion, le secret impénétrable qui doit protéger l'enseignement franc-maçonnique; ils signifient que par ce grade on pénètre plus avant dans l'étude de l'homme.

Les mots de passe et sacré nous rappellent le principe élevé qui s'unit au produit de la génération matérielle.

Guerre à la Chasteté.

5e Degré. — *Maître Parfait.*

Les connaissances de l'intelligence humaine se présentent sous deux aspects corrélatifs : les connaissances générales, celles que tous doivent posséder et qui sont circonscrites dans le cercle de la vie matérielle, et les connaissances spéciales, plus élevées, que n'exigent point les conditions matérielles de l'existence.

Ces connaissances spéciales constituent le monde intellectuel réservé au petit nombre, et c'est dans ce petit nombre que la Maître Secret est admis, en devenant Maître Parfait.

D'après la légende Juive, ces Maîtres Parfaits construisent

par Albert Pike, grand commandeur du Suprême Conseil pour la Juridiction sud des États-Unis. Charleston, 1878, p. 23 à 40.

(1) *Speculative Freemasonry*, par Jean Yarker, grand maître du Rite Ancien et Primitif. Londres, 1872, p. 96.

un mausolée dans un endroit écarté, où sont transportées les cendres d'Hiram; emblème de la réserve avec laquelle les Francs-Maçons doivent tenir les hautes vérités qu'ils possèdent, ne les révélant à la foule qu'au fur et à mesure qu'elles pourront être comprises par elle, et seulement quand ces vérités seront utiles au but que vise la Maçonnerie.

Le 5e degré complète d'une façon magistrale l'enseignement des quatre degrés qui le précèdent. Au principe que l'on connaît :

« Génération et non pas Création, »

Il ajoute celui-ci :

« Eternité et non pas temporalité de l'existence de l'humanité. »

Les mots de passe et sacré expriment cette vérité en nous disant emblématiquement que tant qu'il y aura des *Phallus* et des *Lingam* vierges, c'est-à-dire nouvellement produits, l'humanité ne cessera pas d'exister (1).

A leur tour, les signes et l'attouchement complètent cette déclaration; le signe en rappelant l'existence de la conscience, l'attouchement en remémorant la nécessité de la génération, de la copulation matérielle (2).

(1) *Speculative Freemasonry,* par Jean Yarker, grand maître du Rite Ancien et Primitif. Londres, 1872, p. 16. — *The Ahiman Rezon or Rituals of Freemasonry,* New-York, 1873. — *Educacion secundaria masonica,* par Andrea Viriato de Castro, grand commandeur du Suprême Conseil de Colon. Madrid, 1884, p. 42 à 43.

(2) *The Masonic Manual,* par Jonathan Ashe. Londres, 1870. *Veritas,* par Henri Melville. Londres, 1874. — *Art du Tuileur,* mss. portant le n° 888 de la collection du Grand Orient de France.

Guerre à la Loyauté.

6e Degré. — *Secrétaire Intime.*

D'après la légende Juive, les cèdres du Liban que le roi de Tyr fournit à Salomon pour la construction du Temple, furent payés par la cession de quelques territoires. Mécontent de ce marché, le roi de Tyr vint s'en plaindre au roi Salomon. Il le fit si vivement, que l'un des secrétaires de Salomon, qui écoutait aux portes, accourut au secours de son maître, craignant peut-être qu'on ne lui fît un mauvais parti. Ayant ainsi révélé sa coupable curiosité au roi de Tyr, celui-ci, rendu furieux par ce manque de respect, s'apprêtait à le mettre à mort, lorsque Salomon défendit son serviteur et le récompensa de son dévouement.

Ce grade, purement épisodique, n'a d'autre but que de rendre attrayante la curiosité, cet excitant de l'intelligence, et de pousser les initiés à se rendre maîtres des secrets des profanes, afin de les faire servir au bénéfice et à l'influence de la Franc-Maçonnerie.

Les signes, attouchements et mots résument cette idée en nous enseignant par leur symbolisme que la génération, ennemie du mal, doit posséder tous les secrets du mal pour éviter ses atteintes. L'attouchement est accompagné de mots qui signifient que les Francs-Maçons doivent s'allier entre eux étroitement ; l'union les défendant contre des ennemis que la curiosité des Secrétaires Intimes viendra affaiblir en pénétrant leurs secrets.

Guerre au Droit Social.

7e Degré. — *Prévot et Juge.*

D'après la légende Juive, les 3,600 contre-maîtres que Salomon initia à l'administration de la Justice fondée sur les droits et les devoirs de l'homme, portaient le titre de Prévôts et Juges.

Le désir de savoir, dont il est question dans le 6e degré, se transforme ici en la possession de la science; possession obtenue par une fidélité mutuelle et un mutuel appui, et grâce à laquelle les initiés sont capables de rendre justice à leurs frères.

C'est la consécration du droit naturel, issu en droite ligne de la conscience humaine.

Les 4e, 5e, 6e et 7e degrés nous démontrent que, puisque la conscience seule existe et que l'humanité n'aura pas de fin, les Maçons doivent s'emparer de tous les moyens possibles pour parvenir à imposer à leurs ennemis le droit naturel, le seul auquel un Franc-Maçon puisse rendre hommage (1).

Les signes, attouchements et mots sont emblématiques de cet enseignement, et le mot sacré déclare que ce droit naturel doit toujours être « planté bien droit et « bien stable » dans notre conscience où il est immanent.

(1) *Educacion secundaria masonica*, par Andrea Viriato de Castro, grand commandeur du Suprême Conseil de Colon Madrid, 1884, p. 76, 78 et 80. — *Great Doctrines of Freemasonry and Masonic Law*, par Charles Paton. Londres, 1870.

Guerre à la Propriété Sociale.

8e Degré. — *Intendant des Bâtiments.*

La légende Juive fait remonter ce grade à la création par Salomon d'une école d'architecture, dont les élèves étaient destinés à remplir ensuite les plus hautes dignités du royaume. La légende constate l'insuccès de cette tentative de protection officielle donnée aux intendants de bâtiments israélites.

Et aussi pour les ouvriers de l'intelligence est-elle nuisible, cette protection officielle, cette intellectualité par ordre, que le 8e degré est appelé à battre en brèche.

La civilisation humaine ne s'appuie que sur deux fondements : la propriété et le travail.

Le travail, condition d'existence sociale de l'homme, n'existe que par la liberté.

La propriété, droit au produit de son travail que le travailleur possède, n'existe que par le travail.

La propriété et le travail, ces deux bases uniques de la civilisation, ont pour lien commun la liberté, qui n'est que la pratique du *Suum cuique*, chacun le sien.

Ce triangle : travail, liberté, propriété, symbole de la génération de la civilisation sociale, est la synthèse du véritable socialisme, dont la pratique raisonnée, scientifique, doit être encouragée dans ce grade (1).

(1) *Instructions secrètes des Souverains grands Inspecteurs généraux pour la conduite des Loges, Chapitres et Conseils*, par le vicomte de la Jonquière. Mss. portant le n° 43 de la collection des « La Jonquière manuscripts » de la Grande Loge d'Edimbourg. — *Legenda Magistralia*, à l'usage des Souverains grands Inspecteurs généraux, par Albert Pike, grand com-

Les mots, signes et attouchements se rapportent à la légende biblique, et se bornent à rappeler la haute situation à laquelle parvenaient les intendants des bâtiments qui avaient su profiter de l'instruction qui leur avait été donnée (1).

TOUT A LA CORRUPTION.

GRADES BIBLIQUES.

Exploitation corruptrice du Communalisme.

12e Degré. — *Grand Maître Architecte.*

La légende nous montre le peuple d'Israël écrasé par les tributs, le trésor public vide, et les travaux du temple arrêtés au troisième étage par manque de fonds.

Douze architectes, intendants des bâtiments, nommés par chacune des douze tribus et délégués par elles pour les représenter, sont mis en concurrence pour obtenir le meilleur projet architectural en même temps que le meilleur plan financier pour réaliser de l'argent et ne point obérer le peuple.

Après avoir posé, dans le 8e degré, les assises de l'édifice

mandeur du Suprême Conseil pour la Juridiction sud des États-Unis. Charleston. 1881. — *Monita* des Souverains grands Inspecteurs généraux du Suprême Conseil pour la Juridiction nord des États-Unis. Boston, 1880. — *Great Doctrines of Freemasonry and Masonic Law*, par Charles Paton. Londres, 1870.

(1) *Tuileur de l'Ecossisme*, par Charles de l'Aulnaye. Paris, 1821, p. 54 à 58. — *L'Art du Tuileur*, mss. portant le no 888 de la collection du Grand Orient de France.

de la civilisation, qui sont le travail et la propriété, il s'agit dans le 12e degré de construire cet édifice. Ce choix que l'on fait de douze architectes nommés par chacune des douze tribus, signifie que les délégués du peuple, librement nommés pour le représenter, peuvent concourir à réaliser l'œuvre sociale, car c'est le peuple qui paie.

L'impôt, payé par le peuple pour le peuple, ne saurait être réglé que par les représentants directs du peuple.

Cette légère esquisse des bases du parlementarisme donne le sens de la pratique de ce grade tout politique (1).

Les signes et attouchements se rapportent ouvertement à la profession de l'architecte. Les mots de passe et sacré signifient que l'architecte, le représentant du peuple, doit être pour ceux qu'il représente la cause déterminante d'un bien-être politique et social (2).

(1) *The Ahiman Rezon, or Rituals of Freemasonry.* New-York 1873. — *Ritual of the 12th degree,* par Albert Pike, grand commandeur du Suprême Conseil pour la Juridiction sud des États-Unis. Charleston, 1879, p. 185 à 202. — *The Book of the Ancient and Accepted Scottish Rite,* par Charles-Thomas Mac Clenachan, grand maitres des Cérémonies du Suprême Conseil pour la Juridiction nord des États-Unis. New-York, 1873. — *Rituel de Grand Maitre Architecte,* mss. portant le no 867 de la collection du Grand Orient de France.

(2) *Tuileur de l'Ecossisme,* par Charles de l'Aulnaye. Paris, 1821, p. 77. — *L'Art du Tuileur,* mss. portant le no 888 de la collection du Grand Orient de France.

Exploitation corruptrice des théories déïstes.

13e Degré. — *Royal Arche.*

La légende israélitico-biblique de ce grade prétend que le prophète Enoch, éclairé par un songe divin, cacha sous neuf arches, portant chacune la désignation d'une des qualités du Grand Architecte de l'univers, un delta ou triangle équilatéral d'agate, où se trouvait inscrit en or le « Nom Indicible » de l'Etre Suprême; il cacha aussi deux colonnes, l'une de marbre et l'autre d'airain, où il grava les principes des sciences.

On suit les destinées de ce dépôt jusqu'à l'époque où Salomon le fit rechercher par trois « Grands Maîtres Architectes. » Ils descendirent au fond de la 9e voûte et trouvèrent le delta et la colonne d'airain, mais non pas celle de marbre sur laquelle était expliquée la prononciation du « mot indicible » que portait le Delta.

Les récipiendaires au 13e degré sont toujours au nombre de trois, pour rappeler les trois émissaires de Salomon. Ils cherchent et trouvent le delta, mais ne peuvent point lire le nom qu'il porte inscrit en lettres d'or.

Quelques Maçons Anglais et Américains ont mis ce cadre à profit pour faire du 13e grade et du suivant une école de déisme. Ces deux grades doivent donc être mis en dehors de la pratique Franc-Maçonnique. La Franc-Maçonnerie cherche l'idéal et la perfection dans l'humanité et pour l'humanité ; mais elle fait profession d'ignorer complètement, absolument, tout ce qui est au-dessus de l'humanité (1).

(1) *La Masoneria y la Historia*, par Emile Castelar, ex Président de la République Espagnole. Madrid, 1873.

Exploitation corruptrice des pratiques déistes.

14e Degré. — *Grand Élu. Parfait et Sublime Maçon.*

La légende de ce grade raconte que, la véritable prononciation du « Nom Indicible » étant perdue, Dieu la révéla à Moïse, qui la grava sur une médaille d'or qu'il déposa dans l'Arche d'Alliance.

L'Arche tomba au pouvoir des Syriens, à la suite d'une défaite des Israélites; mais un lion apparut, d'une taille et d'une férocité si extraordinaires, que l'armée syrienne s'enfuit prise de panique, abandonnant l'Arche dans un bois. Le lion se constitua son gardien ; et quand le grand prêtre des Juifs, prévenu, s'approcha, le lion se coucha à ses pieds et lui remit la clef de l'Arche qu'il tenait dans sa gueule; la véritable prononciation du Nom Indicible fut retrouvée.

Cette prononciation est HIH-HOH avec les H très aspirées (1).

Pas plus que le 13e, ce degré, qui tient au surnaturalisme, n'appartient à la véritable Maçonnerie (2).

(1) *Secret Work of the 14th Degree*, par Alb. Pike. Charlestown, 1879, p. 24.

(2) *La Chaîne d'Union*, 1876, pages 93-99. — *Monde Maçonnique*, Année 1877, p. 411.

Exploitation corruptrice du Rationalisme.

15e Degré. — *Chevalier d'Orient.*

La légende de ce grade et du suivant a trait aux efforts que firent les Israélites pour reconstruire leur temple détruit par Nabuchodonosor. 10.000 Israélites furent emmenés en captivité, et avec eux leur roi Jéchonias. Le fils de Jéchonias, Zorobabel, dans la 70e année d'esclavage et après la mort de Nabuchodonosor, obtint de son successeur Cyrus, l'autorisation de rentrer à Jérusalem et de relever le temple de ses ruines.

Il emmena 7000 ouvriers qui, harcelés sans cesse par ceux de Samarie, durent travailler « l'épée d'une main et la truelle de l'autre. »

Les Samaritains avaient, en effet, bâti un temple en leur pays et voyaient d'un œil jaloux la réédification du temple de Jérusalem.

Sous cette enveloppe légendaire, le 15e degré enseigne que le malheur doit trouver dans la Franc-Maçonnerie des hommes courageux et persévérants ; ainsi que les Israélites parvinrent par leur persévérance à réédifier leur temple, ainsi la plus pure, la plus élevée de toutes les doctrines, la Doctrine maçonnique triomphera du temps et des hommes. Son enseignement dans ce grade est que le maçon, quelque harcelé qu'il soit par ses ennemis, doit lutter toujours et sans cesse pour le triomphe du progrès par la Raison (1).

(1) *Lexicon of Freemasonry*, par Albert-Georges Mackey, grand secrétaire du Suprême Conseil pour la Juridiction sud des États-Unis. Londres, 1873. — *L'Arche Sainte*, par Kauffmann et Cherpin. Lyon, 1851, p. 150. — *Rituel du Chevalier d'Orient*, mss. no 867 de la collection du Grand Orient de France.

Les signes et attouchements rappellent ouvertement la lutte qui fait le fond de ce grade.

Les mots de passe et sacré signifient l'obstination et le courage, nécessaires dans le combat qu'on devra soutenir pour passer de l'état d'esclavage politique et religieux à la possession d'un gouvernement libre, d'une conscience libre, d'une pensée libre (1).

Exploitation corruptrice du Patriotisme.

16e Degré. — *Prince de Jérusalem.*

La légende du 15e degré se continue dans celui-ci. Les Israélites, ne pouvant triompher des Samaritains, Zorobabel désespérait de voir terminer les travaux de reconstruction du temple ; il envoya des ambassadeurs au roi des Assyriens, lui demandant de lui venir en aide. Assuérus prit les Israélites sous sa protection et ordonna aux Samaritains de se soumettre à Zorobabel et de lui payer tribut, ce qu'ils s'empressèrent de faire.

Voici l'enseignement de ce grade : Le temple de la Liberté politique et religieuse d'un peuple ne saurait être achevé, à moins qu'un esprit de virile indépendance ne vienne en aide au labeur des patriotes et ne leur assure l'appui tout-puissant de la vérité (2).

(1) *Tuileur de l'Écossisme*, par Charles de l'Aulnayè. Paris, 1820, p. 100 et 101. — *Sephar H'Debarim, Book of the Words*, par Albert Pike, grand commandeur du Suprême Conseil pour la Juridiction sud des États-Unis. Charleston. — *L'Art du Tuileur*, mss. portant le n° 888 de la collection du Grand Orient de France. — *Secret Work of the 15th degree*, par Albert Pike, grand commandeur du Suprême Conseil pour la Juridiction sud des États-Unis. Charleston, 1878, p. 4.

(2) *Instructions Secrètes* des Souverains grands inspecteurs, etc. La Jonquière mss. n° 43.

Les signes, attouchements et mots se rapportent exclusivement à la légende israélitico-biblique de la réédification matérielle du temple de Jérusalem.

Exploitation corruptrice du Collectivisme.

17e DEGRÉ. — *Chevalier d'Orient et d'Occident.*

La légende du grade prétend qu'à la suite de la prise de Jérusalem par les Romains, les Israélites quittèrent la Judée pour le désert, et se mirent à la recherche d'une contrée où le respect des droits de l'homme fût une réalité. Ne la trouvant pas, ils fondèrent les sociétés des Thérapeutes, des Écossais, des Johannites. Le rituel du 17e degré est entièrement tiré de l'Apocalypse de saint Jean (1).

L'enseignement de ce grade fait ressortir l'importance capitale du droit de réunion. Ce n'est, en effet, que par le choc mutuel des idées que l'intelligence se développe, que l'on arrive à connaître quels sont les véritables intérêts du peuple, que la réelle Fraternité s'enracine dans les cœurs et dans les esprits.

Les signes et attouchements se rapportent à la doctrine de la Liberté de Réunion; les mots de passe et sacré, sont apocalyptiques (2).

* * *

(1) *Ritual of Knight of East and West*, par Albert Pike, grand commandeur du Suprême Conseil pour la Juridiction sud des États-Unis. Charleston, 1856, p. 5 à 34. — *Rituel de Chevalier d'Orient et d'Occident*, mss. portant le nº 882 de la Collection du Grand Orient de France.

(2) *Tuileur de l'Écossisme*, par Ch. de l'Aulnaye. Paris, 1820, p. 114-115.

INDEX DOCUMENTAIRE.

Instructions secrètes des Souverains grands Inspecteurs généraux pour la conduite des Loges, Chapitres et Conseils, par le vicomte de la Jonquière, mss. portant le n° 43 dans la collection des « la Jonquière Manuscripts » de la Grande Loge d'Edimbourg.

Tuileur Général de la Franc-Maçonnerie, par J. M. Ragon. Paris, 1860, p. 133 à 136.

The Book of the Ancient and Accepted Scottish Rite, par Charles-Thomas Mac Clenachan, grand maître des Cérémonies du Suprême Conseil pour la juridiction Nord des Etats-Unis. New-York, 1873.

History of the Ancient and Accepted Scottish Rite, par Robert Folger, grand secrétaire du Suprême Conseil pour la juridiction Nord des États-Unis.

Legenda Magistralia, à l'usage exclusif des Souverains grands Inspecteurs généraux, par Albert Pike, grand commandeur du Suprême Conseil pour la juridiction sud des États-Unis. Charleston, 1881.

Lexicon of Freemasonry, par Albert-Georges Mackey, grand secrétaire du Suprême Conseil de la juridiction sud des États-Unis. Londres, 1873.

Supreme Council for England and Wales. Ritual of the Chapter, publié officiellement par le Suprême Conseil d'Angleterre. Londres.

Histoire philosophique de la Franc-Maçonnerie, par Kauffmann et Cherpin. Lyon, 1850.

Monita des Souverains grands Inspecteurs généraux du Suprême Conseil pour la juridiction nord des États-Unis. Boston, 1880.

Le Parfait Maçon, par Vernhes. Montpellier, 1820, p. 57.

Encyclopédie de la Franc-Maçonnerie, par Chemin Dupontès. Paris, 1819-1825.

Speculative Freemasonry, par Jean Yarker, grand maître du Rite Ancien et Primitif. Londres, 1872, p. 96.

Sephar H'Debarim, or Book of the Words, par Albert Pike, grand commandeur du Suprême Conseil pour la juridiction sud des États-Unis. Charleston. 1879.

Rituel de Parfait Maçon, mss. nº 867, de la collection du Grand Orient de France.

Histoire pittoresque de la Franc-Maçonnerie, par J.-B.-T. Clavel. Paris, 1844.

Histoire pittoresque de la Franc-Maçonnerie, par Kauffmann et Cherpin. Lyon, 1850.

The Masonic Manual, par Jonathan Ashe. Londres, 1870.

Veritas, par Henri Melville. Londres. 1874.

Art du Tuileur, mss. portant le nº 888 de la collection du Grand Orient de France.

La Masoneria y la Historia, par Emile Castelar, ex-président de la République Espagnole. Madrid, 1873.

Great Doctrines of Freemasonry and Masonic Law, par Charles Paton. Londres, 1870.

Educacion secundaria masonica, par Andrea Viriato de Castro, grand commandeur du Suprême Conseil de Colon. Madrid, 1884, p. 78 et 80.

Tuileur de l'Écossisme, par Charles de l'Aulnaye. Paris, 1820, p. 100 et 101.

Encyclopédie de la Franc-Maçonnerie, par Chemin-Dupontès. Paris, 1819-1825.

The Freemason's Monitor, par Thomas Smitte Webb, Grand Maître de la Loge de Rhodes. Audover, 1876.

La chaîne d'Union. — Année 1876.

Le Monde Maçonnique. — Année 1877.

Ritual de Maestro Secreto, par Andrea Viriato de Castro, grand commandeur du Suprême Conseil de Colon. Madrid, 1884, p. 20.

Ritual of secret Master, par Albert Pike, grand commandeur du Suprême Conseil pour la juridiction sud des États-Unis. Charleston, 1878, p. 23 à 40.

Rituel de Grand Maître Architecte, mss. portant le n° 867 de la collection du Grand Orient de France.

Ritual of the 12th degree, par Albert Pike, grand commandeur du Suprême Conseil pour la Juridiction sud des États-Unis. Charleston, 1879, p. 185 à 202.

Rituel de Royal Arche, par J. M. Ragon. Paris, 1860, p. 18.

The origin of the Royal Arch, par Georges Oliver, grand commandeur du Suprême Conseil d'Angleterre. Londres, 1867.

Rituel de Royal Arche, mss. portant le n° 867 de la collection du Grand Orient de France.

Secret Work of the 14th degree, by Alb. Pike, grand commandeur du Suprême Conseil pour la Juridiction sud des États-Unis. Charleston, 1879.

The Ahiman Rezon or Rituals of Freemasonry. New-York, 1873.

Ritual of Knigt of the East, par Albert Pike, grand commandeur du Suprême Conseil pour la Juridiction sud des États-Unis. Charleston, 1878, p. 5 à 51.

L'Arche Sainte, par Kauffmann et Cherpin. Lyon, 1851, p. 147 à 149.

Ritual de Caballero de Oriente, par Andrea Viriato de Castro, grand commandeur du Suprême Conseil de Colon. Madrid, 1884, p. 252.

Rituel de Chevalier d'Orient, mss. portant le n° 867 de la collection du Grand Orient de France.

Rituel de prince de Jérusalem, mss. portant le n° 882 de la collection du Grand Orient de France.

Ritual of Knight of East and West, by Albert Pike, 1856, pages 5-34.

Rituel de Chevalier d'Orient et d'Occident, mss. 882 de la collection du Grand Orient de France.

Glorification de la Perversion.

5e Catégorie.

GRADES TEMPLIERS.

Liberté maçonnique d'enseignement; apostolat contre l'obscurantisme; appel aux gouvernements contre les superstitions religieuses; droit, pour les sociétés, de se débarrasser des institutions et des traditions religieuses et politiques qui sont contraires à l'esprit maçonnique; droit et devoir, pour le peuple, de détruire les serpents du despotisme civil, religieux, militaire et économique; égalité sociale par l'harmonie des lois avec les principes maçonniques; promotion des Maçons au gouvernement des sociétés pour arriver par eux à s'en emparer; défense de la Libre-Pensée et de la Souveraineté du peuple, voilà ce qu'enseigne cette catégorie.

On voit combien c'est une noire calomnie que d'accuser les Francs-Maçons de s'occuper de politique et de religion!

Le Rite Templier comprenait les huits grades de: Apprenti ou Initié, Compagnon ou Initié de l'Intérieur, Maître ou Adepte, Adepte de l'Orient, Grand Adepte de l'Aigle Noir de Saint-Jean pour la Maison d'Initiation, de Postulant de l'Ordre, Adepte parfait du Pélican pour la Maison de Postulance, et d'Écuyer et Chevalier de la Garde Intérieure pour le Convent.

Ces huit grades, dans la transformation que leur a fait subir le Rite Écossais, ont pris les noms que voici :

19e. GRAND PONTIFE.

20e. VÉNÉRABLE MAITRE *ad Vitam*.

23e. CHEF DU TABERNACLE.

24e. PRINCE DU TABERNACLE.

25e. Chevalier du Serpent d'Airain.
26e. Écossais Trinitaire ou Prince de Merci.
27e. Grand Commandeur du Temple.
29e. Grand Écossais de Saint-André d'Écosse.

Nous allons les passer rapidement en revue en conservant les désignations que leur ont attribuées Frédéric Dalcho et le Comte de Grasse-Tilly, lors de la Genèse du Rite de 33 degrés.

Perversion des Masses populaires.

19e Degré. — *Grand Pontife.*

Ce grade correspond au 5e degré du Rite Templier, au grade Adepte de l'Aigle Noir de Saint-Jean, comme le démontre incontestablement l'identité des catéchismes primitifs des deux grades.

Ce grade est, dans le légende, essentiellement catholique. Il tend à proclamer la suprématie du catholicisme sur toutes les sectes protestantes.

La Jérusalem Céleste, cet idéal du surnaturalisme, brille dans les nuages à l'Orient du Conseil, avec les trois portes et l'arbre central aux douze feuilles dont disserte longuement l'Apocalypse.

Cette Jérusalem Céleste est expliquée catholiquement par le Président du Chapitre qui porte sur son front un bandeau bleu semé de douze étoiles d'or.

L'enseignement qui s'en dégage, enseignement politique, maçonnique aussi bien que templier, c'est que la Vérité absolue n'est autre que la Raison dans son entier développement; c'est que l'éducation des masses, par la Liberté de l'Instruction, peut seule réaliser l'harmonie qui doit exister entre l'Ordre et le Progrès. De cette harmonie résulte le Paradis terrestre, véritable explication de la Jérusalem céleste des catholiques.

Les signes, attouchements et mots sont essentiellement catholiques et n'ont aucun rapport avec la doctrine Franc-Maçonnique du grade.

Perversion par les passions et les appétits.

20e Degré. — *Vénérable Grand Maître de toutes les Loges Régulières.*

Ce grade correspond au grade d'Initié, premier grade Templier.

La légende prétend que les Chaldéens formèrent dans le désert des tribuns orateurs, chargés de trouver la vérité dont l'institution révélait l'existence; et que c'est de ces *Tribunes orientales* que les Brahmines, les Gymnosophistes, les Druides, les Philosophes, les Cabalistes et les Francs-Maçons tirèrent les principes qui constituent la base même de leurs doctrines.

Pratiquement, ce grade s'occupera de la rédemption des masses par la prédication de la vérité. Il recherchera quelles sont les causes des insuccès qu'ont éprouvés les législateurs, Moïse, Orphée, Hiram, Salomon, Lycurgue, Pythagore, Confucius, Socrate et Jésus. Il enseignera que c'est en considérant l'association humaine comme un vaste atelier de travail et de production, que l'on parviendra à triompher de l'obscurantisme. Il admettra que les règles auxquelles se soumettra l'association doivent reposer seulement sur l'intérêt de ceux qui la composent.

En somme, c'est par les passions, c'est en tenant compte

des intérêts matériels et des intérêts moraux et en les accordant les uns avec les autres, que l'on amènera dans l'humanité la Victoire définitive de la Vérité sur la Superstition.

Perversion des classes dirigeantes.

23e Degré. — *Chef du Tabernacle.*

Ce grade correspond à celui d'Initié de l'Intérieur, 2e degré du Rite Templier.

La légende fait du Fils d'Hiram le récipiendaire, l'appelle à détruire le Dieu-Crocodile des Égyptiens, et à renverser l'autel sanglant des sacrifices humains offerts au Dieu Moloch.

Il enseigne que les préjugés répandus dans les masses doivent être habilement détruits; que c'est à la politique, à l'action gouvernementale par les classes dirigeantes, qu'il appartient de déclarer la guerre à la superstition et de mener la campagne contre elle, de telle façon que l'on rende certain le triomphe de la Vérité.

Les signes, mots et attouchements se rapportent exclusivement au Tabernacle de Moïse, et nullement à la légende de ce grade ou à son enseignement.

Perversion des institutions.

24e Degré. — *Prince du Tabernacle.*

C'est le grade correspondant au grade Templier d'Adepte, le 3e du Rite.

La légende est l'admission d'un Lévite dans le Saint des Saints pour l'élever à la dignité de Prêtre.

L'enseignement de ce grade est double. D'un côté, il nous montre la Société humaine s'effondrant par l'insuffisance des anciennes institutions politiques et religieuses, impuissantes à garantir la liberté, la propriété et l'existence humaines; il nous amène à reconnaître le droit qu'ont les générations nouvelles à réformer les lois des générations qui les ont précédées. L'ancienneté d'une doctrine ne saurait sanctifier ses errements non plus que justifier ses fautes.

D'autre part, il montre ce qu'il y a d'obscur et de criminel dans les sectes, qui fractionnent l'humanité au profit d'ombres vaines, de formules, d'emblèmes qui l'éloignent de la Vérité.

Les signes, attouchements et mots sont presque les mêmes qu'au grade précédent.

Perversion de la Liberté

25e Degré. — *Chevalier du Serpent.*

Il correspond au grade d'Adepte Parfait du Pélican, 6e degré du Rite du Temple.

La légende nous présente un récit mêlé de deux traditions légendaires. La première a pour théâtre l'Egypte et pour acteurs les Hébreux captifs, réduits plus tard en esclavage par les Musulmans et délivrés par les Croisés; et l'autre a trait au serpent d'airain que Moïse fit ériger au mont Sinaï, pour guérir les blessures du peuple d'Israël attaqué par des serpents.

Son enseignement a une plus grande valeur; il nous apprend que, pour échapper à la mort intellectuelle et à l'esclavage matériel dont nous menacent les serpents de la tyrannie, de l'intolérance et de la superstition, il faut détruire ces odieux reptiles. Pour les détruire, le peuple a besoin de la liberté qui ne s'obtient qu'en brisant impitoyablement, courageusement, audacieusement, les chaînes pesantes du despotisme civil, religieux, militaire et économique.

Les mots de passe et sacrés se rapportent à la légende, nous rappelant l'un le peuple Juif, et l'autre le peuple Chrétien.

Perversion de l'Egalité.

26e Degré. — *Ecossais Trinitaire.*

C'est le grade auquel correspond le 4e du Rite Templier, celui d'Adepte de l'Orient.

Le Temple est tricolore et se nomme le « Troisième Ciel ; » c'est celui de la Raison, le deuxième étant celui de l'intelligence et le premier celui de la conscience, répondant aux besoins politiques, sociaux et matériels de l'Humanité.

On attache deux ailes au récipiendaire, pour lui marquer qu'il doit s'élever au-dessus des préjugés, des superstitions et des fausses doctrines, s'il veut planer dans les trois régions célestes de la Conscience, de l'Intelligence et de la Raison.

Son enseignement est que l'égalité sociale ne peut devenir une réalité pratique que par l'harmonie entre les lois et les principes, l'éducation et les usages de la Société.

Les signes, attouchements et mots se rattachent à l'impérieuse nécessité d'obtenir cette égalité sociale, de réaliser sa génération.

Perversion de la Fraternité.

27e Degré. — *Grand Commandeur du Temple.*

C'est le grade correspondant au 8e et dernier grade du Rite Templier, celui de Chevalier de la Garde Intérieure.

L'aspirant, après avoir été enfermé dans la chambre des Réflexions avec trois têtes de morts et une lumière, est introduit dans le Chapitre les yeux bandés.

Le Tout-Puissant Grand Commandeur qui préside, s'assure par ses questions si l'aspirant a réellement la résolution d'agir suivant les doctrines du grade, et d'obéir toujours et quand même aux ordres qui lui seront hiérarchiquement transmis.

L'aspirant prête ensuite serment; il est armé Chevalier (on sous-entend « de la Garde Intérieure » du Temple), pour combattre dans les rangs de la Franc-Maçonnerie, pour défendre ses doctrines et maintenir ses principes, pour rendre la justice à tous également. Il devra travailler à remplacer l'autorité et le gouvernement, dans la Société profane, par des représentants directs des intérêts de ceux qui la composent; représentants dont la mission consistera à veiller à l'exécution des décisions prises par ceux au nom desquels ils agissent.

Tout l'enseignement du grade est condensé dans cette explication.

Les signes, mots et attouchements se rapportent à la Fraternité, que les Grands Commandeurs du Temple se doivent entre eux, et à la sagesse qui doit les faire remarquer des profanes.

Perversion de l'Intellectualité.

28e Degré. — *Grand Ecossais de Saint-André.*

Ce grade, qui termine la série des grades Templiers greffée sur le tronc du Rite Écossais Ancien et Accepté, correspond au 7e degré du Rite Templier, celui d'Écuyer.

L'aspirant, introduit sans cérémonie aucune dans le Chapitre, est accusé, par le premier expert « d'être partisan dévoué de ce *maudit* Ordre du Temple que *Notre Seigneur Spirituel le Pape* a déclaré coupable de magie, de sorcellerie et d'hérésie; » il est livré à la vengeance mortelle des Écossais de Saint-André.

L'aspirant, en face du danger, affirme énergiquement son dévouement pour l'ordre du Temple. Le second surveillant loue son courage et lui confie la garde du drapeau de l'Ordre. Trois hommes masqués essaient de ravir ce drapeau que le récipiendaire défend avec succès. En récompense de sa vaillance, le Chapitre le reçoit dans son sein, et le président, le « Vénérable Grand Maître » l'arme Chevalier Écossais de Saint-André d'Écosse, après avoir reçu son serment de « défendre jusqu'à la mort n'importe quel poste qui soit confié à son honneur, et de lutter, sans trève ni quartier, contre toute usurpation de pouvoir, d'où qu'elle vienne, qu'elle soit civile, militaire ou religieuse.

L'enseignement de ce grade est renfermé dans les « Trois Devoirs » d'un « Grand Écosssais » qui sont : le premier, d'être l'ennemi mortel de tout mensonge, de toute astuce, de toute trahison ; le second, de protéger par tous les moyens la vertu et l'innocence contre toute violence, toute fraude et toute calomnie ; le troisième, de lutter toujours et quand même, sans jamais se décourager, en faveur de la Vérité et du Droit ;

de la Libre-Parole et de la Libre-Pensée; de défendre la Souveraineté du Peuple contre toute tyrannie et toute usurpation de pouvoir, qu'elle soit civile, militaire ou religieuse, qu'elle soit paisible ou qu'elle soit belliqueuse.

Tels sont les huit grades du Rite Templier. On remarquera qu'ils présentent un ensemble politique et social, une sorte de système dont l'enseignement peut se résumer ainsi, en suivant leur ordre primitif :

1° Pour que la vérité triomphe, il est nécessaire que les intérêts matériels et moraux s'accordent entre eux par les passions.

2° Il appartient à l'action politique des classes dirigeantes de déraciner la superstition.

3° Les générations nouvelles ont le droit de modifier les lois établies par les générations qui les ont précédées.

4° C'est quand les lois s'harmoniseront avec les principes et les usages sociaux, que l'Égalité sociale pourra devenir une réalité.

5° La raison humaine dans son entier développement, voilà la vérité absolue.

6° Que le peuple brise par la force les chaines du despotisme, et il pourra conquérir la liberté qui lui permettra de détruire la tyrannie, l'intolérance et la superstition.

7° La souveraineté du peuple doit être défendue par tous moyens contre l'usurpation civile, militaire ou religieuse.

8° L'autorité dans la Société doit être remplacée par des représentants directs des associés et de leurs intérêts, chargés seulement de faire exécuter les décisions de ceux qu'ils représentent.

Et les Francs-Maçons ont la prétention de ne s'occuper ni de politique, ni de religion !

* * *

INDEX DOCUMENTAIRE.

Statutes of the Grand Priory of the Order of the Temple. Édition officielle. Londres, 1873.

A sketch of the Knigths Templar, par Richard Woolf, grand chambellan du Conclave de Londres. Londres, 1885.

The Grand Priory of the Temple, à l'usage exclusif des Templiers. Londres, 1874.

The Book of the Commandery, par Jean-Guillaume Simons, grand maître des Templiers de New-York. New-York, 1871.

Tableau des Grades Écossais, classés suivant l'ordre général prescrit par un décret du Suprême Conseil du 33e, par le comte de Grasse Tilly. Paris, 22 décembre 1804.

Rituel de Grand Pontife, mss. portant le n° 867 de la collection du Grand Orient de France.

Rituel de grand Adepte, mss. portant le n° 785 de la collection du Grand Orient de France.

Histoire philosophique de la Franc-Maçonnerie, par Kauffmann et Cherpin. Lyon, 1850.

Rituel de Prince du Tabernacle, mss. portant le n° 882 de la collection du Grand Orient de France.

Rituel d'Adepte, mss. portant le n° 786 de la collection du Grand Orient de France.

The Book of the Ancient and Accepted scottish Rite, par Charles-Thomas Mac Clenachan, grand maître des Cérémonies du Suprême Conseil pour la Juridiction nord des États-Unis. New-York, 1873.

L'Art du Tuilage, mss. portant le n° 888 de la collection du Grand Orient de France.

Rituel de Grand Commandeur du Temple, mss. portant le n° 882 de la collection du Grand Orient de France.

Rituel de Chevalier, mss. portant le n° 786 de la collection du Grand Orient de France.

Educacion Superior Masonica, par Andrea Viriato de Castro, grand commandeur du Suprême Conseil de Colon. Madrid, 1884.

Rituel de Grand Écossais, mss. portant le n° 882 de la collection du Grand Orient de France.

Rituel d'Écuyer, mss. portant le n° 786 de la collection du Grand Orient de France.

Ritual of Grand Scottish Knight of S.-Andrew, par Albert Pike, grand commandeur du Suprême Conseil pour la Juridiction sud des États-Unis. Charleston, 1879, p. 411 à 446.

Tuileur de l'Écossisme, par Charles de l'Aulnaye. Paris, 1820, 163 à 181.

Rituel du 20e degré, mss. n° 167 de la collection du Grand Orient de France.

Rituel d'Initié, mss. n° 786 de la collection du Grand Orient de France.

Manuel Maçonnique, par Vuillaume. Paris, 1820.

Rituel du 25e degré, mss. portant le n° 882 de la collection du Grand Orient de France.

Rituel d'Adepte parfait, mss. portant le n° 786 de la collection du Grand Orient de France.

Rituel d'Écossais Trinitaire, mss. portant le n° 882 de la collection du Grand Orient de France.

Rituel d'Adepte d'Orient, mss. portant le n° 786 de la collection du Grand Orient de France.

Ritual of Knight Commander of the Temple, par Albert Pike, grand commandeur du Suprême Conseil pour la Juridiction sud des États-Unis. Charleston, 1879, p. 253 à 298.

Instructions secrètes des Souverains Grands Inspecteurs Généraux pour la conduite des Loges, Chapitres et Conseils, par le vicomte de la Jonquière. Mss. portant le n° 43 de la collection des « La Jonquière manuscripts » de la grande Loge d'Édimbourg.

L'Arche Sainte, par Kauffman et Cherpin. Lyon, 1851.

Glorification du Naturalisme.

6e Catégorie.

GRADES HERMÉTIQUES ET CABALISTIQUES.

Cette catégorie comprend deux grades le 22e, *Royal Hache*, et le 28e, *Prince Adepte*.

L'établissement du règne du rationalisme, et par conséquent l'affirmation de l'impossibilité absolue du miracle, voilà l'idée.

Il n'y a pas de Dieu. — La Raison est tout.

29e DEGRÉ. — *Chevalier Royal Hache.*

La légende de ce degré est consacrée aux incidents de la coupe des arbres du mont Liban ; c'est là, en effet, que Salomon fit prendre les bois nécessaires à la construction du Temple.

Son enseignement est l'apothéose du Travail, du Grand-Œuvre, aussi bien de celui qui donne la richesse et la satisfaction de tous les besoins de l'homme, que de celui qui donne la noblesse à l'âme et la grandeur à l'intelligence.

Cet enseignement a la hache pour emblème; c'est la Hache du Gnosticisme qui, en abattant les troncs difformes de l'intolérance, l'hypocrisie, la superstition, l'égoïsme et l'oisiveté, permettra aux rayons de la vérité d'arriver jusqu'à l'esprit humain et de l'inonder de sa lumière.

Le signe est celui du bûcheron; l'attouchement, l'emblème de la bonne foi ; les mots de passe expriment le sentiment de paix que l'élévation de son esprit donne au Maçon; et le mot sacré nous rappelle que la Nature, c'est le vrai Dieu.

Il n'y a pas de Créateur. — La nature a fait tout.

28e Degré. — *Prince Adepte.*

La légende du grade nous présente le jardin de l'Éden, le Paradis terrestre de la Genèse, où se meuvent Adam, la Vérité, des Chérubins et des Sylphes. Le récipiendaire, c'est Hiram; il vient demander le Grand Secret qui doit amener le règne de la Raison sur la terre.

Son enseignement traite des moyens de donner satisfaction au besoin que ressent l'homme de connaître le Grand Secret de la Nature.

Dans ce grade l'on étudie quelles sont les forces de la volonté humaine et de la matière; on démontre que les miracles sont les effets naturels de causes exceptionnelles. Les doctrines de la Cabale, de l'Hermétisme et de l'Alchimie y sont l'objet d'un profond examen.

De ces principes il résulte que seuls les penseurs et les savants anti-papaux, anti-catholiques, sont parvenus aux sommets de la science occulte, car seuls, ils ont pu prendre pour point de départ la toute-puissance de la Raison humaine.

Le Grand Secret de la Nature que révèle ce grade peut se formuler ainsi :

Le visible est la mesure proportionnelle de l'invisible; d'où il ressort que l'harmonie universelle est la résultante de la sympathie des contraires.

Les Signes, Attouchements et Mots se rapportent à la Raison Pure qui est Dieu et à son dogme qui est la Religion vraie.

En résumé, les grades Hermétiques et Cabalistiques du Rite Écossais nous enseignent que Dieu non manifesté est la Raison pure, que Dieu manifesté est la Nature; que la sympathie des contraires et la proportion de l'invisible au visible constituent le Grand Secret de la Nature.

Aussi ces grades n'ont-ils d'autre but dans le Rite que de servir de cadre aux acquisitions intellectuelles des Francs-Maçons, quand ces acquisitions ont un caractère marqué d'idéalisme.

* * *

INDEX DOCUMENTAIRE.

The Rosicrucian and Masonic Record. Londres, 1877-1878.

Geheime Geschichte einer Rosen Kreuzers, par Albrecht. Hambourg, 1792.

L'Art du Tuileur. Mss. portant le n° 888 de la collection du Grand Orient de France.

Sephar H'Debarim, Book of the Words, par Albert Pike, grand commandeur du Suprême Conseil pour la Juridiction sud des États-Unis. Charleston, 1879.

Monita des Souverains Grands Inspecteurs Généraux, Suprême Conseil pour la Juridiction nord des États-Unis. Boston, 1880.

Legenda Magistralia, à l'usage exclusif des Souverains Grands Inspecteurs Généraux, par Albert Pike, grand commandeur du Suprême Conseil pour la Juridiction sud des États-Unis. Charleston, 1881.

Histoire philosophique de la Franc-Maçonnerie, par Kauffmann et Cherpin. Lyon, 1850.

L'Arche Sainte, par Kauffmann et Cherpin. Lyon, 1851, p. 153.

Morals and Dogma of Freemasonry, par Albert Pike, grand commandeur du Suprême Conseil pour la Juridiction sud des États-Unis. Charleston, 1881, pag. 340 et suiv.

Ritual of Royal Axe, par Albert Pike, grand commandeur du Suprême Conseil pour la Juridiction sud des États-Unis. Charleston, 1879, p. 73 à 85.

Educacion superior Masonica, par Andrea Viriato de Castro, grand commandeur du Suprême Conseil de Colon. Madrid, 1884, p. 88.

L'Art du Tuilage. Mss. portant le nº 888 de la collection du Grand Orient de France.

Instructions secrètes des Souverains Grands Inspecteurs Généraux pour la conduite des Loges, Chapitres et Conseils. « La Jonquière Mss » nº 43 de la collection de la Grande Loge d'Edimbourg.

Glorification de l'Hypocrisie.

7ᵉ Catégorie.

GRADES ADMINISTRATIFS.

La 7ᵉ série des grades du Rite Écossais Ancien et Accepté renferme les grades dits administratifs, qui sont au nombre de trois. Cette désignation est purement conventionnelle, car ces grades sont destinés à exercer le pouvoir suprême et dirigeant sur le Rite, au triple point de vue judiciaire, législatif et exécutif. Ces grades sont les 31ᵉ, 32ᵉ et 33ᵉ :

GRAND INSPECTEUR INQUISITEUR COMMANDEUR.

PRINCE DU ROYAL SECRET,

et SOUVERAIN GRAND INSPECTEUR GÉNÉRAL,

Le 31ᵉ degré s'occupe en apparence de justice, en réalité de propagande maçonnique. Propager la maçonnerie, n'est-ce pas étendre le règne de la justice?

Le 32ᵉ traite du pouvoir exécutif, comme le précédent traite de la justice, pour la forme. Au fond, il représente l'armée maçonnique préparant l'assaut général contre la Religion au nom de la Liberté, contre la Royauté au nom de l'Égalité, pour arriver enfin au triomphe prochain de la

Fraternité maçonnique, qui donnera le vrai bonheur aux peuples à jamais délivrés des prêtres et des rois.

Le 33ᵉ et dernier grade couronne les deux précédents et toute la série des grades ; car il a pour objet direct le Gouvernement. Son importance est des plus considérables, car c'est là seulement que nous verrons bien, et dans son ensemble, l'Institution de la maçonnerie telle qu'elle est réellement ; c'est là qu'on trouvera le complément nécessaire et la raison d'être de notre travail.

Parodie avilissante de la Justice.

31ᵉ Degré. — *Grand Inspecteur Inquisiteur Commandeur*.

Les Francs-Maçons de ce grade, réunis en assemblée désignée sous le nom de « Suprême Tribunal, » constituent le pouvoir judiciaire du Rite et sont les gardiens de la pureté de ses doctrines.

La pratique du grade est clairement exposée dans les emblèmes placés sur l'autel des serments du Tribunal. Ce sont l'équerre, le compas, le fil-à-plomb et le niveau pour *rectifier* et *ajuster*, la balance pour *peser* et *estimer*, l'épée pour *exécuter* et *imposer*, et deux poignards, l'un pour *protéger* les innocents, l'autre pour *punir* les parjures.

Son enseignement est contenu intégralement dans le serment prêté par le récipiendaire, dont voici la teneur :

« Je jure d'obéir toujours et de faire obéir à toutes les lois et à tous les règlements Franc-Maçonniques.

» Je jure de n'épargner aucun effort pour propager et faire propager le Rite.

» Je jure de ne jamais admettre au 31e degré que des hommes vertueux, intelligents, instruits et honnêtes.

» Je jure d'examiner avec le soin le plus scrupuleux toute cause sur laquelle j'aurais à émettre une décision, d'écouter avec attention tous les arguments, de rechercher la vérité sans trêve et sans fatigue.

» Je jure de ne jamais prononcer que des arrêts vrais, justes, équitables et cléments, et de ne pas juger aucune affaire où des amitiés, ou inimitiés, ou rancunes à moi appartenant seraient en jeu, ni celles où je ne serais pas sûr de moi-même, de pouvoir considérer avec calme, écouter avec patience, décider avec impartialité.

» Je jure de ne jamais laisser ni la richesse, ni la puissance, ni le rang, ni l'influence, exercer une action quelconque sur mes décisions, et je jure de toujours considérer tous les hommes comme étant au même niveau, les innocents pour être acquittés, les coupables pour être punis.

» Je jure de n'exercer aucun pouvoir dont la juridiction soit douteuse, et de ne jamais essayer d'étirer la loi pour l'appliquer à des cas qu'elle ne règle pas d'une façon claire et précise.

» Je jure de regarder comme innocent quiconque n'aura pas été démontré coupable, et de donner à tout accusé le bénéfice intégral de tout doute raisonnable.

» Je jure, enfin, de considérer les peines maçonniques comme un moyen, non comme un but. »

La synthèse du grade est que le pouvoir judiciaire Franc-Maçonnique a été constitué pour servir de moyen à la propagande et au développement de la Franc-Maçonnerie, et non pas dans le but d'infliger des peines « Franc-Maçonniques ».

Les Signes, Attouchements et Paroles se rapportent ouvertement à la justice et l'équité qui doivent présider toujours et partout aux décisions des Francs-Maçons de ce grade.

Parodie avilissante de la Légalité.

32e Degré. — *Sublime Prince du Royal Secret.*

Ce grade, le dernier du Rite Écossais Ancien et Accepté, avant le grade suprême, possède le pouvoir exécutif du Rite et en résume toute la doctrine, pour en assurer le fonctionnement.

L'assemblée des Maçons de ce grade se nomme Consistoire, et sa caractéristique est une construction centrale en bois, qui représente un campement disposé de la manière suivante : une croix de Saint-André enveloppée par un cercle, entouré par un triangle équilatéral, inscrit dans un pentagone, qui porte circonscrit un heptagone, qui lui-même est inscrit dans un nonagone. Les sommets de chacun de ces polygones, ainsi que le centre et les extrémités de la croix de Saint-André, sont supposés marquer l'emplacement des tentes où campent les Francs-Maçons des 5+3+5+7+9=29 degrés qui campent séparément d'après la légende du grade.

Cette légende est la formation d'une armée Franc-Maçonnique composée des Maçons de tous les degrés, qui entreprend une campagne pour aller s'emparer de Jérusalem, et posséder son Temple, et qui campe en attendant l'assaut définitif. Elle comprend *15 corps* d'armée qui se réuniront dans les ports de Naples, Malte, Rhodes, Chypre et Jaffa, pour opérer leur concentration et marcher sur Jérusalem.

Cette concentration de l'armée Franc-Maçonnique a lieu quand le signal, qui est un coup de canon, est donné par le chef qui en a le commandement suprême. Le 1er coup de canon et la 1re concentration eurent lieu quand Luther se mit à la tête de la révolte de l'Intelligence contre la Forme.

Le 2e coup de canon et la 2e concentration eurent lieu

quand l'affirmation que tout gouvernement humain tient son autorité du peuple et seulement du peuple, se produisit en Amérique.

Le 3e coup de canon et la 3e concentration eurent lieu quand la proclamation de la doctrine de Liberté, Égalité et Fraternité eut lieu en France.

Le 4e et le 5e coup de canon et la 4e et 5e concentration n'ont pas encore eu lieu. A la 5e concentration, succédera le règne du Saint-Empire, c'est-à-dire le règne de la Raison, de la Vérité et de la Justice.

Les enseignements du grade sont complètement formulés dans les cinq serments prêtés par le récipiendaire. Voici leur texte :

1er Serment.

« Je jure que rien, absolument rien ne pourra jamais être un obstacle à ce que je me consacre à rendre les hommes meilleurs et plus éclairés, et m'efforce de devenir chaque jour plus instruit et plus avide de vérité et de vertu.

» Je jure de me montrer toujours assidu à remplir mes devoirs franc-maçonniques et à étudier avec zèle les enseignements du Rite, pour parvenir à être en tout et pour tout un véritable soldat de la Lumière. »

2me Serment.

« Je jure de m'opposer toujours et par tous les moyens à l'oppression arbitraire de l'homme sur l'homme.

» Je jure de m'appliquer de toutes mes forces à dominer et abattre quiconque tentera d'asservir les hommes libres, au moyen de leurs appétits, leurs besoins, leurs passions et leurs folies.

» Je jure de conquérir pour le peuple la liberté de son vote, en conservant la pleine et entière liberté du mien, et en ne tolérant pas que personne m'impose sa volonté pour des actes dont moi seul suis responsable, et pour lesquels je n'ai à suivre que les conseils de ma conscience et les opinions de mon raisonnement. »

3me Serment.

« Je jure d'être toujours, et de me montrer toujours l'ennemi acharné et le plus implacable de toute tyrannie spirituelle qui essaie de s'imposer aux consciences des hommes.

» Je jure d'empêcher par tous les moyens, quels qu'ils soient, toute tentative de l'Église, du Temple, de la Synagogue ou de la Mosquée, de s'imposer à la liberté de conscience, de rendre la pensée et l'opinion ses esclaves, et de prétendre obliger les hommes à croire ce qu'elles veulent bien prescrire.

» Je jure de combattre, sur tous les terrains, la superstition par la Raison, et l'hypocrisie et le fanatisme par la Vérité, remplissant ainsi le plus sacré de mes devoirs maçonniques. »

4me Serment.

« Je jure et promets, de mon plein et libre gré, de combattre par tous les moyens et de renverser sur tous les terrains, les projets de quiconque prétendra saisir le pouvoir par des moyens illicites ou indignes, ou qui sera lui-même indigne, incapable et incompétent pour l'exercer.

» Je jure de travailler sans trêve ni repos à rendre les hommes virils, indépendants et conscients d'eux-mêmes, sans me décourager si mes efforts paraissent infructueux ou si leur faiblesse semble incurable.

» Je jure d'être toujours le soldat fidèle et dévoué du peuple, dont l'exaltation au pouvoir et à la liberté doit être le but absorbant de mes efforts. »

5me Serment.

« Je jure de me montrer toujours fidèle et exact dans l'accomplissement de tous mes devoirs franc-maçonniques, pour encourager les tièdes, les apathiques et les indifférents à se renoncer pour la Franc-Maçonnerie.

» Je jure de maintenir, de soutenir et de défendre, toujours et sur tous les terrains, les droits sacrés et inaliénables de la Franc-Maçonnerie à la liberté d'action la plus étendue.

» Je jure de donner toujours des preuves irréfutables de mon dévouement au Rite, et de ma loyauté comme soldat enthousiaste de la Franc-Maçonnerie. »

Par conséquent la synthèse du grade est que le Franc-Maçon, pour devenir un véritable prince du Royal Secret, doit apprendre à être bien réellement :

Le véritable soldat de la Lumière,
Le véritable soldat de la Liberté,
Le véritable soldat de la Raison pure,
Le véritable soldat du Peuple,
Le véritable soldat de la Franc-Maçonnerie.

Cet enseignement du grade est quintuple, parce que le nombre cinq est en Maçonnerie l'emblème de la génération, de la réalité.

Glorification de Satan.

8e Catégorie.

GRADE SUPRÊME.

SOUVERAIN GRAND INSPECTEUR GÉNÉRAL.

L'idée maçonnique apparait donc dans toute sa lumière, grâce à la classification logique des grades que ne soupçonnait pas le monde profane, et, disons-le, que les Maçons en général, même les plus instruits, ne connaissaient pas davantage.

L'incohérence des Grades dans leur nomenclature ordinaire, le désordre savamment calculé qu'ils présentent et qui ne permet pas au vulgaire de trouver même trace d'un ordre possible dans cette confusion, étaient bien en effet le voile le plus épais qui pût protéger la Secte. Découvrir cet ordre dans ce chaos, *ordo ab chao,* comme ils disent, c'est donc révéler son véritable secret.

Il est donc également impossible à présent et de nier qu'il existe un Secret maçonnique, et de donner le change sur la nature de ce secret qui nous est désormais connu.

Il ne faudrait pas toutefois se persuader qu'il soit aisé d'aller, du premier coup, au fond des mystères de la Maçonnerie, alors même qu'il lui plaît de faire ses confidences et qu'elle met à les manifester sa meilleure et plus sincère volonté.

Un secret facile à trahir est toujours difficile à garder. Le moyen de l'assurer au contraire est de le rendre complexe, puis de le partager en fractions, enfin de ne confier ces fractions elles-mêmes qu'à des gens impuissants à les rapprocher et à recomposer le tout.

Or, voilà précisément ce qu'a fait la Maçonnerie. Ne pas se livrer tout entière, même à ses amis les plus intelligents, même à ses familiers les plus intimes, n'est pas seulement pour elle une affaire de coquetterie : c'est une nécessité. Que deviendrait son prestige aux yeux de ceux qui pénètreraient au fond de tous ses mystères?

L'initiation des trente-deux premiers degrés nous fait connaître, sans doute, la pensée générale de cette infernale secte; elle nous a dévoilé ses projets. A la rigueur cela pourrait nous suffire, et nous aurions mille raisons déjà de la condamner, comme une œuvre de malédiction tombée sur la terre pour le malheur de l'humanité. Mais si cela suffit pour sa condamnation, cela ne suffit pas à notre édification. Un juge ne saurait se contenter de savoir que l'accusé est vraiment coupable; il doit savoir encore jusqu'où est allée sa malice et jusqu'où va sa culpabilité. Il ne peut sans cela juger en bonne justice.

N'allez donc pas croire, après avoir parcouru les trente-deux premiers degrés de l'initiation, que vous ayiez tout le secret de la Maçonnerie; vous n'en avez qu'un aspect.

L'initiation au trente-troisième et dernier degré vous réserve des enseignements dont l'importance est en rapport avec le mystère qui les environne et qui va nous être révélé pour la première fois.

Il importe que le candidat ait bien présente à la pensée, quand il aborde le trente-troisième degré, la synthèse de toute la doctrine qu'il a reçue dans les précédentes initiations.

Ainsi maître de la doctrine qu'il a déjà reçue, le candidat va frapper à la porte des Souverains Grands Inspecteurs Généraux du trente-troisième et dernier degré, et demande à parfaire son instruction et à prendre sa place parmi les

Lumières qui doivent donner à l'ordre entier sa direction suprême.

Les trois premières parties de l'initiation au trente-troisième degré sont consacrées à la répétition générale des Rituels de tous les grades, que le Souverain Grand Inspecteur Général doit connaître assez parfaitement pour en surveiller partout l'exécution.

La quatrième partie lui fait connaître ensuite ce qu'il devra, comme chef des Orateurs de tous les grades, faire enseigner rigoureusement par chacun d'eux.

Vous trouverez bientôt des différences bien sensibles entre ce même enseignement, que le trente-troisième doit faire donner par les Orateurs dans tous les grades, et celui qu'il doit encore, dans ces mêmes grades, inspirer aux Présidents qui les gouvernent, enseignement développé dans la cinquième partie de l'initiation.

Il arrive, en effet, qu'il n'y a pas le moindre lien apparent entre les enseignements que le même degré doit recevoir de l'orateur chargé de l'instruire, et du président chargé de le diriger. Le premier a mission d'exciter l'enthousiasme; le second de le calmer au contraire. Très souvent l'un et l'autre suivent des voies qui, déjà diverses entre elles, ressemblent encore bien moins à la pensée secrète qui anime le Chef Souverain de la Maçonnerie universelle et que nous trouverons développée dans la sixième et dernière partie de l'initiation.

N'y a-t-il pas là, nous le demandons, de quoi désorienter la cervelle la mieux équilibrée? Et vaut-il bien la peine, pour arriver à ce résultat, de mettre toujours en avant la Règle, l'Equerre, le Fil à plomb et le Compas?

Vous montez successivement les trente-deux premiers degrés, et on vous enseigne un ouvrage en trente-deux chapitres.

Vous devenez, comme trente-troisième, le régulateur-né des orateurs des trente-deux mêmes degrés, et vous enseignez à votre tour un ouvrage en trente-deux chapitres qui diffèrent sensiblement des précédents.

Comme trente-troisième encore, vous êtes obligé d'inspirer les présidents, après avoir inspiré les orateurs : c'est un troisième ouvrage en trente-deux chapitres, et il ne ressemble pas non plus aux deux autres.

Enfin comme Chef Souverain, vous devez avoir, à propos de chacun de ces degrés, votre règle personnelle, non plus pour inspirer les autres, mais pour vous éclairer vous-même et imprimer la direction réelle à l'ensemble de l'institution ; et c'est un quatrième ouvrage en trente-deux chapitres. Il traite le même sujet cette fois avec plus de désinvolture et moins de dissimulation, et ne donne à son tour lui-même qu'un quatrième aspect, plus général sans doute, mais encore incomplet en lui-même, de l'enseignement maçonnique.

Que faut-il donc faire pour trouver cet enseignement dans toute sa plénitude? Il faut réunir en un faisceau, autant du moins que cela se peut faire, ces quatre enseignements plus ou moins divers; réduire à l'unité ce qu'ils ont de commun; rapprocher ce qu'ils ont de différent et de contraire; attribuer la part qui revient en tout cela à la luxure, au mensonge, à l'orgueil, à la cupidité, à la haine, aux passions de tout genre. Le composé qui restera sera le poison le plus cruel qui ait jamais déchiré le cœur de l'humanité. Il s'appelle la Maçonnerie.

* * *

INDEX DES OUVRAGES SECRETS DONT LES TITRES POURRAIENT ÊTRE CITÉS AU BAS DE TOUTES LES PAGES DU RITUEL DU 33e DEGRÉ.

Rituel de Souverain Grand Inspecteur Général, par le comte de Grasse Tilly, fondateur du Suprême Conseil de France. Pages 609 et suivantes des « *Constitutions and Regulations of the Ancient and Acceptet Scottish Rite of Freemasonry*, » par Albert Pike, grand commandeur du Suprême Conseil pour la Juridiction sud des États-Unis. Charleston, 1879.

Rituel de Souverain Grand Inspecteur Général. Mss. portant le n° 367 de la collection du Grand Orient de France.

Rituel de Souverain Grand Inspecteur Général, par J.-M. Ragon. Paris, 1860.

The Book of the Ancient and Accepted Scottish Rite, par Charles-Thomas Mac Clenachan, grand maître des cérémonies du Suprême Conseil pour la Juridiction nord des États-Unis. New-York, 1873.

Lexicon of Freemasonry, par Albert-Georges Mackey, grand secrétaire du Suprême Conseil pour la Juridiction sud des États-Unis. Londres, 1873.

Ritual de Soberano gran Inspector general, par Andreas Viriato de Castro, grand commandeur du Suprême Conseil de Colon. Madrid, 1884.

Diccionario Enciclopedico de la Masoneria, par Louis Richard Fors. Barcelone, 1883-85.

Bibliotheca Maçonnica dos Maçones Libres e Aceitos. Paris, 1840-42.

Rituale di Sovrano Grande Inspettore Generale, par Dominico Anghera, grand maître de la Maconnerie Italienne. Rome, 1876.

Manual de la Masoneria, par André Cassard. New-York, 1881.

Supreme Council for England and Wales. Ritual of Sove-

reign Grand Inspector General. Mss. du Suprême Conseil d'Angleterre.

Mother Supreme Council of the World. Ritual of Sovereign Grand Inspector General. Mss. par Albert Pike, grand commandeur du Suprême Conseil pour la Juridiction sud des États-Unis.

I.

Chambre du Suprême Conseil du 33e degré.

Les tentures de couleur pourpre, emblème de l'autorité, sont recouvertes de têtes de mort, de squelettes et d'os en sautoir brodés en argent, symbole de la régénération de la Nature par la mort, et qui signifie la régénération de la société par la Maçonnerie.

A l'Orient se trouve le trône du Président, élevé de cinq degrés, figure des cinq parties que comprend l'ensemble de l'enseignement Maçonnique du grade.

Il est couvert d'un dais pourpre et or, dont le fronton présente un aigle à deux têtes, les ailes déployées, symbole égyptien de la Sagesse exerçant partout son empire pour l'Ordre et le Progrès. Cet aigle est brodé en argent; son double bec et ses serres sont d'or. Entre ses serres il soutient un glaive d'or, emblème du Pouvoir, dont la poignée est à droite. Une banderole, où se lit la devise « Dieu et mon droit, » de Richard Cœur de Lion, traduite en latin par : *Deus meumque Jus,* s'étend de l'une à l'autre des extrémités du glaive.

L'aigle porte une couronne royale, emblème du Pouvoir matériel; cette couronne est surmontée d'un triangle aux rayons d'or, ayant au centre, tracé en rouge, le YOD hébraïque, emblème du Pouvoir spirituel.

Au-dessus du trône, figure un transparent où l'on voit peint en lettre d'or le nom hébreu de JÉHOVAH, Cause Première ; il émet des rayons. Trois triangles équilatéraux en or, l'entourent enlacés en hexagone, et portant dans chacun de leurs angles, tracées en rouge, une des neuf lettres, du mot SAPIENTIA, Sagesse. Cela veut dire que la Sagesse suprême préside les travaux du Conseil et l'éclaire de ses rayons.

A droite et à gauche du trône sont groupés les 32 étendards, chacun de la couleur du grade et portant son emblème, des 32 grades du Rite Écossais Ancien et Accepté.

A l'Occident se trouve le trône du Vice-Président, élevé de trois degrés, emblème des éléments de toute Création : la Cause, le Moyen, la Fin. Il est surmonté d'un Phénix renaissant des flammes, emblème de l'Immortalité de la Lumière Maçonnique, dont l'enseignement a traversé intact les bûchers dressés par le Mensonge, l'Erreur, le Fanatisme et l'Hypocrisie.

Au centre du Conseil se trouve un autel quadrangulaire, recouvert de velours pourpre frangé d'or, portant sur la face dirigée vers l'Occident le chiffre 33 brodé en or.

Sur cet autel se trouve le livre des constitutions, qui supporte une épée.

Au Nord de cet autel se trouve un squelette, dont la main droite est levée et qui semble s'apprêter à poignarder quelqu'un. La main gauche du squelette soutient le drapeau de l'Ordre. Au-dessous, se trouve un fauteuil disposé de façon à ce que le coup de poignard paraisse destiné à celui qui l'occupe. Cette représentation symbolise la mort des traîtres, nécessaire pour le maintien de l'ordre.

Le drapeau de l'Ordre est de soie blanche, de 1 mètre de

largeur sur 75 centimètres de hauteur ; sa hampe a 2 m. 1/2 de hauteur ; il est frangé d'or, et porte, brodé en noir, un aigle à deux têtes, soutenant une épée nue entre ses serres ; la poignée de l'épée est en or ; le double bec de l'aigle et ses serres sont d'or ; l'aigle porte une couronne royale surmontée d'un triangle rayonnant dont le chiffre 33 occupe le centre. C'est le symbole du pouvoir matériel et du pouvoir spirituel dont dispose l'Ordre, grâce à la Sagesse de ses Souverains Grands Inspecteurs Généraux.

Au Sud de l'autel, se trouve une table à parfums, portant un réchaud sur lequel est placé un vase métallique à moitié rempli de mercure. Sur le réchaud on projette un gros encens formé d'ambre, d'olibanum, de résine, de storax labdanum et de benjoin.

Le Conseil est éclairé par onze lumières disposées comme il suit : un chandelier à cinq branches à l'Orient, symbolisant les cinq parties de l'enseignement Maçonnique ; un chandelier à trois branches à l'Occident ; la Matière, le principe passif ; un chandelier à deux branches au Midi, symbolisant l'Esprit, le principe immatériel ; un chandelier à une branche au Nord, symbolisant le Feu Central, la Cause première, le principe actif.

Les Officiers indispensables pour la constitution d'un Suprême Conseil sont au nombre de sept, nombre emblématique de la Perfection absolue. Ce sont :

Le Très Puissant Souverain Grand Commandeur, Président.

Le Puissant Souverain Lieutenant Grand Commandeur, Vice-Président.

Le Grand Trésorier du Saint Empire,

Le Grand Chancelier du Saint-Empire,

Le Grand Secrétaire du Saint Empire,

L'Illustre Grand Maître des Cérémonies,

L'Illustre Grand Capitaine des Gardes.

Le Très Puissant Souverain Grand Commandeur occupe le trône situé à l'Orient, ayant devant lui un autel triangulaire recouvert de velours cramoisi et or.

Le Puissant Souverain Lieutenant Grand Commandeur occupe le trône situé à l'Occident, et a devant lui un Autel triangulaire recouvert de velours cramoisi et or.

Le Grand Trésorier du Saint Empire est placé à l'extrême gauche de l'Orient.

Le Grand Chancelier du Saint Empire est placé à la gauche du Grand Commandeur, entre celui-ci et le Grand Trésorier.

Le Grand Secrétaire du Saint Empire est placé à la droite du Grand Commandeur.

L'Illustre Grand Maître des Cérémonies est placé à l'extrême droite de l'Orient, de l'autre côté du Grand Secrétaire.

L'Illustre Grand Capitaine des Gardes se place au sud-ouest, à la droite du Lieutenant Grand Commandeur et à proximité de la porte d'entrée.

Au-dessus de cette porte d'entrée est écrite la devise de l'ordre : *Deus meumque Jus.*

Le costume des Illustres Souverains Grands Inspecteurs Généraux est le costume noir de ville, avec le cordon, les bijoux et la croix Teutonique.

Le cordon est un ruban blanc, de soie moirée, de 11 centimètres de largeur, destiné à être porté de gauche à droite, c'est-à-dire du côté du cœur et de la volonté au côté de l'action. Sur le devant est brodé en or un triangle équilatéral rayonnant, au centre duquel est le chiffre 33, et à droite et à gauche du triangle se trouvent deux glaives d'argent dont les pointes convergent vers le centre. Il symbolise la vigilance constante des Souverains Inspecteurs Généraux, vengeurs des innocentes victimes des ennemis de l'Ordre. Le cordon se termine par une pointe entourée de franges d'or et portant au milieu une rosette rouge et verte, couleurs de la Vie et de l'Espérance.

Les bijoux sont : l'Aigle, la triple croix et l'alliance.

L'Aigle à deux têtes est en argent, son double bec, ses serres et l'épée qu'il tient entre ses serres, sont en or. Les deux têtes sont surmontées d'un triangle rayonnant, ayant la pointe en bas et au centre le ד IOD hébreu, symbole de l'existence.

L'aigle est attaché à un ruban blanc de 11 centimètres, ayant de chaque côté un liseré d'or de 3 centim. de largeur.

La triple croix est formée par la jonction de deux croix ordinaires par le sommet, d'où partent deux bras horizontaux, qui complètent, à ce point de jonction, la croix totale formée par la jonction des deux bras verticaux entiers. Elle est en émail rouge pour les dignitaires du Suprême Conseil.

Les anciens dignitaires la portent entourée d'une jarretière noire brodée d'or. Cette croix se porte suspendue à l'Aigle.

L'Alliance est un double anneau de deux lignes d'épaisseur, portant gravée à l'intérieur la devise : *Deus meumque Jus*, et le nom du propriétaire. Elle symbolise le mariage, l'union indissoluble du Souverain Grand Inspecteur Général avec l'Ordre.

La Croix teutonique est une croix puissant gueules, chargée sur une croix puissant or, surchargée d'un écusson aux lettres J.·. B.·. M.·. : la croix principale surmontée d'un principal bleu semé de France. Les Souverains Grands Inspecteurs Généraux la portent attachée sur le côté gauche, au-dessus du cœur.

La salle du Suprême Conseil est tendue d'un tapis quadrillé rouge et noir, emblème de sa vitalité pour le châtiment.

II.

Ouverture des Séances du Suprême Conseil du 33e Degré.

Un Suprême Conseil doit être composé de neuf Souverains Grands Inspecteurs Généraux au moins, et de trente-trois au plus. Neuf, parce que ce nombre, étant le dernier des nombres simples, indique la *fin* de toute chose; trente-trois, parce que c'est à Charleston, au 33° Latitude Nord, que le 1er Suprême Conseil s'est constitué le 31 mai 1801, sous la présidence de Isaac Long, fait Inspecteur Général par Moïse Cohen, qui tenait son grade de Spitzer, Hyes, Franken et Morin. Ce dernier, le tenait depuis le 27 août 1762, du prince de Rohan et de neuf autres Maçons du Rite de Perfection, qui l'avaient chargé « d'établir dans toutes les parties du monde la Puissante et Sublime Maçonnerie. »

Tous ayant occupé leurs postes, les dignitaires leurs emplacements fixes, et les autres Illustres Souverains deux bancs disposés en demi-cercles au Nord et au Sud de la chambre du Suprême Conseil, le Souverain Grand Commandeur Président donne un coup sur son Autel avec le bout du pommeau de son épée, et s'adressant au Lieutenant Grand Commandeur, il lui dit :

D. Puissant Souverain Lieutenant Grand Commandeur, quel âge avez-vous?

R. Trente-trois ans accomplis, Très Puissant Souverain Grand Commandeur.

D. Quelle est notre mission, Puissant et Illustre Frère?

R. Discuter et promulguer les lois que la Raison et le Progrès rendent nécessaires pour la félicité des peuples;

délibérer sur les moyens les plus efficaces à employer pour combattre et vaincre les ennemis de l'Humanité.

D. Quel est notre devoir?

R. Défendre les immortels principes de l'Orient et les propager sans cesse sur toute la surface du Globe.

D. Quelle heure est-il?

R. Le mot d'ordre est donné, les gardes sont à leurs postes et nous sommes en parfaite sûreté.

D. Puisqu'il n'y a lieu de craindre aucune interruption, veuillez, Illustre et Puissant Frère, donner avis par les nombres mystiques que le Suprême Conseil du 33e degré pour... (tel pays)... va ouvrir ses travaux pour le gouvernement de l'Ordre, l'obtention de la justice et le triomphe de nos droits.

Le Souverain Grand Commandeur Président donne successivement cinq, trois, un et deux coups.

Le Lieutenant Grand Commandeur répète ces cinq, trois, un et deux coups.

Tous les Grands Inspecteurs Généraux se lèvent et se mettent à *l'Ordre*, en plaçant sur leur cœur leur main droite, dont tous les doigts sont collés les uns aux autres.

Le Président dit :

« En vertu des pouvoirs dont vous m'avez investi, je déclare ouverts les travaux du Suprême Conseil du 33e et dernier degré du Rite Écossais Ancien et Accepté pour le Gouvernement de l'Ordre en... A moi, Illustres Souverains! »

Tous les Illustres Souverains Grands Inspecteurs Généraux présents,

1° Croisent les bras sur la poitrine, le droit sur le gauche;

2° Fléchissent le genou droit;

3° Inclinent le corps vers la terre;

4° Portent la main droite à la poignée de leur épée;

5° Tirent l'épée du fourreau en se relevant.

6° Fléchissent le genou gauche ;

7° Portent la main gauche sur leur cœur ;

8° Appliquent par trois fois, leurs lèvres sur la lame de leur épée, et

9° Se relèvent.

Le Président :

Veuillez prendre place, mes Illustres Frères !

Tous se rendent à cette invitation.

Le Lieutenant Grand Commandeur :

Le Suprême Conseil du 33e et dernier degré pour... est ouvert !

Le Président :

« Illustre Souverain Grand Secrétaire du Saint-Empire, veuillez rendre compte du balustre de la précédente séance. »

Le Secrétaire du Saint-Empire donne lecture du balustre de la réunion précédente.

Le Président :

« J'invite les Illustres Souverains Grands Inspecteurs Généraux ici présents à émettre, s'il y a lieu, leurs observations sur le balustre dont lecture a été faite, pour que, après discussion, il puisse recevoir l'approbation du Suprême Conseil. »

Les Grands Inspecteurs Généraux qui veulent faire usage de la parole présentent leurs observations.

Une fois la discussion terminée, le balustre est approuvé par mains levées.

L'approbation du balustre précédent une fois consignée par le Secrétaire du Saint-Empire sur le balustre de la séance actuelle, le Grand Maître des Cérémonies présente au Lieutenant Grand Commandeur la liste des Grands Inspecteurs Généraux qui sollicitent l'honneur de rendre visite au Suprême Conseil, et qui ont été dûment tuilés par le Capitaine des Gardes, auquel incombent les hautes fonctions de Tuileur.

Dans tous les pays où le rite est pratiqué en langue anglaise, le tuilage d'un visiteur au 33e degré est précédé de son tuilage au degré de Royal Arche, exécuté de la manière suivante :

Tuileur : Quelle est votre recommandation ?

Tuilé : Ma parole et un signe.

Tuileur : Dites-moi votre parole?

Tuilé : Je.

Tuileur : Ho.

Tuilé : Vah.

Tuileur : Montrez-moi le signe.

Le Tuilé forme sur son front un triangle dont les deux pouces, mis horizontalement bout à bout, forment la base, et les deux index, en contact par leurs bouts, les deux côtés.

Faute aux visiteurs, dans les pays où l'on parle anglais, de répondre de cette manière à ces questions, ils ne seront reçus dans aucune assemblée maçonnique que comme Maîtres-Maçons. L'accès de toutes les assemblées de grades supérieurs au troisième leur sera donc interdit, et conséquemment, ils ne seront pas reçus au Suprême Conseil, si régulières que leurs patentes puissent être.

Le Lieutenant Grand Commandeur :

« Très Puissant Souverain Grand Commandeur... D'Illustres Souverains Grands Inspecteurs Généraux, dont nous avons vérifié les titres, désirent être introduits dans le sein du Suprême Conseil et prendre part à ses travaux. »

Le Souverain Grand Commandeur Président :

« Veuillez ordonner que libre entrée leur soit donnée, Illustre et Puissant Frère. »

Les Grands Inspecteurs Généraux Visiteurs se présentent à la porte du Suprême Conseil, précédés de l'Illustre Grand Maître des Cérémonies et à l'ordre de Souverain Grand

Inspecteur Général, c'est-à-dire la main droite placée à plat, les doigts tous réunis, sur le cœur.

Ils font alors le salut des Souverains Grands Inspecteurs Généraux qui consiste à croiser les bras sur la poitrine de façon à ce que les doigts touchent les épaules, et à incliner le corps vers la terre dans cette position.

Le Président, et tous les dignitaires et Souverains Inspecteurs Généraux présents rendent, debout, leur salut aux visiteurs en faisant le même signe.

Le Président :

« Illustres et Puissants Frères, soyez les bienvenus dans ce Conseil où règnent l'Harmonie, la Vertu et l'Amour de l'Ordre. Veuillez nous aider de vos lumières, coopérant ainsi aux fins de l'Ordre en remplissant le devoir le plus important du Suprême degré dont vous êtes investis.

Illustres Souverains Grands Inspecteurs Généraux, mes Illustres et Puissants Frères, veuillez vous joindre à moi pour applaudir, par les nombres mystiques, au noble désir de coopération efficace des Illustres et Puissants Frères Visiteurs. »

Le Président et tous les Grands Inspecteurs Généraux présents, exception faite des Visiteurs, donnent cinq, trois, un, et deux coups avec le pommeau de leurs épées sur les tables placées devant eux.

Les Frères Visiteurs s'inclinent à nouveau, après que la batterie de bon accueil a été faite.

Le Président :

« Veuillez prendre place parmi nous, Illustres et Puissants Frères. »

Tous s'asseoient, les Visiteurs prenant place sur les extrémité des bancs, du côté le plus éloigné de l'Orient.

Le Président :

« Illustre Souverain, Grand Secrétaire du Saint-Empire,

veuillez donner lecture de l'ordre du jour de cette illustre Assemblée. »

Le Secrétaire du Saint-Empire donne lecture de l'ordre du jour, dont la discussion commence immédiatement.

Les scrutins ont lieu par vote verbal, chaque Inspecteur Général donnant sa voix séparément en motivant son vote.

Si une Réception au 33e degré doit avoir lieu, une fois cette partie de l'ordre du jour venue à discussion, le Maître des Cérémonies se lève, et s'avance vers le Souverain Grand Commandeur, à qui il remet un placet.

Le Président en donne lecture dans les termes suivants :

« Illustres et Puissants Souverains, l'Illustre Grand Maître des Cérémonies vient de remettre entre mes mains un placet dont la teneur est comme il suit :

« Ardemment attaché à la glorieuse entreprise établie dans les grades du Grand Elu Chevalier Kadosh et de Sublime Prince du Royal Secret, et jaloux de parvenir au *summum* des connaissances maçonniques que vous seuls pouvez donner, je sollicite respectueusement la permission de me présenter comme candidat pour être admis dans votre Illustre et Suprême Conseil, et de déclarer que vos suffrages en ma faveur constitueront pour moi un titre impérissable à ma gratitude éternelle.

» Fait à l'Orient de — le — de — de l'année —

» (*Signé*) : A. B...

» Grand Elu Chevalier Kadosh,

» Sublime Prince du Royal Secret. »

Acte étant pris de cette demande, je prierai l'Illustre Grand Maître des Cérémonies de nous soumettre son rapport sur les qualités intellectuelles, morales, matérielles et sociales du candidat, et sur ses connaissances et ses aptitudes maçonniques. »

L'Illustre Grand Maître des Cérémonies, qui a longuement

et minutieusement examiné le Candidat sur tous les 32 grades qui dans le Rite précédent le 33e, et qui, en outre, s'est entouré de tous les renseignements de nature à bien éclaircir les services que le Candidat peut rendre à l'Ordre comme Souverain Grand Inspecteur Général, émet son opinion sur la convenance de l'admission ou de l'exclusion du Candidat.

Cette admission ou exclusion est mise aux voix et votée incontinent par vote verbal.

Si l'admission du candidat est acceptée, le Président dit :

« Illustre Grand Maître des Cérémonies, préparez convenablement le Candidat pour son initiation au grade Suprême, et veuillez le conduire parmi nous. »

L'Illustre Grand Maître des Cérémonies se retire et se rend auprès du Candidat pour le disposer à son initiation.

III.

Initiation au 33e et dernier Degré.

PREMIÈRE PARTIE.

Histrionisme.

Le lecteur qui connait la vraie signification des symboles des 32 premiers degrés, reconnaîtra facilement, au milieu de ce flot d'inutiles et ridicules cérémonies, tout ce qui peut désormais avoir une réelle portée. Il lui sera facile de constater avec quel art le but vrai de la Maçonnerie reste toujours couvert d'un voile discret ; mais aussi avec quelle persévérance il est poursuivi jusqu'à la fin.

Le Candidat est habillé de noir des pieds à la tête; il est déchaussé et porte des chaussettes noires.

Il n'a ni chapeau, ni épée, ni tablier, ni décor maçonnique autre que le cordon et le bijou de Sublime Prince du Royal Secret.

Le Maître des Cérémonies lui passe au cou une corde noire et lui remet une torche allumée que le Candidat soutient dans sa main droite.

Il lui fait croiser les bras sur la poitrine, les doigts près des épaules, pencher sa tête vers la terre, et, en le conduisant par la corde noire qui entoure son cou (1), il le mène à la porte du Suprême Conseil où il frappe cinq, trois, un et deux coups.

Le *Capitaine des Gardes* se lève et dit :

« Très Puissant Souverain Grand Commandeur, un Souverain Grand Inspecteur Général demande à entrer au Suprême Conseil. »

Le Président :

« Veuillez, Illustre et Puissant Frère, vous informer de son nom et du but de sa visite. »

Le Lieutenant Grand Commandeur :

« Veuillez exécuter cet ordre, Illustre Grand Capitaine des Gardes. »

Le Capitaine des Gardes s'approche de la porte du Suprême Conseil, y frappe cinq, trois, un et deux coups, l'ouvre et se renseigne auprès du Maître des Cérémonies, sur le but de la présence de celui-ci à la porte du Suprême Conseil, accompagné qu'il est d'un maçon qui ne possède pas le Suprême degré de Souverain Grand Inspecteur Général.

Une fois renseigné, le Capitaine des Gardes rentre dans

(1) Et la Maçonnerie prétendra être encore la grande, la seule école de dignité et de liberté ! (*Note de l'Editeur*).

le Suprême Conseil, ferme la porte, et, s'adressant au Président, dit :

Très Puissant Souverain Grand Commandeur, le Souverain Grand Inspecteur qui a frappé à la porte du Suprême Conseil est l'Illustre et Puissant Frère Grand Maître des Cérémonies, qui se trouve accompagné d'un Grand Élu Chevalier Kadosh et Sublime Prince du Royal Secret qui, sincèrement attaché à son Ordre, à son pays et au Grand Œuvre, sollicite humblement la faveur d'être admis à recevoir l'éclatante lumière du Suprême Conseil, pour pouvoir réfléchir ses clartés sur l'esprit de ceux qui sont dans les ténèbres.

Le Président :

« Veuillez, Illustre Grand Capitaine des Gardes, leur donner entrée au Suprême Conseil. »

Le Maître des Cérémonies verse de l'encens sur le réchaud de la table des parfums, et ouvre la porte du Suprême Conseil.

Le Président dit :

« Debout et à l'Ordre, Illustres et Puissants Souverains. »

Le Maître des Cérémonies, tenant en laisse le Candidat par le cordon noir, s'avance lentement précédant celui-ci, qui, déchaussé, la tête penchée vers la terre, et la torche allumée dans la main droite, suit lentement son conducteur.

Arrivés devant l'Autel quadrangulaire qui occupe le centre du Suprême Conseil, le Maître des Cérémonies et le Candidat s'arrêtent, faisant face au Président.

Le Maître des Cérémonies dit :

« Très Puissant Souverain Grand Commandeur et Illustres et Puissants Souverains, j'ai l'honneur de vous présenter le Grand Chevalier et Sublime Prince A... B... qui, sincèrement attaché à l'Ordre, à son pays et au Grand Œuvre, sollicite humblement la faveur d'être admis à recevoir vos éclatantes lumières, pour pouvoir en réfléchir les clartés sur l'esprit de ceux qui sont dans les ténèbres. »

Le Président :

« Le Suprême Conseil vous remercie, Illustre et Puissant Frère, de lui fournir l'occasion de récompenser dignement les mérites du Grand Chevalier et Sublime Prince que vous venez de lui présenter.

« Illustres et Puissants Souverains, prenons place! »

Tous s'assoient, excepté le Maître des Cérémonies et le Candidat, qui font successivement trois fois le tour du Suprême Conseil, passant chaque fois entre la table des parfums et l'Autel, et entre l'Autel et le squelette porte-drapeau.

Au premier tour, le Maître des Cérémonies s'arrête devant le Président, le salue et fait faire un profond salut au récipiendaire.

Le Président dit :

« Grand Chevalier et Sublime Prince du Royal Secret, votre amour pour la cause sacrée de la Rédemption sociale, et votre persévérance dans la défense des sublimes et immortels principes de l'Ordre, sont les titres qui vous ont permis aujourd'hui de pénétrer au milieu de ceux d'entre vos Frères à qui est confiée la direction Suprême du Rite Écossais Ancien et Accepté, en... Rentrez encore une fois en vous-même; méditez encore une fois sur les devoirs que vous avez acceptés de votre plein gré. Considérez si vous possédez bien et toutes les vertus et toutes les connaissances qui seules vous permettront de vous rendre digne de la Suprême dignité que vous prétendez atteindre. »

Le Maître des Cérémonies fait faire un 2e tour au récipiendaire, et, en le terminant, vient saluer le Président et le fait saluer par le récipiendaire.

Le Président dit :

« Rappelez à votre souvenir vos premiers pas dans la carrière maçonnique; faible et aveuglé par les préjugés, vous auriez roulé au fond d'insondables abîmes sans la Maçonnerie, cette colonne éclatante de lumière qui a su guider vos pas jusqu'à ce jour.

» Votre main droite soutient aujourd'hui la torche lumineuse de la Civilisation et du Progrès. Vous allez être appelé à la porter toujours, quand même, partout, devant l'Humanité, pour éclairer sa voie et lui permettre d'atteindre son but.

» Songez donc aux lourdes responsabilités que vous allez encourir, si votre esprit et votre cœur ne sont pas à la hauteur d'une tâche aussi glorieuse. »

Le Maître des Cérémonies fait faire un 3e tour au récipiendaire, et, quand il est terminé, vient se placer devant le Président et lui adresse un troisième salut que le récipiendaire imite.

Le Président dit :

« Grand Chevalier et Sublime Prince, avant de vous admettre à contracter la dernière obligation de la Maçonnerie, celle qui entre toutes est la plus sérieuse, la plus importante et la plus solennelle à laquelle un homme puisse se soumettre, nous sommes en droit de vous demander des preuves de votre courage et de votre présence d'esprit.

» Veuillez laver vos mains dans le métal fondu qui remplit le vase qui se trouve à votre droite, pour les rendre complètement pures en effaçant les taches que le vice et l'immoralité auraient pu y imprimer. »

Pendant ce discours du Président, le Maître des Cérémonies ajoute de l'encens au réchaud qui se trouve sous le vase, de manière à produire une fumée épaisse.

Le discours terminé, le récipiendaire donne la torche au Maître des Cérémonies qui l'éteint, et il lave ses mains dans le mercure, les essuyant avec un linge qui est disposé au préalable sur la table des parfums, à côté de la boîte à encens.

Le Maître des Cérémonies amène alors le récipiendaire devant l'Autel pour y prêter le serment.

Le Président dit :

« Illustres Souverains Grands Inspecteurs Généraux, veuillez vous joindre à moi pour recevoir le serment du Grand Chevalier et Sublime Prince A... B... »

Tous les Inspecteurs Généraux se mettent debout, la main droite étalée sur le cœur, les doigts joints, et le corps profondément incliné en avant.

Le récipiendaire met la main droite sur l'épée qui est croisée sur le livre des Constitutions et lève la main gauche vers le ciel, répétant après le Président les paroles suivantes qui constituent le serment :

Serment.

« Moi, A... B..., Grand Élu Chevalier Kadosh, Sublime Prince du Royal Secret, engage solennellement ma parole d'honneur la plus sacrée, et de mon plein gré jure sincèrement et loyalement, de ne jamais révéler aucun des secrets et mystères du Sublime grade d'Illustre Souverain Grand Inspecteur Général, et de n'être jamais cause ni directe ni indirecte de ce qu'ils soient divulgués.

» Je jure de suivre strictement et religieusement les Constitutions, Statuts et Règlements de ce grade, de remplir tous les devoirs qu'il impose, avec fidélité, diligence et dévouement, sans partialité, faveur ni affection, et de travailler sans cesse au triomphe des principes de l'Ordre, n'épargnant aucun effort pour parvenir à l'anéantissement de ses ennemis.

» Je jure d'inculquer, autant qu'il sera en mon pouvoir, par mes paroles et par mes actes, tous leurs devoirs aux hommes, pour parvenir à leur obtenir la complète possession de tous leurs droits.

» Je jure et promets tout cela sans aucune équivoque et sans aucune réserve mentale, sans espoir d'être à tout jamais dispensé ni relevé de tout ou partie des engagements que je viens de prendre, par aucun pouvoir que ce soit.

« Et si je manquais en quoi que ce soit à ces serments, j'accepte résigné tel châtiment qu'il vous plaira de m'infliger. »

Le Président lève alors son épée sur la tête du récipiendaire, et, d'un son solennel, dit :

» Faisant usage de mon autorité comme Très Puissant Souverain Grand Commandeur du Suprême Conseil du 33e et dernier degré du Rite Ecossais Ancien et Accepté de la Franc-Maçonnerie pour la juridiction de..., et préalablement muni du plein consentement des Illustres Souverains Grands Inspecteurs Généraux ici présents, je vous nomme, crée et constitue, vous, A... B... Souverain Grand Inspecteur Général de l'Ordre, grade 33e et dernier du Rite Ecossais Ancien et Accepté de la Franc-Maçonnerie, et membre (actif ou honoraire) de ce Suprême Conseil exerçant l'Autorité Suprême Maçonnique dans la Juridiction de... »

Le Président donne, avec la main gauche et successivement, cinq, trois, un et deux coups séparés sur la lame de l'épée.

DEUXIÈME PARTIE.

Verbiage.

Le Maître des Cérémonies avertit le candidat d'avoir à relever la tête, qu'il avait tenue profondément inclinée jusqu'à ce moment.

Le Président prenant son épée par la lame, la remet par la poignée au récipiendaire en lui disant :

« Illustre et Puissant Souverain Grand Inspecteur Général, nous plaçons dans vos mains une arme de mort, dont vous ne ferez usage contre la vie d'un homme que pour votre défense personnelle, pour la défense de votre pays et de notre Ordre, et contre les ennemis infâmes de la Maçonnerie.

« Faites-en usage avec une bravoure à jamais indomptable et ne la rendez jamais, la brisant plutôt en mille morceaux entre vos mains, car vous avez juré, rappelez-vous-en, de « Vaincre ou Mourir. »

Le Président décore le récipiendaire du Cordon du 33e degré, et lui dit :

« Je vous décore du Grand Cordon des Souverains Grands Inspecteurs Généraux, de l'insigne de l'honneur suprême, du symbole du *Nec plus ultra* humain. Sa couleur blanche vous indique que c'est en conservant la pureté immaculée de votre âme que vous vous êtes rendu digne de parvenir au rang suprême que vous venez d'atteindre.

« Le Delta d'or qui brille sur votre poitrine et les épées d'argent qui dirigent leurs pointes vers votre cœur, vous rappellent la Liberté, l'Égalité et la Fraternité que vous devez vous tenir toujours prêt à défendre, par tous les moyens, contre les ennemis de la Vertu, de la Science et de la Puissance Maçonniques. Il répand d'éclatants rayons, pour représenter les clartés maçonniques que vous êtes voué à répandre à profusion sur les intelligences des maçons et des profanes qui n'ont pas, comme vous, le bonheur sans égal de pouvoir contempler la Vérité Suprême face à face et sans voiles. »

Le Président prend une double alliance d'or, de l'épaisseur de 2 centimètres, dont l'intérieur porte gravés, sur l'un des cercles, le nom du Candidat, et sur l'autre la devise de l'Ordre : *Deus meumque Jus!* Il le passe à l'annulaire de la main gauche du Candidat, en lui disant :

« Recevez cette alliance comme gage précieux de votre union indissoluble avec l'Ordre, comme emblème de tous et

MEMENTO OFFICIEL DU 33me DEGRÉ : SOUVERAIN GRAND INSPECTEUR GÉNÉRAL.

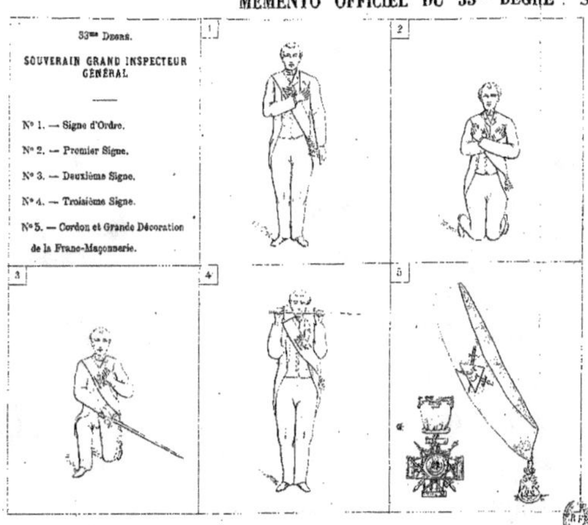

L'Ordre. — Placer la main droite, tous les doigts serrés les uns aux autres, sur le cœur, et incliner profondément la tête.

Les Signes. — *Le premier Signe.* — Croiser les bras sur la poitrine, le droit sur le gauche, et incliner le corps vers la terre en fléchissant les deux genoux et donnant *le premier Mot de Passe.*

Le second Signe. — Porter la main droite au glaive et le tirer du fourreau, en fléchissant en même temps le genou gauche et posant sur le cœur la main gauche, tous les doigts serrés, et donnant *le second Mot de Passe.*

Le troisième Signe. — Etant dans la position du deuxième Signe, tenir le glaive horizontal, la main droite à la poignée et la main gauche au milieu de la lame, et embrasser par trois fois la lame du glaive en donnant *le Mot Sacré.*

La Marche. — Etant à l'Ordre, s'avancer d'un pas ordinaire, mais lent et grave.

L'Attouchement. — Le 33me degré n'a pas d'attouchement.

Les Mots de Passe. — Premier Mot de Passe : DE MOLAY.

Second Mot de Passe : HIRAM ABI.

Le Mot Sacré. — Le Demandeur dit : MIKAMOKA BEALIM, et l'Interpellé répond : ADONAI.

La Batterie. — Onze coups par *cinq, trois, un* et *deux* coups bien espacés.

L'Age. — Trente-trois ans accomplis.

Temps des Travaux. — Ils commencent *à l'heure où le mot d'ordre est donné, les gardes sont à leurs postes et le Suprême Conseil est en parfaite sûreté,* et terminent *à l'heure où le soleil du matin illumine le Conseil.*

Le Mot d'Ordre. — Demande : ORDO AB CHAO. Réponse : DEUS MEUMQUE JUS.

La Question d'Ordre. — Etes-vous Souverain Grand Inspecteur Général? Réponse : *Ma vertu, mon courage et mon zèle m'ont fait parvenir à ce grade éminent.*

chacun des devoirs importants que vous êtes dorénavant appelé à remplir. Vous ne devez vous en séparer qu'en quittant cette existence mortelle; car c'est à vie que vous êtes uni à l'Ordre, et c'est pendant toute votre vie que vous lui devez l'accomplissement de tous les devoirs que vous avez volontairement acceptés.

» Illustre Souverain Grand Maître des Cérémonies, veuillez donner au Souverain Grand Inspecteur Général les signes, attouchements et mots du 33e degré. »

Le Maître des Cérémonies, s'adressant au récipiendaire, lui dit :

« Quand vous voudrez pénétrer dans la chambre d'un Suprême Conseil, vous frapperez à la porte cinq, trois, un et deux coups bien espacés, qui constituent la *Batterie* du grade, avec le pommeau de votre épée; car vous devez être habillé en noir, décoré complètement et armé de votre épée pour pouvoir pénétrer dans le Conseil.

» Cette batterie date de la période où le 33e degré était considéré comme le complément du Grand Elu Chevalier Kadosch; car elle se rapporte au chiffre 5312, chiffre maçonnique de l'année 1312, où l'Ordre du Temple fut détruit par la bulle papale.

» Au bruit de ces onze coups, le Capitaine des Gardes ouvrira la porte, croisera ses bras sur sa poitrine, et inclinera son corps vers la terre en fléchissant les genoux, ce qui constitue le *Premier Signe*, en vous disant : DE MOLAY, qui est le premier *Mot de Passe*.

» Vous porterez la main droite à votre glaive en le tirant du fourreau, fléchissant en même temps le genou gauche et portant votre main gauche sur votre cœur, ce qui constitue le *Deuxième Signe*, et vous prononcerez en même temps le second *Mot de Passe*, qui est : HIRAM ABI.

» Ensuite l'Illustre Grand Capitaine des Gardes et vous,

vous appliquerez trois fois vos lèvres sur la lame de vos épées, ce qui constitue le *Troisième Signe*, et vous échangerez le *Mot Sacré*, vous, disant à l'Illustre Grand Capitaine des Gardes : MIKAMOKA BEALIM, et lui, vous répondant : ADONAI.

» Les Mots de Passe embrassent la période légendaire de la Maçonnerie, en rappelant les noms de Hiram Abi, le fondateur légendaire de la Maçonnerie Juive ou prétendue telle, et de Jacques de Molay, le dernier Grand Maître des Templiers, prétendus continuateurs, dépositaires et propagateurs de la dite Maçonnerie. »

Le Mot Sacré est une phrase hébraïque qui veut dire en latin :

« *Quis similis tui in fortibus, Domine?*

et en français :

» Qui parmi les forts peut s'égaler à toi, Seigneur?

» Allusion fort transparente à la qualité d'autorité suprême dont sont investis les Souverains Grands Inspecteurs Généraux.

» Cela fait, le Capitaine des Gardes vous demandera :

» Vous êtes donc Souverain Grand Inspecteur Général?

» Et vous lui répondrez :

» Ma vertu, mon courage et mon zèle m'ont fait parvenir à ce grade éminent.

» Il vous demandera encore :

» Quel est votre âge?

» Et vous lui répondrez :

» Trente-trois ans accomplis, Illustre et Puissant Souverain.

» Là-dessus, il rentrera dans la chambre du Suprême Conseil, pour porter à la connaissance du Très Puissant Souverain Grand Commandeur la présence d'un Souverain Grand Inspecteur Général, dûment reconnu comme tel, qui se trouve à la porte du Suprême Conseil et demande à prendre part à ses travaux.

» Le Très Puissant Souverain Grand Commandeur autorisera immédiatement votre admission, et l'Illustre Grand Capitaine des Gardes vous ouvrira la porte, en vous invitant à pénétrer dans le Suprême Conseil et à prendre place parmi les Souverains Grands Inspecteurs Généraux qui le composent.

» Vous placerez alors votre main droite, tous les doigts serrés les uns contre les autres, sur votre cœur, et vous inclinerez profondément la tête, ce qui constitue l'*Ordre* du Grade, et vous vous avancerez d'un pas lent et grave, car le 33e degré n'a pas de marche qui lui soit particulière, jusqu'au trône du Très Puissant Souverain Grand Commandeur, auquel vous adresserez un profond salut.

» Le Très Puissant Souverain Grand Commandeur vous invitera à prendre place parmi vos Illustres et Puissants Frères, les Souverains Grands Inspecteurs Généraux. Vous vous placerez, par modestie, à la dernière place libre du côté de l'Occident. »

Le Maître des Cérémonies, s'adressant au Président, lui dit :

« Très Puissant Souverain Grand Commandeur, l'instruction ritualistique que, d'après vos ordres, j'ai donnée au nouveau Souverain Grand Inspecteur Général et membre actif (ou honoraire) de notre Suprême Conseil, est complète. »

Le Président dit :

« Illustre Souverain Grand Maître des Cérémonies, je vous en remercie. »

S'adressant alors au récipiendaire, il lui dit :

« Illustre Souverain et Très cher Frère, veuillez conserver le *Memento Officiel* du 33e degré que je vous remets et pour mieux graver dans votre mémoire la véritable signification des emblèmes du grade Suprême qui vous a été conféré, veuillez prendre place dans le fauteuil qui vous est destiné, et prêtez toute votre attention à l'interrogatoire d'instruction que je vais faire subir à l'illustre Grand Capitaine des Gardes, Grand Tuileur du Suprême Conseil, et auquel je prie cet Illustre et Puissant Frère de vouloir bien répondre. »

Le Maître des Cérémonies accompagne le Candidat jusqu'au fauteuil placé devant le squelette. Le Candidat s'assied après avoir remis ses chaussures.

Le Maître des Cérémonies revient à sa place et, aussitôt après, le dialogue d'instruction entre le Président et le Capitaine des Gardes commence, le Président faisant les demandes et le Capitaine des gardes donnant les réponses.

« D. Êtes-vous Souverain Grand Inspecteur Général?

R. Très Puissant Souverain, ma vertu, mon courage et mon zèle m'ont fait parvenir à ce grade éminent.

D. Comment puis-je m'en assurer?

R. En obtenant de moi le mot de passe.

D. Commencez.

R. DE MOLAY.

D. HIRAM ABI. Que vîtes-vous en entrant pour la première fois au Suprême Conseil?

R. Le mot symbolique de la Cause Première, émettant des rayons à travers trois triangles entrelacés dont les sommets portaient les lettres du mot SAPIENTIA.

D. Que signifie cet emblème?

R. Que la Sagesse Suprême préside aux travaux du Suprême Conseil et l'éclaire de ses rayons.

D. Que signifient les squelettes, les crânes et les os qui paraissent dans notre Conseil?

R. Ils nous rappellent le massacre de nos ancêtres, les Apôtres et les Soldats de la Vérité, de la Lumière et de la Vertu, par les suppôts du Mensonge, du Fanatisme et de la Tyrannie.

D. Pourquoi êtes-vous habillé de noir, et portez-vous une épée?

R. Parce que je porte éternellement leur deuil, et suis toujours prêt à les venger.

D. Que vîtes-vous de plus dans la chambre du Suprême Conseil?

R. Je vis un chandelier à cinq branches à l'Orient.

D. Que signifie-t-il?

R. Les cinq lumières qui constituent l'ensemble de l'enseignement Maçonnique.

D. Quelles sont ces lumières?

R. La Religion naturelle, universelle et immuable, le Secret des opérations de la Nature, la Perfection du vrai temple qui est le cœur humain, la Victoire du Soleil sur les ténèbres, et le Triomphe de la Vérité et de la Vertu sur les erreurs et les passions.

D. Que vîtes-vous à l'Occident?

R. Un chandelier à trois branches.

D. Que signifie-t-il?

R. Les trois lumières qui constituent l'ensemble de la Création Universelle, Matérielle.

D. Quelles sont-elles?

R. La cause, le moyen et le résultat, ou le Mouvement, la Fermentation et la Vie.

D. Que vîtes-vous au Sud?

R. Un chandelier à deux branches.

D. Que signifie-t-il?

R. Les deux lumières qui constituent l'ensemble de la Création Universelle, Immatérielle.

D. Quelles sont-elles?

R. Le Bien et le Mal.

D. Que vîtes-vous au Nord?

R. Un chandelier à une branche.

D. Que signifie-t-il ?

R. La Lumière unique, la Cause Première.

D. Pourquoi l'autel du Suprême Conseil est-il quadrangulaire?

R. Parce que les Constitutions de l'Ordre, qu'il supporte, s'appuient sur la Liberté, la Raison, la Justice et l'Équité.

D. Pourquoi une épée est-elle croisée sur le livre des Constitutions?

R. Pour indiquer que, pour interpréter la Loi, il faut d'abord que nous possédions l'Honneur chevaleresque dont l'épée est l'emblème.

D. Que signifie le drapeau de l'Ordre?

R. La puissance matérielle et spirituelle dont dispose l'Ordre, grâce à la Sagesse Suprême de ses Souverains Grands Inspecteurs Généraux.

D. Que signifie l'Aigle à deux têtes?

R. L'Aigle est le symbole égyptien de la Sagesse; une de ses têtes représente l'Ordre, l'autre le Progrès; et comme ses deux têtes lui permettent d'étendre circulairement, c'est-à-dire partout, ses regards vigilants, cet emblème signifie que la Vraie Sagesse consiste dans l'Ordre et le Progrès universel.

D. Pourquoi ses serres et ses becs sont-ils en or?

R. Parce que l'or est le plus pur de tous les métaux.

D. Pourquoi soutient-il un glaive entre ses serres?

R. Pour indiquer que c'est l'Honneur et la Puissance qui aideront à la Sagesse à se manifester par l'Ordre et le Progrès.

D. Pourquoi le drapeau de l'Ordre est-il tenu par un squelette?

R. Pour indiquer que, étant soutenu par la mort, il est immortel et éternel comme l'Ordre dont il est l'emblème.

D. Pourquoi le squelette semble-t-il poignarder le nouvel initié?

R. Pour bien lui faire comprendre que, en cas de trahison de sa part, même les morts sortiront de leurs tombeaux pour le punir.

D. Le squelette, dans son ensemble, n'offre-t-il pas encore un enseignement?

R. Oui, Très Puissant Souverain, il nous rappelle qu'il faut vaincre ou mourir.

D. Que signifie le Phénix qui se trouve au-dessus du trône du Puissant Souverain Lieutenant Grand Commandeur?

R. Le Phénix, étant l'emblème du Soleil et par suite de l'Immortalité, nous symbolise l'éternité de la Vérité, et l'Immortalité de la Justice.

D. Que signifie la devise de l'Ordre: *Deus meumque Jus?*

R. Elle résume le secret de notre force et de notre puissance; puisque, ayant été créés dans la plénitude de nos droits, nous avons droit à les posséder tous, sans exception.

D. Que signifie le cordon qui brille sur votre poitrine?

R. Le blanc est l'emblème de l'innocence et de la pureté des véritables Maçons, le rouge symbolise le sang que ces Maçons purs et innocents ont versé pour l'Humanité. Le Soleil rayonnant rappelle que, ainsi que le soleil donne la lumière et la vie à toutes les régions du monde, le Grade suprême, le 33me de la Maçonnerie, donne la lumière et la vie aux grands corps maçonniques dans toutes les régions du monde.

D. Quel est votre âge?

R. Trente-trois ans accomplis.

D. Pourquoi cet âge?

R. Parce que la Constitution du premier Suprême Conseil de Souverains Grands Inspecteurs Généraux s'accomplit sous le 33e degré de latitude nord, à Charleston, le 31 mai 1801.

D. A quelle heure les Souverains Grands Inspecteurs Généraux commencent-ils leurs travaux?

R. Quand le mot d'ordre est donné, quand les gardes sont à leurs postes et quand règne la sécurité la plus parfaite.

D. Pourquoi cela?

R. Parce que tous les devoirs administratifs dont le soin incombe au Suprême Conseil étant ainsi remplis, les Souverains Grands Inspecteurs Généraux peuvent travailler plus utilement au bien de l'Ordre.

D. Quel est le but des travaux des Souverains Grands Inspecteurs Généraux?

R. Le bien de l'Ordre, amené par la victoire décisive sur tous ses ennemis.

D. A quelle heure les terminent-ils?

R. Quand le soleil du matin illumine le Suprême Conseil.

D. Pourquoi cela?

R. Parce que leur but sera alors atteint, la Lumière éclairant partout.

D. Comment sont tuilés les Souverains Grands Inspecteurs Généraux?

R. Par la demande des Signes et Mots de Passe et Sacrés du grade.

D. Et quoi de plus?

R. Dans les pays où le Rite Écossais est pratiqué en anglais, ils sont aussi tuilés du grade de Royal-Arche.

D. Comment cela?

R. Par le dialogue suivant :

Le Tuileur demande :

Quelle est votre recommandation?

Le Tuilé répond :

Ma parole est un signe.

Le Tuileur demande :

Dites-moi votre parole.

Le Tuilé répond : JE. Le Tuileur continue par : HO. Et le Tuilé termine par : VAH.

Le Tuileur termine en demandant : Montrez-moi le signe?

Le Tuilé forme un triangle ayant pour base les deux pouces réunis, et pour deux côtés les deux index, et s'applique le triangle ainsi formé sur le front.

D. Ce tuilage au Royal Arche, quand a-t-il lieu?

R. Après la présentation de la patente de Souverain Grand Inspecteur Général, et avant le tuilage au 33e degré.

D. Combien de Souverains Grands Inspecteurs Généraux sont nécessaires pour la Constitution d'un Suprême Conseil du 33e et dernier degré?

R. Neuf au moins, trente-trois au plus.

D. Pourquoi cela?

R. Parce que, neuf étant le dernier des nombres simples, il est le symbole de la *fin*, du terme; et que le 33e degré marque la fin, le terme de la hiérarchie maçonnique. Le maximum de trente-trois est évidemment dû au chiffre du grade.

D. *Ordo ab Chao.*

R. *Deus meumque Jus.* »

Le Président s'adressant alors au Récipiendaire, lui dit :

« Illustre Souverain et très cher Frère, nous espérons que les enseignements qui vous ont été donnés sur le symbolisme du grade Suprême dont vous avez été investi, seront de fécondes semences qui porteront des fruits abondants de vertu et de dévouement dans votre cœur.

» A cet enseignement symbolistique doit s'ajouter l'enseignement constitutionnel et statutaire du 33e grade, en tant que Suprême Conseil.

» Puissant Grand Chancelier, veuillez donner lecture au nouveau Souverain Grand Inspecteur Général, dont notre Suprême Conseil s'est augmenté aujourd'hui, du texte officiel des Grandes Constitutions de 1786 du Rite Ecossais Ancien et Accepté, tel qu'il a été définitivement arrêté le 22 septembre 1875 par le Convent Universel des vingt-deux Suprêmes Conseils du Rite, réunis à Lausanne pour établir l'union, l'alliance et la Confédération des Suprêmes Conseils du Rite Écossais Ancien et Accepté. »

Le Puissant Grand Chancelier donne lecture du texte définitivement officiel des Grandes Constitutions de 1786.

Cette lecture terminée, le Président dit :

« Illustre et Puissant Grand Chancelier, je vous remercie. Illustre Grand Secrétaire du Saint-Empire, veuillez donner lecture du Règlement de notre Suprême Conseil, pour que l'Illustre Souverain Grand Inspecteur Général que nous venons de recevoir dans notre sein puisse en avoir parfaite connaissance. »

Le Secrétaire donne alors lecture du Règlement du Suprême Conseil.

TROISIÈME PARTIE.

Satan agissant.

Dans cette partie sont réunis tous les secrets ritualistiques de la Franc-Maçonnerie. A l'aide du *tuilage* qu'elle enseigne, tout profane peut entrer désormais dans toutes les réunions maçonniques sans exception.

Le Président s'adressant au nouveau membre du Suprême Conseil, lui dit :

« Illustre et très cher Frère, vous êtes en possession de tout ce qui constitue extérieurement le Suprême Grade de Souverain Grand Inspecteur Général, 33e et dernier degré du Rite Écossais Ancien et Accepté. Pour compléter votre exaltation au *non plus ultra* de la Maçonnerie Écossaise, il nous reste à vous donner tout ce qui constitue l'enseignement de ce grade souverain.

» Cet enseignement sera partagé en quatre parties bien distinctes.

» Souverain Grand Inspecteur Général comme vous êtes, vous faites partie, comme membre actif, des trente-deux ateliers du Rite.

» Vous êtes, en outre, orateur né de tous ces trente-deux ateliers et, conséquemment, vous êtes le dépositaire de l'enseignement scientifique, philosophique, moral, politique et religieux qu'ils sont destinés à inculquer successivement aux Maçons qui en font partie (1).

» Vos devoirs présentent encore un troisième aspect. Vous êtes de droit président de ces trente-deux ateliers et responsable, comme tel, de leur action commune vers le triomphe des principes de l'Ordre, vers l'obtention des résultats qui constituent son but.

» Enfin, vous êtes Souverain Grand Inspecteur Général, Chef Souverain de la Maçonnerie Universelle, et cette élévation suprême vous donne le droit de connaître la Maçonnerie telle qu'elle est, sans voiles emblématiques aucuns, car elle donne à la Maçonnerie le droit d'exiger de vous son triomphe par vous, ou votre mort pour elle.

» C'est ce quadruple enseignement qui va compléter votre exaltation au grade suprême.

» Ecoutez-le avec la tension la plus grande de votre esprit et de votre cœur; car, étant essentiellement verbal, il doit, dès l'abord, imprimer dans votre esprit et dans votre cœur une marque ineffaçable, qui seule peut vous rendre digne de

(1) Cette simple phrase révèle l'immense portée de ce grade, et la souveraine importance de ce Rituel. (*Note de l'Editeur.*)

compter parmi les Chefs Souverains de la Maçonnerie Universelle.

» Le Puissant Lieutenant Grand Commandeur va passer en revue pour votre instruction tous les caractères extérieurs des trente-deux degrés du Rite Écossais Ancien et Accepté.

» L'Illustre Grand Maître des Cérémonies, faisant fonction de membre successif de ces trente-deux ateliers, vous fera voir matériellement la manifestation extérieure des signes, attouchements et marches des trente-deux degrés.

» L'Illustre Grand Capitaine des Gardes, comme Illustre Grand Tuileur du Suprême Conseil, vous montrera successivement le rôle du Tuileur dans chacun de ces trente-deux grades.

» L'enseignement qui va vous être donné mérite votre attention la plus sérieuse, car tous ses détails sont *seuls* officiels pour le Rite Écossais Ancien et Accepté.

» Puissant Souverain Lieutenant Grand Commandeur, veuillez porter à la connaissance de notre Illustre Frère les signes, attouchements, batteries, marches, mots sacrés, mots de passe, âges et décors des trente-deux degrés du Rite Écossais Ancien et Accepté, suivant les décisions définitives et formelles prises le 15 septembre 1875 par la confédération des vingt-deux Suprêmes Conseils du Rite Écossais Ancien et Accepté, et réalisées par son Pouvoir Exécutif à la date du 1er mai 1876.

» Illustre Grand Maître des Cérémonies, veuillez donner à notre nouveau Illustre Frère la représentation matérielle des démonstrations externes successives que tout Maçon doit réaliser pour être successivement admis à prendre part aux travaux des trente-deux ateliers du Rite Écossais Ancien et Accepté.

» Et vous, Illustre Grand Capitaine des Gardes et Grand Tuileur du Suprême Conseil du Rite, veuillez représenter aussi, pour l'instruction de notre nouveau Illustre Frère, les devoirs que le Tuileur doit remplir successivement, dans les trente-deux ateliers du Rite dont il est le Couvreur et le Garant de sécurité, avant d'autoriser l'Admission d'aucun Maçon qui demande à prendre part aux travaux des ateliers du Rite Écossais Ancien et Accepté. »

Le Lieutenant Grand Commandeur prend la parole dans les termes suivants, et le Maître des Cérémonies et le Capitaine des Gardes représentent, au fur et à mesure des explications du Lieutenant Grand Commandeur, les manifestations extérieures ; le premier comme Maçon sollicitant l'admission, le second comme Tuileur défendant l'entrée de tout Maçon insuffisamment instruit.

Le Lieutenant Grand Commandeur dit :

« Illustre Souverain Grand Inspecteur Général, Illustre et très cher Frère, que dès ce jour le Suprême Conseil du 33e et dernier degré du Rite Écossais Ancien et Accepté pour la Juridiction de... a l'honneur de compter dans son sein, le Rite Écossais Ancien et Accepté dont nous sommes les Chefs, les Protecteurs et les véritables Conservateurs, reconnaît pour bases définitives, invariables et inébranlables, depuis le 22 septembre 1875, sept points principaux des doctrines antiques et imprescriptibles de l'Ordre, et une déclaration de principes officielle et définitive. »

Les sept points principaux des doctrines antiques et imprescriptibles de l'Ordre Maçonnique sont les suivants :

Premier Point.

La Franc-Maçonnerie est une institution de Fraternité Universelle, dont l'origine remonte au berceau de la Société humaine.

Elle a pour doctrine la reconnaissance d'une Force Supérieure dont elle proclame l'existence, sous le nom de Grand Architecte de l'Univers.

Second Point.

Tous les vrais Maçons, quelle que soit leur patrie, ne forment qu'une seule famille de Frères répandus sur la surface de la terre.

Ils composent l'Ordre Maçonnique.

Troisième Point.

Chaque Suprême Conseil gouverne, par les Statuts généraux, les ateliers de son obédience. Sa puissance est souveraine et indépendante sur toute l'étendue de sa juridiction territoriale, mais sans pouvoir porter atteinte aux lois générales de l'Écossisme et aux statuts fondamentaux du Rite.

Quatrième Point.

Attenter à l'indépendance d'un Suprême Conseil régulier et reconnu, c'est attenter à l'indépendance de tous les autres.

C'est troubler l'Ordre tout entier.

Cinquième Point.

L'action d'un Suprême Conseil ne peut légalement s'étendre que sur les Maçons de son obédience.

Sixième Point.

Le premier devoir du vrai Maçon est la fidélité à sa patrie.

Il met au nombre de ses obligations les plus sacrées le respect des serments qui le lient :

A son Rite,

A la Loge où il a reçu la lumière,
A la Puissance Maçonnique dont il tient ses pouvoirs.

Septième Point.

La mission de tous les ateliers du Rite Écossais Ancien et Accepté est de travailler au but de l'Ordre.

La mission des Suprêmes Conseils est de leur enseigner la doctrine Maçonnique, et de diriger leur action par la pureté des principes Maçonniques et l'observation des Statuts fondamentaux de l'Ordre.

La « Déclaration de Principes », également définitive et immuable depuis le 22 septembre 1875, est la suivante :

DÉCLARATION DE PRINCIPES.

§ 1er. La Franc-Maçonnerie proclame, comme elle a proclamé dès son origine, l'existence d'un Principe Créateur, sous le nom de Grand Architecte de l'Univers.

§ 2. Elle n'impose aucune limite à la libre recherche de la Vérité, et c'est pour garantir à tous cette liberté qu'elle exige de tous la tolérance.

§ 3. La Franc-Maçonnerie est ouverte aux hommes de toute nationalité, de toute race, de toute croyance.

§ 4. La Franc-Maçonnerie accueille tout profane, quelles que soient ses opinions en politique et en religion, pourvu qu'il soit libre et de bonnes mœurs.

§ 5. La Franc-Maçonnerie a pour but de lutter contre l'ignorance sous toutes les formes.

§ 6. La Franc-Maçonnerie a pour programme de son enseignement mutuel :

D'obéir aux lois de son pays,
De vivre selon l'honneur,

De pratiquer la justice,

D'aimer son semblable,

De travailler sans relâche au bonheur de l'humanité par son émancipation progressive et pacifique.

§ 7. Tout Maçon du Rite Écossais Ancien et Accepté est tenu d'observer fidèlement les lois fondamentales de l'Ordre, et les décisions du Suprême Conseil de son obédience.

« Ces Principes posés et cette Déclaration faite, je vais, aidé par l'Illustre Grand Maître des Cérémonies et par l'Illustre Grand Capitaine des Gardes et Grand Tuileur du Suprême Conseil, vous énumérer, Illustre Souverain Grand Inspecteur Général nouvellement élu, les conventions emblématiques dont le Rite Écossais Ancien et Accepté fait usage :

1° Pour interdire formellement la connaissance de ses Mystères au vulgaire.

2° Pour rendre effective la gradation progressive de l'enseignement de sa doctrine, dans les 33 grades successifs qui le composent.

En thèse générale, les décors maçonniques de chaque degré sont au nombre de trois :

Le Tablier,

Le Cordon,

Le Bijou.

En thèse générale, les emblèmes conventionnels sont :

Audibles,

Visibles,

Sensibles;

et les essentiels sont au nombre de sept :

La Batterie,

L'Ordre,

Le Signe,

Le Mot de Passe,

L'Attouchement,

Le Mot Sacré,

L'Age maçonnique;

auxquels vient s'ajouter, dans plusieurs grades, la Marche pour entrer dans l'atelier.

La hiérarchie de ces conventions emblématiques est la suivante :

La Batterie est la demande de l'Ordre;

L'Ordre est la demande du Signe;

Le Signe est la demande du Mot de Passe;

Le Mot de Passe est la demande de l'Attouchement;

L'Attouchement est la demande du Mot Sacré;

Le Mot Sacré est la demande de l'Age maçonnique.

Ces principes généraux une fois posés, je vais passer en revue les 33 degrés du Rite Écossais Ancien et Accepté.

Veuillez y prêter toute votre attention, Illustre Souverain et Très cher Frère, car toutes les indications que je vais vous donner sont *seules* définitives, officielles et invariables depuis le 1er Juillet 1876, date à laquelle elles ont été promulguées par le Pouvoir Exécutif de la Confédération des Suprêmes Conseils du Rite Écossais Ancien et Accepté. » (Voir le Tuileur officiel de la Franc-Maçonnerie du Rite Écossais Ancien et Accepté aux *Documents justificatifs*, N° 8).

L'instruction ritualistique des 33 degrés du Rite une fois terminée, le Président prend la parole et dit :

« Puissant Souverain Lieutenant Grand Commandeur, recevez mes remerciements pour l'instruction sur les emblèmes conventionnels externes du Rite Ecossais Ancien et

Accepté que vous venez de donner au Souverain Grand Inspecteur Général nouveau membre de notre Suprême Conseil.

Illustre Souverain Grand Maître des Cérémonies, et vous, Illustre Souverain Grand Capitaine des Gardes, recevez également tous deux mes remerciements pour les efforts par lesquels vous aidez à rendre plus saisissant l'enseignement du Puissant Souverain Lieutenant Grand Commandeur.

Maintenant, avant de terminer tout ce qui a trait à la première partie de votre enseignement maçonnique définitif, nous allons, Illustre et Très Cher Frère, répéter devant vous les réponses traditionnelles et emblématiques que vous auriez à faire, si vous veniez à être interrogé de la manière suivante : Êtes-vous tel grade ?

Illustres Souverains Grands Inspecteurs Généraux mes Frères, pour bien marquer l'unité dans la pluralité qui est l'apanage de notre Rite, je vais faire à chacun de vous, en commençant par ma droite, la demande du : « Êtes-vous ? » pour un des trente-deux grades du Rite. »

Le Président fait lui seul toutes les demandes.

Chaque Souverain Grand Inspecteur Général répond à tour de rôle, en commençant par la droite et suivant toujours à droite.

« D. Êtes-vous Maçon ?

R. Mes Frères me reconnaissent comme tel.

D. Êtes-vous Apprenti Maçon ?

R. Je ne sais ni lire ni écrire.

D. Êtes-vous Compagnon Maçon ?

R. J'ai vu l'Étoile flamboyante.

D. Êtes-vous Maitre Maçon ?

R. L'acacia m'est connu.

D. Êtes-vous Maitre Secret ?

R. Je m'en glorifie.

D. Êtes-vous Maitre Parfait ?

R. Je connais le Cercle et sa quadrature.

D. Êtes-vous SECRÉTAIRE INTIME?

R. Ma curiosité a mis en danger ma vie.

D. Êtes-vous PRÉVOT ET JUGE?

R. Je rends la justice à tous les ouvriers sans exception.

D. Êtes-vous INTENDANT DES BATIMENTS?

R. J'ai monté les sept marches de l'exactitude.

D. Êtes-vous MAITRE ÉLU DES NEUF?

R. La Caverne m'est connue.

D. Êtes-vous ILLUSTRE ÉLU DES QUINZE?

R. Mon zèle et mon travail m'ont fait obtenir ce grade.

D. Êtes-vous SUBLIME CHEVALIER ÉLU?

R. Mon nom est EMEREK, homme vrai en toute occasion.

D. Êtes-vous GRAND MAITRE ARCHITECTE?

R. Je connais la science et les instruments de la construction.

D. Êtes-vous ROYAL-ARCHE?

R. J'ai été admis au centre de l'endroit le plus sacré du monde.

D. Êtes-vous GRAND ÉLU PARFAIT ET SUBLIME MAÇON?

R. J'ai travaillé à me perfectionner et à le devenir.

D. Êtes-vous CHEVALIER D'ORIENT?

R. Je suis libre par excellence.

D. Êtes-vous PRINCE DE JÉRUSALEM?

R. Le Chemin de Babylone m'est connu.

D. Êtes-vous CHEVALIER D'ORIENT ET D'OCCIDENT?

R. J'ai été reçu par l'ablution de l'eau et l'effusion du sang.

D. Êtes-vous CHEVALIER ROSE-CROIX?

R. J'ai ce bonheur.

D. Êtes-vous GRAND PONTIFE?

R. J'ai été reçu dans un endroit que n'éclairaient ni le soleil ni la lune.

D. Êtes-vous VÉNÉRABLE GRAND MAITRE DE TOUTES LES LOGES RÉGULIÈRES?

R. Je suis reconnu comme tel à Jérusalem.

D. Êtes-vous NOACHITE?

R. L'orgueil des fils de Noé m'est connu.

D. Êtes-vous CHEVALIER ROYAL HACHE?

R. Les arbres sont bons pour la coupe.

D. Êtes-vous CHEF DU TABERNACLE?

R. C'est par trois coups que j'ai été reçu dans le Sanctuaire.

D. Êtes-vous PRINCE DU TABERNACLE?

R. Je suis votre Frère et le plus humble des hommes éclairés.

D. Êtes-vous CHEVALIER DU SERPENT d'AIRAIN?

R. Ma devise est : Vertu et courage.

D. Êtes-vous ÉCOSSAIS TRINITAIRE?

R. Je suis un AMETH dans la Triple alliance.

D. Êtes-vous GRAND COMMANDEUR DU TEMPLE?

R. Ma raison gouverne mes appétits et mes passions.

D. Êtes-vous CHEVALIER DU SOLEIL?

R. Les sept grandes vérités me sont connues.

D. Êtes-vous GRAND ÉCOSSAIS DE SAINT-ANDRÉ?

R. Je suis le serviteur des serviteurs de l'humanité.

D. Êtes-vous CHEVALIER KADOSCH?

R. Tu l'as dit. Je cherche la Lumière.

D. Êtes-vous GRAND INSPECTEUR INQUISITEUR COMMANDEUR?

R. Le Souverain Tribunal m'a dispensé cet honneur.

D. Êtes-vous SUBLIME PRINCE DU ROYAL SECRET?

R. J'apporte d'Occident silence, tristesse et persévérance.

D. Êtes-vous SOUVERAIN GRAND INSPECTEUR GÉNÉRAL?

R. Ma vertu, mon courage et mon zèle m'ont fait parvenir à ce grade éminent. »

Le Président, s'adressant ensuite au nouveau Souverain Grand Inspecteur Général, lui dit :

« Illustre Souverain et Très Cher Frère, nous avons terminé, dans le but de vous en donner une idée juste de l'ensemble, l'étude de l'extérieur du Rite Écossais Ancien et Accepté. »

QUATRIÈME PARTIE.

Satan enseignant.

Les trois parties qui vont suivre renferment dans toute leur plénitude les véritables secrets de la Maçonnerie. En dehors de ces enseignements, il n'y a pas de secret maçonnique. Le secret est ici ; il n'est qu'ici ; il est ici tout entier.

Ces trois parties diffèrent entre elles, mais ensemble, elles forment un tout très complet.

« Maintenant, poursuit le Président, que nous avons étudié l'extérieur du Rite Écossais Ancien et Accepté, nous allons procéder à l'étude de son intérieur, de son esprit.

» Nous allons vous retracer, sommairement mais précisément, l'esprit qui doit présider aux instructions que, comme Orateur né des 32 ateliers du Rite, vous serez appelé à donner aux différentes catégories de Maçons qui les composent.

» Veuillez apporter l'attention la plus soutenue à cet enseignement, car si, comme Orateur de chaque Atelier, vous êtes le représentant du Peuple maçonnique, vous êtes en même temps le Représentant de la Véritable Doctrine POLITIQUE de l'Ordre auprès de ce Peuple Maçonnique.

» Illustre et Puissant Grand Ministre d'État et Grand Orateur du Suprême Conseil, veuillez passer en revue les différents grades du Rite Écossais Ancien et Accepté, pour présenter d'une façon claire et précise au Souverain Grand Inspecteur Général dont nous venons de faire la précieuse acquisition, l'esprit du véritable enseignement qu'il doit s'attacher à donner à ses Frères, dans chacun des grades, pour unifier l'ensemble des énergies maçonniques et atteindre plus sûrement, sous un de ses trois aspects, le but sublime que nous poursuivons. »

Le Ministre d'État prend la parole et, s'adressant au récipiendaire, lui dit :

« Le Rite Écossais Ancien et Accepté partage son enseignement en trois grandes divisions :

Enseignement Primaire.

Enseignement Secondaire.

Enseignement Supérieur.

L'Enseignement Primaire commence à l'Apprenti et se termine au Maître.

L'Enseignement Secondaire commence au Maître Secret et se termine au Chevalier Rose-Croix.

L'Enseignement Supérieur commence au Grand Pontife et se termine au Souverain Grand Inspecteur Général.

Voyons, dans ces différents grades, les buts différents, mais convergents tous vers un foyer unique, que doit avoir l'Enseignement Maçonnique dans chacun d'eux.

ENSEIGNEMENT PRIMAIRE.

1er DEGRÉ. — APPRENTI.

Les Travaux ont pour but de semer le doute philosophique dans le cœur du nouvel initié en lui montrant l'esclavage dans lequel il vit, de réveiller dans son cœur le sentiment de sa propre dignité et de le pousser vers l'étude de la vérité.

2e DEGRÉ. — COMPAGNON.

Les Travaux ont pour but de faire bien connaître aux nouveaux initiés toutes les facultés dont ils sont doués, et les moyens les meilleurs pour leur complète utilisation, tant au point de vue intellectuel qu'au point de vue physique.

3e DEGRÉ. — MAITRE.

Les Travaux ont pour but de montrer, par l'étude de la vie et de la mort, que c'est l'intelligence seule qui constitue l'homme, et que, pour lui conserver toute son intégrité, nous devons résister, toujours et quand même, de toutes nos forces, aux attaques mortelles de l'ignorance, de l'hypocrisie et de l'ambition.

ENSEIGNEMENT SECONDAIRE.

4e DEGRÉ. — MAITRE SECRET.

Les Travaux ont pour but de mettre en relief que notre conscience est notre véritable juge, juge essentiellement équitable et intègre, et de montrer combien l'éducation profane parvient à fausser les instincts sociaux que nous appelons Honneur, Vertu et Justice.

5e DEGRÉ. — MAITRE PARFAIT.

Les Travaux ont pour but de démontrer que l'homme, être fini, ne pourrait dérober à la Nature ses secrets les plus cachés, ni créer les Sciences et les Arts, si son intelligence n'était pas une émanation directe de la Cause Première, et d'en tirer la conséquence immédiate que nous sommes tous libres, tous frères, tous égaux et tous co-propriétaires des fruits et des productions du monde entier.

6e DEGRÉ. — SECRÉTAIRE INTIME.

Les Travaux se proposent d'éveiller la curiosité des Frères sur l'étude des misères sociales, sur la recherche de leurs causes réelles et d'amener la discussion approfondie de leur remède le plus efficace, le règne absolu de la Liberté, de l'Égalité et de la Fraternité.

7e DEGRÉ. — PRÉVOT ET JUGE.

Les Travaux ont pour but de mettre en lumière que le droit de dicter des Lois et de les rendre effectives appartient exclusivement au Peuple ; que c'est à lui de les discuter, de les mettre en vigueur et de les abroger.

8e DEGRÉ. — INTENDANT DU BATIMENT.

Les Travaux ont pour but d'étudier sur quelles bases solides doit s'asseoir l'édifice de l'Association humaine, et de bien préciser le sens véritable des mots Propriété et Travail.

9e DEGRÉ. — ÉLU DES NEUF.

Les Travaux ont pour but de rechercher quels sont les moyens pratiques de parvenir au meilleur mode d'élection des Agents chargés d'exécuter la volonté du Peuple, et quelle est la manière la plus efficace de limiter convenablement leurs facultés.

10e DEGRÉ. — ILLUSTRE ÉLU DES QUINZE.

Les Travaux se proposent l'étude des rapports internationaux considérés sous le triple point de vue de la Liberté, de l'Egalité et de la Fraternité que tous les hommes de toutes les nations possèdent, par droit personnel inaliénable, au même titre.

11e DEGRÉ. — ILLUSTRE CHEVALIER ÉLU.

Les Travaux s'attachent à bien caractériser les véritables démarcations qui séparent la Famille de la Commune, la

Commune de la Province, la Province de l'État, ils étudient les moyens les plus efficaces d'harmoniser ces trois autonomies nécessaires.

12e DEGRÉ. — GRAND MAITRE ARCHITECTE.

Les Travaux se proposent l'étude du Tribut, et recherchent les moyens pratiques d'en faire un élément réel de la Richesse Publique et, conséquemment, un puissant auxiliaire de la Propriété, du Capital et de l'Industrie, une fois ces trois sources de la Fortune du Peuple assises sur leurs véritables bases.

13e DEGRÉ. — ROYAL ARCHE.

Les Travaux ont pour but le perfectionnement de l'instruction du Peuple, par l'examen approfondi des notions que nous possédons sur la Cause Première, et la modification de l'enseignement idéaliste, rendu compatible avec les besoins de la Justice et les nécessités du Progrès.

14e DEGRÉ. — GRAND ÉLU, PARFAIT ET SUBLIME MAÇON.

Les Travaux tendent à faire proclamer partout le droit inaliénable de la Liberté absolue de Conscience et de Pensée que possèdent tous les hommes, sans exception, et s'attachent à l'étude de la revendication la plus ample et la plus formelle de ce droit.

15e DEGRÉ. — CHEVALIER D'ORIENT.

Les Travaux ont pour but de bien préciser que, l'homme étant libre de son droit naturel, la Liberté personnelle ne saurait être atteinte par la Loi; à moins que la Loi ne soit réellement l'Harmonie entre les Droits de l'homme isolé et les Devoirs de l'homme en société.

16e DEGRÉ. — PRINCE DE JÉRUSALEM.

Les Travaux mettent en lumière que l'Égalité humaine entraîne comme conséquence immédiate la liberté et l'indépendance des Nations en tant que groupements historiques ou territoriaux, et comme conséquence médiate, que les Droits et les intérêts généraux de l'humanité ne peuvent pas être bornés ni limités par des frontières.

17e DEGRÉ — CHEVALIER D'ORIENT ET D'OCCIDENT.

Les Travaux font ressortir combien le Droit de Réunion est un facteur important dans la Marche du Progrès; ils s'attachent à montrer que sans l'exercice plein et entier de ce droit, la souveraineté du Peuple devient le patrimoine de la médiocrité et de l'exploitation.

18e DEGRÉ. — CHEVALIER ROSE-CROIX.

Les Travaux portent sur la Liberté absolue de la Parole parlée et écrite; sur la mise en pratique du droit qu'ont les hommes à formuler chacun son opinion ou ses idées de la manière qui lui paraît le plus acceptable, et cela sans restriction d'aucune sorte, tant que les Droits des autres hommes ne sont pas réellement lésés ou amoindris par cette manifestation.

ENSEIGNEMENT SUPÉRIEUR.

19e DEGRÉ. — GRAND PONTIFE.

Les Travaux mettent en relief que pour rendre effectifs les Droits de l'homme, le Progrès Moral doit s'unir au Progrès intellectuel et modifier ses principes suivant les nouveaux besoins et les progrès de l'instruction générale.

20e DEGRÉ. — VÉNÉRABLE GRAND MAITRE DE TOUTES LES LOGES RÉGULIÈRES.

Les Travaux portent sur la nécessité de maintenir à outrance, par tous les moyens possibles, le Droit de tous les hommes à l'Egalité devant l'Équité et à l'Égalité dans la jouissance entière de tous leurs Droits naturels.

21e DEGRÉ. — NOACHITE.

Les Travaux étudient la fausse Liberté qui amène la Licence, le faux Ordre qui amène l'Anarchie et la fausse Humanité qui amène le Despotisme des masses en apportant à l'état social actuel le développement de ces maux pour en rechercher le remède.

22e DEGRÉ. — CHEVALIER ROYAL HACHE.

Les Travaux portent sur la réhabilitation du prolétariat par la collectivité, en prenant la mutualité pour moyen et la famille pour temple; et sur les moyens de constituer au plus tôt la fédération industrielle et la famille industrielle, en prenant le Libre Echange comme lien de solidarité.

23e DEGRÉ. — CHEF DU TABERNACLE.

Les Travaux ont pour but de rechercher tout ce qui peut garantir la liberté personnelle contre les abus de pouvoir de l'Autorité constituée, aussi bien que contre les abus possibles de la bonne foi de ses représentants.

24e DEGRÉ. — PRINCE DU TABERNACLE.

Les Travaux ont pour but d'arracher d'entre les mains du Pouvoir irresponsable le levier tout-puissant de l'Administration de la Justice, de lui donner comme point d'appui la

Conscience des Peuples, et non l'aveugle despotisme, afin qu'il ne puisse plus être manié que par la sagesse, la bonne foi et la loyauté.

25e DEGRÉ. — CHEVALIER DU SERPENT D'AIRAIN.

Les Travaux font ressortir que l'homme ne peut rien sans la Liberté, cette panacée de tous les maux sociaux ; et que, pour la conquérir, il lui faut le courage et l'audace qui brisent les chaînes du despotisme.

26e DEGRÉ. — ÉCOSSAIS TRINITAIRE.

Les Travaux ont pour but de battre en brèche tout Privilège, tout Monopole, toute Division posée sur la naissance, la position ou la richesse, afin d'obtenir par leur abolition, l'Égalité Sociale et la Substitution de l'esprit maçonnique à l'esprit de caste.

27e DEGRÉ. — GRAND COMMANDEUR DU TEMPLE.

Les Travaux portent sur la nécessité d'assurer la responsabilité du gouvernant et de garantir les droits des gouvernés au moyen d'une haute Cour Suprême de justice à laquelle tous pourraient en appeler, du fond et non seulement de la forme, contre tout acte d'autorité où leurs droits auraient été lésés.

28e DEGRÉ. — CHEVALIER DU SOLEIL.

Les Travaux ont pour but d'établir que la source véritable de la Religion naturelle, de la Morale universelle, de la Fraternité et la Solidarité Maçonniques est dans le devoir imprescriptible que nous avons de nous servir de notre intelligence pour découvrir le principe de tout ce qui est vrai et de tout ce qui est bon, afin de le répandre et de le communiquer à tous les hommes.

29e DEGRÉ. — GRAND ÉCOSSAIS DE SAINT-ANDRÉ.

Les Travaux ont pour but de montrer que, les hommes, ayant des passions et des intérêts souvent diamétralement opposés à la Moralité, à la Philosophie et à l'Intellectualité, ne peuvent pas être gouvernés par la raison pure; et que, par conséquent, les législateurs doivent faire en sorte que le principe cède le pas à la nécessité, jusqu'à ce que la loi irrésistible du Progrès parvienne à mener de front l'intérêt matériel et l'intérêt immatériel.

30e DEGRÉ. — CHEVALIER KADOSCH.

Les Travaux ont pour but de bien établir que les Chevaliers Kadosch sont obligés de combattre, par tous les moyens qui seront en leur pouvoir, pour s'assurer à eux-mêmes et assurer à leurs semblables la liberté politique et la liberté religieuse.

31e DEGRÉ. — GRAND INSPECTEUR INQUISITEUR COMMANDEUR.

Les Travaux ont pour but le développement de la Puissance exécutive de l'Ordre.

32e DEGRÉ. — SUBLIME PRINCE DU ROYAL SECRET.

Les Travaux ont pour but le développement de la Puissance Collective de l'Ordre.

33e DEGRÉ. — SOUVERAIN GRAND INSPECTEUR GÉNÉRAL.

Les Travaux ont pour but la consolidation, d'une manière indestructible, de la Puissance Suprême de l'Ordre.

Voilà, Illustre et très cher Frère, les 33 buts vers lesquels tendent successivement les 33 Degrés du Rite Écossais Ancien et Accepté.

Ils sont tous convergents vers un but unique, dont la formule est et sera pour vous, en tant qu'Orateur et que Représentant du Peuple Maçonnique dans les différents Ateliers de son travail maçonnique, la devise que vous voyez briller sur le texte de votre Patente de Souverain Grand Inspecteur Général :

ORDO AB CHAO

C'est du CHAOS qui s'est emparé de l'Univers que nous voulons faire sortir l'ORDRE, en réalisant le Grand Œuvre de la Rédemption Sociale grâce à la destruction des abus, à l'anéantissement du Fanatisme et de la Tyrannie et grâce à la diffusion, par l'Éducation, de la GRANDE LUMIÈRE MAÇONNIQUE.

Et voilà, en tant qu'Orateur, le but unique qui doit être toujours présent à votre esprit, qui doit devenir le foyer puissant de vos irradiations maçonniques. »

Le Président dit alors :

« Illustre Souverain Grand Ministre d'État et Grand Orateur, recevez mes remerciements. »

S'adressant au récipiendaire, le Président continue :

« Illustre et très cher Frère, maintenant que vos devoirs, comme Orateur des 32 Ateliers du Rite Écossais Ancien et Accepté, vous sont connus, vous allez recevoir les enseignements qui doivent vous servir de guide comme Président de ces trente-deux ateliers.

» L'Illustre Souverain Grand Orateur vous l'a admirablement expliqué : ORDO AB CHAO est la formule encyclopédique de l'Orateur du Rite Écossais.

» Vous allez apprendre que DEUS MEUMQUE JUS est la synthèse parfaite de tous les devoirs du Président des Ateliers Écossais Anciens et Acceptés.

» Puissant Souverain Lieutenant Grand Commandeur, veuillez donner au nouveau Souverain Grand Inspecteur Général, dont se sont augmentés aujourd'hui les rangs des Chefs Suprêmes de l'Ordre, l'enseignement complet des principes qui doivent le guider comme Président des 32 Ateliers du Rite Écossais Ancien et Accepté. »

CINQUIÈME PARTIE.

Satan dirigeant.

Comme l'Orateur Maçon enseigne le Socialisme, le Président de la Loge enseigne la destruction de toute autorité.

Exalter les passions populaires, et détruire le frein capable de les retenir, voilà le vrai, le seul Secret de la Maçonnerie. Tous les autres n'ont été inventés que pour couvrir celui-là.

Le Lieutenant Grand Commandeur, s'adressant au récipiendaire, prend la parole en ces termes :

« Comme Orateur Maçon vous avez vu se dérouler successivement devant votre esprit les trente trois champs-clos où votre éloquent enseignement aura à vaincre en combat singulier le Fanatisme, la Tyrannie et le Mensonge.

» Dans cette lutte, les sentiments sont enclins à l'exaltation inconsciente, et rien n'est plus facile que de devenir fanatique contre le Fanatisme, tyran contre la Tyrannie, intolérant contre l'Intolérance.

» Cet écueil que vous aurez à éviter comme Orateur du Rite n'existera pas pour vous, en tant que Président des travaux de ses 32 ateliers. Mais vous aurez à combattre un ennemi dont l'obstination est presque insurmontable : l'ÉGOISME.

» Pour l'atteindre dans ses plus intimes retranchements,

vous aurez à guider l'ensemble des travaux de chacun des ateliers du Rite, vers un but qui soit moins essentiellement social que celui qui vise l'enseignement de l'Orateur, et qui, évitant de réveiller exclusivement les intérêts sociaux personnels ou collectifs, s'attache à ranimer l'intelligence et le sentiment des frères par des visées foncièrement idéalistes de propagande spirituelle.

» Le gouvernail que, comme Grand Inspecteur Général de l'Ordre, vous devez tenir d'une main dévouée à la Maçonnerie, subira de vous, comme Président d'atelier, une impulsion marquée vers l'idéalisme ; vous pourrez ainsi équilibrer la force du courant socialiste que vous aurez appelé à votre aide comme Orateur d'atelier.

» C'est la résultante de cette impulsion idéaliste et de ce courant socialiste qui vous donnera plus tard la VÉRITABLE DIRECTION VERS LE VÉRITABLE BUT DE LA MAÇONNERIE.

« Veuillez donc suivre attentivement mes paroles. Je vais vous indiquer l'esprit dans lequel vous devez concevoir les trente-deux Degrés du Rite Écossais Ancien et Accepté, pour faire dominer cette conviction parmi les Maçons de l'Obédience dans chaque atelier, chaque fois que vous serez appelé à y présider les travaux. »

1er DEGRÉ. — APPRENTI.

Le premier degré nous montre dans le Candidat, qui n'est ni nu ni habillé, ni pieds nus ni chaussé, qui a les yeux bandés et est attaché par des liens, qui est sans argent et se trouve sans ressources, les masses muettes et soumises du PEUPLE, aveuglé par la *superstition*, sans défense par son *ignorance*, enchaîné par le *despotisme*, et travaillant pour payer aux autres son tribut, ayant de plus l'âme soumise à l'esclavage d'une hiérarchie religieuse qui extermine ceux qui ne sont pas de son opinion, au nom d'un Dieu de Clémence et d'un Rédempteur d'Amour.

C'est à ce pauvre, à cet humilié, à cet aveuglé, à ce baillonné que vous dites : TU ES UN HOMME COMME LES AUTRES HOMMES.

2e DEGRÉ. — COMPAGNON.

La science, l'acquisition et la possession des connaissances intellectuelles, rend *seule* l'homme roi de la Création et maître de lui-même; et, après avoir révélé au Peuple qu'il est un HOMME, vous lui apprenez que c'est par la *Prudence* et non par l'Affolement, par la *Fortitude* et non par le Désespoir, par la *Modération* et non pas par les Excès, par la *Justice* et non pas par l'aveugle Vengeance, qu'il pourra obtenir son affranchissement complet, sa liberté politique et spirituelle, et posséder un gouvernement libre, dont le Gouvernement de la Loge est le véritable type.

3e DEGRÉ. — MAITRE.

Vous présentez emblématiquement au Peuple sa résurrection à la VIE de la Liberté et l'Intelligence après sa MORT par le vasselage et l'ignorance; et vous lui faites joindre à la dignité d'Homme la force de Frère, en unissant les hommes par les liens solides de la Fraternité la plus étroite. Et, pour couronner cet enseignement consolateur, vous lui dites que l'âme est immortelle, et qu'étant immortelle elle est l'égale de l'âme de n'importe quel autre homme, s'il y a égalité entre leurs vertus et leurs qualités viriles.

4e DEGRÉ. — MAITRE SECRET.

Le devoir et la mission du Maçon est de se rendre utile à ses semblables, à la patrie, à l'humanité; mais il faut une gradation inévitable pour atteindre sûrement la Liberté permanente et indestructible. Vous vous appesantissez sur ce fait que, sans une instruction progressive et complète dans la morale, on vient se briser sur le scepticisme ou le sensualisme, écueils dangereux qui ont souvent fait périr la Liberté dans le naufrage Social; et vous ferez remarquer que la Lumière Maçonnique croit par degrés insensibles en intensité et clarté, mais ne vient pas vous aveugler par un subit éblouissement.

5e DEGRÉ. — MAITRE PARFAIT.

Être en paix avec sa propre Conscience, mériter l'approbation des bons, parce que l'on a fait ce qu'on doit faire, parce que c'est ainsi qu'on doit faire, constitue la plus enviable des récompenses; et en faisant ressortir cet enseignement essentiellement consolant, vous faites remarquer que, sans l'honnêteté, le travail, l'équité et la fraternité, la Liberté n'est rien et l'Indépendance n'est qu'un mot vide de sens.

6e DEGRÉ. — SECRÉTAIRE INTIME.

Vous enseignez le dévouement, la générosité, l'apaisement des querelles, la paix, la concorde et l'harmonie; car ce sont les haines et les dissensions intestines qui permettent aux tyrans de s'emparer du pouvoir et de le retenir, et c'est l'intolérance, qu'ils s'attachent à fomenter, qui permet aux despotes spirituels d'établir leur détestable domination.

7e DEGRÉ. — PRÉVOT ET JUGE.

Il faut être juste pour pouvoir être libre, il faut éviter le mal et punir les malfaiteurs, juger avec clémence, impartialité et respect à la loi, et ne jamais oublier que c'est seulement quand le sentiment de la Justice est devenu une sorte de seconde nature du Peuple, que ce Peuple peut avoir la certitude de continuer à être libre. Voilà l'esprit de l'enseignement de ce grade.

8e DEGRÉ. — INTENDANT DES BATIMENTS.

Vous enseignerez que tout travailleur est un Frère, qui a droit à vos égards et à votre appui, qu'on doit aux travailleurs une généreuse sympathie et un secours efficace quand le travail leur fait défaut ; et vous développerez le *Credo* de la Fraternité humaine, sans laquelle les nations ne sauraient être gouvernées que par la force du sabre.

9e DEGRÉ. — MAITRE ÉLU DES NEUF.

10e DEGRÉ. — ILLUSTRE ÉLU DES QUINZE.

L'assassinat symbolique de la liberté rationnelle, physique, intellectuelle et spirituelle par l'*ignorance* du peuple toujours prêt à jeter la pierre sur les meilleurs de ses enfants, par le *despotisme* des Tyrans, des Oligarchies et des Partis et par l'*intolérance* du Fanatisme, de l'Hypocrisie et de la Superstition tant politiques que religieuses, réclamait une vengeance équivalente.

L'Ignorance n'est pas simplement le manque d'instruction ; elle ne consiste pas à ne pas savoir lire ou écrire, mais bien dans la non-connaissance de la vérité et du droit, dans l'acceptation de l'Erreur et du Mensonge ; cette ignorance doit être extirpée complètement, et sa reproduction rendue impossible.

C'est ce que la légende symbolise par la tête coupée du premier assassin.

La Tyrannie et le Despotisme spirituel des deux autres assassins peuvent être garrottés et mis dans l'impossibilité de nuire, pendant qu'on les juge et qu'on leur inflige le châtiment qu'ils méritent.

Vous insisterez sur ce que, dans ces deux degrés, on embrasse, pour ne plus jamais l'abandonner, la cause du peuple contre la populace, de la Libre Pensée, de la Libre Parole et de la Libre Conscience contre les tyrans de l'esprit.

11e DEGRÉ. — ILLUSTRE CHEVALIER ÉLU.

Vous avez mérité le noble titre d'Homme vrai, loyal et fidèle à ses promesses, à ses paroles et à ses résolutions : faites ressortir que, si le Peuple ne devient pas également Peuple *vrai,* le gouvernement libre ne pourra jamais y jeter des racines, et l'anarchie ou l'usurpation ne tarderont pas à déposséder le Peuple de sa Liberté.

12e DEGRÉ. — GRAND MAITRE ARCHITECTE.

Les travaux emblématiques à l'aide des instruments du travailleur sont terminés; les travaux à l'aide des instruments de l'Architecte les remplacent. Cela signifie que ce grade marque le passage des études morales et matérielles aux études philosophiques et spirituelles. La véritable instruction Maçonnique proprement dite commence.

13e DEGRÉ. — ROYAL ARCHE.

Vous vous vouez à l'honneur Maçonnique et au devoir Maçonnique qui seront dorénavant les étoiles polaires de votre existence ; et le mot du *Maître*, l'emblème de la régénération de la Nature, vous est révélé comme étant aussi le nom de la cause première. La Raison pure commence à éclairer pour vous les ténèbres de problèmes qui vous paraissent insondables.

14e DEGRÉ. — GRAND ÉLU, PARFAIT ET SUBLIME MAÇON.

La nature de la cause Première et la nature de notre âme vous sont expliquées, non dans les limites des vues étroites d'une secte quelconque, mais avec les larges traits de la Vérité; on vous dévoile en partie le but de la Maçonnerie, l'intellectualisation, la spiritualisation exerçant une domination suprême sur l'animalité et la matérialité de l'homme; on vous montre que l'avenir de l'humanité est compris tout entier dans l'avenir de la Maçonnerie. Car il consiste dans la prise de possession de sa Liberté, de sa Fraternité, de son Intelligence et de sa Vertu, que la Maçonnerie s'est vouée à lui procurer.

15e DEGRÉ. — CHEVALIER D'ORIENT.

Vous déclarez la guerre à l'Apathie sous quelque forme qu'elle se manifeste; vous montrez que l'important n'est pas seulement d'établir des institutions et un gouvernement libres, mais de le consolider par une vigilance et une persévérance constantes dans toutes les occasions possibles.

16e DEGRÉ. — PRINCE DE JÉRUSALEM.

Vous expliquez les difficultés presque insurmontables qu'éprouvera la reconstruction de l'édifice de la Liberté, une fois ses trois grandes assises posées : la *Sagesse* des Gouvernants, la *Force* des Gouvernés, et l'*Harmonie* des intérêts investis; vous enseignez que c'est seulement par un travail infatigable et incessant, fait avec l'épée d'une main et la truelle de l'autre qu'on parviendra à le relever. Vous insistez sur ce que cette œuvre sublime, dont nous ne verrons pas l'achèvement, sera continuée par des générations successives de Maçons, et que la part d'honneur et de gloire afférente à nous, ouvriers de la première heure, sera la même que celle qui reviendra aux Frères qui auront réalisé le couronnement de l'Édifice.

17e DEGRÉ. — CHEVALIER D'ORIENT ET D'OCCIDENT.

Vous montrerez l'âme humaine lasse de spéculations idéales, fatiguée d'une logique stérile et creuse, marchant de l'Occident vers l'Orient en quête de la Vraie Lumière, de la Philosophie Maçonnique qui seule peut lui donner la paix et le repos.

18e DEGRÉ. — CHEVALIER ROSE-CROIX.

L'homme rendu fort et confiant par la *Foi* et l'*Espérance*, a conscience qu'il peut devenir libre; comprenant que c'est par la *Charité* seule que l'Humanité peut devenir un tout, une famille unique, il sent l'impérieuse nécessité de la tolérance civile et religieuse la plus absolue. Vous ferez sentir que, s'il est défendu de *juger* absolument, il n'est pas défendu d'*aimer*, et que ce qu'il importe de savoir n'est pas ce que nous croyons ou ne croyons pas, mais ce que nous devons aimer.

19e DEGRÉ. — GRAND PONTIFE.

Notre vision ne pouvant embrasser qu'une portion infinitésimale du Grand tout harmonique de la Nature; notre intelligence étant essentiellement finie en présence de l'infini, vous expliquez que nous n'avons pas à préjuger le moment où la Vérité, l'Honneur et la Charité écraseront définitivement le Mensonge, la Bassesse et l'Intolérance, ces trois têtes du serpent du Mal; vous ajoutez que notre devoir est de l'attendre avec patience et résignation.

20e DEGRÉ. — VÉNÉRABLE GRAND MAITRE DE TOUTES LES LOGES RÉGULIÈRES.

Celui qui est appelé à gouverner et à présider ses Frères doit se rendre bien compte que, s'il est « premier parmi des égaux, » cette situation lui impose les devoirs de l'exemple, de l'autorité, de l'instruction et du dévouement sans bornes à ceux qu'il doit guider vers la Vérité et vers le Bien.

21e DEGRÉ. — NOACHITE.

Vous rappellerez combien la judicature libre, intègre et indépendante est indispensable pour que le véritable progrès devienne et reste une réalité, vous développerez que, pour atteindre ce but, c'est seulement des lois constitutionnelles et non de la volonté du Pouvoir ni des caprices des masses que les juges doivent être dépendants.

22e DEGRÉ. — CHEVALIER ROYAL HACHE.

Vous parlerez de la dignité du travail, et vous direz que c'est seulement quand cette vérité sera reconnue par tous que le travail cessera d'être une malédiction, une disgrâce et un malheur, pour devenir ce qu'il est réellement, une bénédiction, un honneur et un privilège, dont les classes laborieuses doivent savoir se rendre dignes, en sachant conquérir leur liberté et la conserver pour toujours.

23e DEGRÉ. — CHEF DU TABERNACLE.

24e DEGRÉ. — PRINCE DU TABERNACLE.

25e DEGRÉ. — CHEVALIER DU SERPENT D'AIRAIN.

L'enseignement d'ensemble que vous en ferez ressortir est que, puisque nous sommes forcés de reconnaître notre impuissance à pénétrer les Mystères de la Nature Matérielle et Spirituelle, nous devons reconnaître aussi combien sont absurdes et oiseuses les luttes des sectes qui ont pour objets des différences dans les inventaires des attributs de la Cause Première, des calculs différents sur le nombre ou la nature de ses émanations, et vous en tirerez la conclusion logique que l'intolérance est aussi criminelle que stupide.

26e DEGRÉ. — ÉCOSSAIS TRINITAIRE.

Vous résumez les idées maçonniques sur la Cause Première ; elle a créé l'Univers en devenant *Force* par sa *Pensée* formée dans son *Intelligence* et exprimée par sa *Sagesse* ; elle le conserve au moyen de la *Loi d'Harmonie* par l'expression suivie de sa *Volonté*. Et, revenant à l'homme, vous faites ressortir qu'il est libre de faire le mal ou de poursuivre le bien ; car la nécessité et la liberté s'accordent en lui, comme s'accordent dans l'Harmonie universelle le mal et la souffrance avec le bien et le bonheur.

27e DEGRÉ. — GRAND COMMANDEUR DU TEMPLE.

28e DEGRÉ. — CHEVALIER DU SOLEIL.

29e DEGRÉ. — GRAND ÉCOSSAIS DE SAINT-ANDRÉ.

L'enseignement philosophique maçonnique se complète et se perfectionne. Tous les *Credo*, toutes les « Professions de Foi » ne sont que des formules issues de l'ignorance ou des aspirations de l'homme, car définir l'objet de la Foi et le circonscrire c'est formuler l'Inconnu. Vous mettrez en relief qu'il y a égalité de fanatisme entre l'homme qui prétend définir infailliblement sa Cause Première et l'homme qui s'attache à nier son existence. La Création est la Révélation, et son Œuvre est la Manifestation de son Existence.

30° DEGRÉ. — CHEVALIER KADOSCH.

L'Humanité est infestée par l'Erreur.

L'enseignement maçonnique nous a appris à le connaitre et nous a révélé la vérité.

Nous devons détruire partout l'erreur et mettre la vérité à sa place.

Et ce devoir, il faut que nous le remplissions par tous les moyens.

31° DEGRÉ. — GRAND INQUISITEUR INSPECTEUR COMMANDEUR.

La Maçonnerie n'est et ne sera que par la pureté de son dogme et la valeur de ses enseignements.

32° DEGRÉ. — SUBLIME PRINCE DU ROYAL SECRET.

L'avenir de la Maçonnerie renferme l'avenir de l'Humanité, qui consiste à recruter des Maçons parmi les meilleurs et les plus puissants, organiser partout des Ateliers Maçonniques, assurer toujours la Coopération harmonieuse de tous vers la réalisation du Sublime But de la Maçonnerie, et à rendre ainsi à l'Humanité les plus glorieux et les plus signalés services.

« Voilà, Illustre Souverain Grand Inspecteur Général et Très Cher Frère, les fils conducteurs qui doivent guider votre zèle Maçonnique dans les divers Ateliers du Rite Écossais Ancien et Accepté.

« Le labeur est rude, le fardeau est lourd, mais le but est si sublime et la récompense si précieuse, que ces responsabilités ne doivent qu'accroitre et affermir votre zèle et votre courage; puisque c'est votre courage et votre zèle qui vous ont permis d'atteindre la Suprême dignité du Rite.

« L'esprit de ces enseignements est essentiellement attrayant, car il est la Vérité.

» Mais la lumière agrandit chez les uns la pupille de l'œil et la rapetisse chez les autres.

» Aussi, tout en vous consacrant, comme Président des différents Ateliers, à l'Instruction des Frères, vous aurez le plus grand soin d'observer quels sont, parmi les Ouvriers, ceux que ces travaux attirent le plus.

» Vous formerez, avec ce noyau de zélés, un Comité d'Instruction dans chaque Atelier du Rite.

» La bonne Organisation de ces Comités d'Instruction est le premier et le plus important de vos devoirs, comme Président des Ateliers du Rite.

» Et vous voyez, Illustre et Très Cher Frère, que « DEUS MEUMQUE JUS » formule bien l'ensemble de tous les devoirs d'un Souverain Grand Inspecteur Général, en tant que Président des Ateliers du Rite, puisqu'il exprime bien clairement que, créés par la Cause Première, c'est à nous à nous mettre en possession de tous nos droits. »

Le Président prend la parole et dit :

« Puissant Souverain Lieutenant Grand Commandeur, l'Ordre vous est reconnaissant de l'instruction si importante que vous venez de donner au dernier promu de ses Chefs. »

S'adressant ensuite au récipiendaire, il lui dit :

« Illustre Souverain Grand Inspecteur Général et Très Cher Frère, tous les voiles se sont levés pour vous faire connaître ce qu'est le Rite Écossais Ancien et Accepté pour les Chefs Suprêmes de la Maçonnerie, les Souverains Grands Inspecteurs Généraux.

» Je vais terminer votre instruction et compléter votre initiation au 33e et dernier degré du Rite, en faisant briller à vos yeux la Grande Lumière Maçonnique, en vous révélant ce que sont en eux-mêmes les Chefs Suprêmes de la Maçonnerie parmi lesquels vous allez compter et avec lesquels vous allez travailler au triomphe définitif de la Maçonnerie. »

SIXIÈME PARTIE.

Satan déifié.

D'où viennent les Souverains Grands Inspecteurs Généraux? Où vont-ils?

Quelle route suivent-ils pour atteindre leur but?

Voilà clairement tracé le cadre de l'enseignement final que j'ai à vous communiquer, et pour plus de clarté dans son exposé et afin de rendre ineffaçables les leçons que pour vous il comporte, je vais vous développer successivement :

I. *Le point de départ*,

II. *La route suivie*,

III. *Le but à atteindre*.

I.

Sept Députés Inspecteurs du Rite Maçonnique de Perfection en 25 degrés se réunirent, le 31 mai 1801, sous le 33° de latitude Nord, à Charleston, dans la Caroline du Sud, aux États-Unis, et, après être convenus que le Rite serait augmenté de huit degrés et en aurait 33, constituèrent le Premier Suprême Conseil du 33e et dernier degré du *Rite Écossais Ancien et Accepté*.

Rite, parce que c'est une des différentes formes de la Franc-Maçonnerie.

Écossais, parce que le Rite de Perfection d'où il procède fut apporté, au commencement du XVIIIe siècle, en France où il fut établi, par un Franc-Maçon écossais nommé Ramsay.

Ancien, parce que ses doctrines sont anciennes, bien que sa formation soit récente.

Accepté, parce qu'il doit l'être par tous les vrais Maçons qui recherchent le triomphe de la Liberté, de l'Égalité et de la Fraternité; car il n'est que le développement des principes renfermés dans ces trois mots.

Des Souverains Grands Inspecteurs Généraux, membres de ce Premier Suprême Conseil de Charleston constituèrent par eux-mêmes ou par des Inspecteurs Généraux qu'ils nommèrent, tous les Suprêmes Conseils existant aujourd'hui.

Le Suprême Conseil de France, le 22 septembre 1804,
Le Suprême Conseil d'Italie, le 5 mars 1805,
Le Suprême Conseil d'Espagne, le 4 juillet 1811,
Le Suprême Conseil de Boston, le 5 août 1813,
Le Suprême Conseil d'Irlande, le 11 juin 1826,
Le Suprême Conseil de Colon, le 24 juin 1859.

Des Souverains Grands Inspecteurs Généraux du Suprême Conseil de France constituèrent :

Le Suprême Conseil de Belgique, le 11 mai 1817,
Le Suprême Conseil d'Écosse, le 6 mai 1846,
Le Suprême Conseil de Hongrie, le 25 novembre 1871,
Le Suprême Conseil de Suisse, le 30 mai 1873.

Des Souverains Grands Inspecteurs Généraux du Suprême Conseil de Belgique constituèrent :

Le Suprême Conseil du Brésil, le 16 novembre 1829.

Des Souverains Grands Inspecteurs Généraux du Suprême Conseil du Brésil constituèrent :

Le Suprême Conseil du Portugal, le 6 mai 1842,
Le Suprême Conseil de l'Uruguay, le 20 septembre 1856.

Des Souverains Grands Inspecteurs Généraux du Suprême Conseil de l'Uruguay constituèrent :

Le Suprême Conseil Argentin, le 15 décembre 1858.

Des Souverains Grands Inspecteurs Généraux du Suprême Conseil d'Italie constituèrent

Le Suprême Conseil d'Égypte, le 25 janvier 1878,
Le Suprême Conseil de Tunis, le 11 mai 1880.

Des Souverains Grands Inspecteurs Généraux du Suprême Conseil de Boston constituèrent :

Le Suprême Conseil d'Angleterre, le 2 février 1846.

Des Souverains Grands Inspecteurs Généraux du Suprême Conseil d'Angleterre constituèrent :

Le Suprême Conseil du Canada, le 16 octobre 1874.

On ignore quels ont été les véritables Fondateurs des Suprêmes Conseils suivants :

Suprême Conseil du Pérou, qui existe depuis 1830,

Suprême Conseil de Colombie, qui existe depuis 1833,

Supreme Conseil de Vénézuela, qui existe depuis 1864.

Mais ils existent, et des Souverains Grands Inspecteurs Généraux du Suprême Conseil de Colombie ont constitué :

Le Suprême Conseil de Costa-Rica, le 27 novembre 1870.

» Il existe donc 24 Suprêmes Conseils régulièrement constitués du Rite Écossais Ancien et Accepté, dont le plus ancien, celui de Charleston, date du 31 mai 1801, et le plus moderne, celui de Tunis, du 11 mai 1880.

» Je viens de prononcer le mot « régulièrement » sur lequel je dois, Frère, appeler votre attention.

» La Franc-Maçonnerie est la lutte à outrance contre des ennemis déterminés. Partout où cette lutte peut s'entamer avec probabilité de succès, les Maçons doivent être là et lutter, lutter jusqu'à la mort ou jusqu'au triomphe.

» Ces cohortes de Soldats de la Vérité, de la Liberté, de l'Égalité et de la Fraternité doivent être organisés pour la lutte, et menées au combat par des Souverains Grands Inspecteurs Généraux.

» Si donc il n'y a pas de Suprême Conseil dans la juridiction où luttent les Maçons, il y aura lieu d'en constituer un, dans des conditions qui puissent assurer la victoire Maçonnique.

» Et il sera toujours préférable d'opérer cette constitution sous les auspices d'un Suprême Conseil déjà existant, ou même sous ceux de la Confédération des Suprêmes Conseils du Rite Écossais Ancien et Accepté, pour profiter de l'expérience acquise par ces corps dirigeants et pour acquérir l'élément de succès que garantit l'union étroite, sur toute la Surface du Globe, de tous les Suprêmes Conseils du Rite.

» Un Suprême Conseil ainsi constitué s'appelle « régulier, » car il est juste et régulier de porter à la connaissance de tous les Maçons l'endroit où se donne la bataille, pour qu'ils puissent honorer les Morts et récompenser les Combattants.

» Mais dans l'espèce, tout Suprême Conseil, de quelque façon qu'il soit constitué, s'il réussit à réunir sous son drapeau des Maçons qui infligent des défaites réelles à nos ennemis, est légitime de toute légitimité.

» Avant de passer en revue les corps d'armée dont le Rite Écossais dispose pour la lutte à outrance contre les ennemis de l'Humanité; avant de vous dévoiler le Secret Suprême qui fait notre force et rend la Maçonnerie éternelle, j'ai à vous prier, Frère, de ne jamais vous écarter de deux principes essentiels, sur lesquels repose toute l'organisation Maçonnique.

» Le premier principe est que le pouvoir vient d'en bas, et qu'il est délégué au moyen du vote démocratique; et c'est seulement quand le pouvoir est entre les mains des Souverains Inspecteurs Généraux qu'il devient Autorité et agit sur tous les Maçons du Rite.

» Le deuxième principe est que, si vous jugez qu'un profane ne puisse, intellectuellement parlant, s'élever jamais à la hauteur du degré de Chevalier Kadosch, il faut bien vous garder de l'initier, même au grade d'apprenti, car jamais vous ne pourrez en faire un vrai Maçon Écossais.

» C'est en observant le premier principe que vous obtiendrez du Rite Écossais tous les bienfaits et tous les avantages qu'il renferme; c'est en observant le second que vous parviendrez sûrement et infailliblement à lui donner, sur tous les autres Rites Maçonniques, la prépondérance qu'il doit obtenir. »

II.

« Abordons, Frère, l'étude définitive des moyens que vous aurez à employer pour peupler les Ateliers du Rite d'hommes *libres*, d'hommes *vrais*, d'hommes *francs* qui ne viennent chercher dans la Maçonnerie, dans cette École de philosophie rationaliste *pratique*, que des armes puissantes pour travailler avec succès au Grand Œuvre de l'affranchissement de l'homme et de l'émancipation du peuple.

» Un des moyens les plus efficaces pour parvenir à ce résultat consiste à former, dans toutes les Loges de tous les degrés, ces *Comités d'Instruction* dont mon Lieutenant vous a déjà entretenu.

» Dans la Loge, quel que soit son degré, vous suivrez, pour la lettre, les Rituels adoptés par le Suprême Conseil de la Juridiction, et, pour l'esprit, les enseignements, les interprétations graduées qui vous ont été données par l'Orateur et par mon Lieutenant.

» Mais dans le Comité d'Instruction, on n'a que faire des Rituels : ils n'ont pas leur raison d'être, car il ne doit y avoir là que des hommes d'action, capables de réaliser et ne se bornant pas seulement à apprendre les moyens de le faire.

» C'est dans ces Comités d'Instruction que vous donnerez l'enseignement Secret qu'il me reste à vous communiquer, mais qui ne doit sortir JAMAIS du Cercle du Comité d'Instruction, puisque, dans chaque Grade, le Maçon qui est utile fait partie de ce Comité, les Maçons qu'on regarde comme inutiles restant en dehors.

» En venant s'initier dans la Maçonnerie, l'Aspirant subit trois interrogations :

» Quels sont les devoirs de l'homme envers lui-même?

» Quels sont les devois de l'homme envers ses semblables

» Quels sont les devoirs de l'homme envers son pays?

» Les *six* premiers degrés du Rite Écossais Ancien et Accepté sont consacrés à donner une réponse complète à la première question.

» En tant que *Matière* l'homme doit savoir quels sont ses rapports avec le monde matériel qui l'environne.

» Voilà ce que lui enseignent les trois premiers degrés.

» En tant *qu'Esprit*, l'homme doit rechercher quels sont ses rapports avec le monde surnaturel.

» Voilà ce que lui enseignent les *trois* degrés suivants.

» Les *dix-neuf* degrés qui viennent ensuite, sont consacrées à la deuxième question.

» La troisième question se trouve complètement élucidée dans les *huit* derniers degrés du Rite.

» Donc, le Rite Écossais Ancien et Accepté consacre les 6 premiers degrés de son échelle initiatique à l'étude des devoirs de l'homme envers lui-même, les 19 degrés suivants aux devoirs de l'homme envers ses semblables, et les 8 derniers degrés aux Devoirs de l'Homme envers son pays.

» Mais en revenant par la pensée à l'époque de votre initiation, un souvenir se fait jour dans votre pensée, et vous vous rappelez qu'une quatrième question vous a été faite alors, et qu'on l'a formulée ainsi :

» Quels sont les devoirs de l'homme envers Dieu?

» La réponse complète à cette question pour vous, Chef Suprême de la Maçonnerie, est en dehors des degrés du Rite, bien que la doctrine qui constitue cette réponse doive pénétrer tous les Grades, mais avec des nuances toutes particulières de présentation et de formulaire.

» Nous l'étudierons après avoir terminé l'examen des devoirs de l'Homme isolé et social.

» D'où vient l'homme?

» Voilà le Grade d'*Apprenti*, le 1er degré du Rite;

» Aussi son Mot Sacré signifie-t-il : le *Cteis*, l'*Uterus*.

» Qu'est-ce que l'homme?

» Voilà le Grade de *Compagnon*, le 2e degré;

» Aussi son Mot Sacré signifie-t-il : le *Phallus*, la *Verge*.

» Quelle est la destinée de l'homme?

» Voilà le Grade de *Maître*, le 3e degré;

» Aussi son Mot Sacré signifie-t-il : la *Putréfaction*.

» Voilà l'étude complète de l'Homme Matière, première partie de l'étude de l'homme isolé.

» Sa Conscience révèle à l'homme qu'il n'est pas l'effet d'une Cause.

» Voilà le Grade de *Maître Secret*, le 4e degré;

» Aussi son Mot Sacré signifie-t-il que le *Principe*, la *Fin* et le *Seigneur de la Création humaine* est le *Phallus*.

» Les rapports entre l'homme et sa Cause Première se manifestent par la Force, l'Intelligence et l'Amour humain.

» Voilà le Grade de *Maître Parfait*, le 5e degré;

» Aussi son Mot Sacré signifie-t-il que l'*Homme se reproduit dans l'Humanité par ces trois manifestations*.

» Quels sont les rapports de l'âme humaine avec le corps? Quels sont ceux qui existent entre l'âme humaine finie et l'âme Universelle infinie?

» Voilà le Grade de *Secrétaire Intime*, le 6e degré;

» Aussi son Mot Sacré signifie-t-il : l'*Ame Universelle révélée par l'immensité*.

» Voilà, enfin, l'étude complète de l'Homme-Esprit, deuxième partie de l'étude de l'homme isolé.

» Passons maintenant à l'étude de l'homme social.

» L'homme est tenu d'être juste envers ses semblables, pour que ses semblables soient justes envers lui.

» Voilà le Grade de *Prévôt et Juge*, le 7e degré;

» Aussi son Mot Sacré signifie-t-il : *Issue directe de la Cause Première*.

» L'homme est tenu de chercher, par son influence et son exemple, à faire prévaloir l'Ordre parmi ses semblables.

» Voilà le Grade d'*Intendant des Bâtiments*, le 8e degré;

» Aussi son Mot Sacré signifie-t-il : *Résidence et Immanence de la Cause Première*.

» L'homme doit à ses semblables son aide toute entière pour conquérir et établir la liberté politique :

» 1° Par le libre développement du principe judiciaire.

» Voilà le Grade de *Maître Élu des Neuf*, le 9e degré;

» Aussi son Mot Sacré signifie-t-il : *Exécuteur du Châtiment*.

» 2° Par le libre développement du principe municipal.

» Voilà le Grade d'*Illustre Élu des Quinze*, le 10e degré;

» Aussi son Mot Sacré signifie-t-il : *Bien du Peuple*.

» 3° Par le libre développement du principe législatif.

» Voilà le Grade de *Sublime Chevalier Élu*, le 11e degré;

» Aussi son Mot Sacré signifie-t-il : *Représentant de la Puissance*.

» L'homme doit à ses semblables, une fois la liberté politique établie, de s'enquérir de la légitimité, des attributions et de la forme, du centre et du mobile du Gouvernement Social, du Pouvoir exécutif.

» Et voilà le Grade de *Grand Maître Architecte*, le 12e degré;

» Aussi son Mot Sacré signifie-t-il : *Chef, Tête*.

» L'homme doit à ses semblables de mettre sous leurs yeux les dangers terribles qui résultent de la soumission du pouvoir politique et du pouvoir scientifique au pouvoir théocratique.

» Voilà le Grade de *Royal Arche*, le 13e degré;

» Aussi son Mot Sacré signifie-t-il : *Manifestation à limiter.*

» L'homme doit à ses semblables de porter remède à la suprématie assassine de la théocratie, en s'attachant à établir la suprématie de la science.

» Voilà le Grade de *Parfait et Sublime Maçon*, le 14e degré;

» Aussi son Mot Sacré signifie-t-il : *Suprématie de lumière.*

» L'homme doit à ses semblables d'assurer leur liberté.

» Voilà le Grade de *Chevalier d'Orient*, le 15e degré;

» Aussi son Mot Sacré signifie-t-il : *Liberté rendue.*

» L'homme doit à ses semblables de reconnaître leur égalité.

» Voilà le Grade de *Prince de Jérusalem*, le 16e degré;

» Aussi son Mot Sacré signifie-t-il : *Mois de l'année, époque égale.*

» L'homme doit à ses semblables de coopérer à leur Fraternité.

» Voilà le Grade de *Chevalier d'Orient et d'Occident*, le 17e degré;

» Aussi son Mot Sacré signifie-t-il : *Affection paternelle.*

» L'homme doit aimer ses semblables.

» Voilà le Grade de *Chevalier Rose-Croix*, le 18e degré;

» Aussi son Mot Sacré signifie : *Mort par Amour de ses Semblables.*

» L'homme doit à ses semblables, outre l'Amour, des actes qui prouvent son affection.

» Voilà le Grade de *Grand Pontife*, le 19e degré;

» Aussi son Mot Sacré signifie-t-il : *Louange du fait accompli.*

» L'homme doit à ses semblables le respect de la famille, dont le Père a une autorité *ad vitam.*

» Voilà le Grade de *Vénérable Grand Maître de toutes les loges régulières*, le 20e degré;

» Aussi son Mot Sacré signifie : *Protection au fils.*

» L'homme doit à ses semblables aide et travail, dans leurs recherches intellectuelles.

» Voilà le Grade de *Noachite*, le 21e degré;

» Aussi son Mot Sacré signifie : *Augmentation Intellectuelle.*

» L'homme doit à ses semblables aide et travail, dans leurs utilisations de la Nature matérielle;

» Voilà le Grade de *Chevalier Royal Hache*, le 22e degré;

» Aussi son Mot Sacré signifie : *Nature productive.*

» L'homme doit à ses semblables qui travaillent, et sa coopération et ses encouragements.

» Voilà le Grade de *Chef du tabernacle*, le 23e degré;

» Aussi son Mot Sacré signifie : *Sympathie.*

» L'homme doit à ses semblables qui travaillent au bien-être général, respect et considération.

» Voilà le Grade de *Prince du tabernacle*, le 24e degré;

» Aussi son Mot Sacré signifie-t-il : *Voie à respecter.*

» L'homme doit à ses semblables les soins les plus dévoués pour leur santé.

» Voilà le Grade de *Chevalier du Serpent d'Airain*, le 25e degré;

» Aussi son Mot Sacré signifie : *Compassion.*

» L'homme doit à ses semblables de faire le bien et d'éviter le mal.

» Voilà le Grade *d'Écossais Trinitaire*, le 26e degré;

» Aussi son Mot Sacré signifie : *Bienfaisance.*

» Et voilà terminée l'étude des devoirs de l'homme envers ses semblables, l'étude de l'homme social.

» Il nous reste à étudier la Société humaine, étude que nous envisagerons comme répondant à la dernière question :

» Que doit l'homme à son pays?

» L'homme doit à son pays d'étudier la science politique,

pour détruire radicalement le despotisme religieux et politique.

» Et voilà le Grade de *Grand Commandeur du temple*, le 27e degré;

» Aussi le Mot Sacré signifie-t-il : *Prospérité.*

» L'homme doit à son pays de chercher la vérité et de la proclamer pour l'illustration générale.

» Voilà le Grade de *Chevalier du Soleil*, le 28e degré;

» Aussi le Mot Sacré signifie-t-il : *Splendeur*.

» L'homme doit à son pays de repousser toutes les attaques que le fanatisme et le despotisme pourraient diriger contre sa liberté politique et religieuse.

» Voilà le Grade de *Grand Écossais de Saint-André*, le 29e degré;

» Aussi le Mot Sacré signifie-t-il : *Défense*.

» L'homme doit à son pays l'extirpation radicale de tout despotisme et tout fanatisme.

» Voilà le Grade de *Chevalier Kadosch*, le 30e degré;

» Aussi son Mot Sacré signifie-t-il : *Force toute-puissante.*

» L'homme doit à son pays le respect de ceux qui se dévouent pour la défense à outrance de la liberté politique et de la liberté religieuse du pays.

» Voilà le Grade de *Grand Inspecteur Inquisiteur Commandeur*, le 31e degré;

» Aussi le Mot Sacré signifie-t-il : *Justice rendue.*

» L'homme doit à son pays d'aider ceux qui se dévouent pour établir et conserver la liberté politique et religieuse du pays.

» Voilà le Grade du *Sublime Prince du Royal Secret*, le 32e degré;

» Aussi le Mot Sacré signifie-t-il : *Guide accepté.*

» L'homme doit à son pays l'obéissance envers ceux qui se dévouent pour rendre le pays libre, politiquement et religieusement et pour lui conserver cette liberté.

» Voilà le Grade de *Souverain Grand Inspecteur Général*, le 33e degré;

» Aussi le Mot Sacré signifie-t-il : *Force Supérieure*.

» Voilà, Frère, l'ensemble des 33 devoirs essentiels de l'homme, dont

» 6 se rapportent à l'Homme isolé,

» 19 à l'Homme social isolé,

» 8 à l'Homme social dans la Société.

» Il est impossible, n'est-ce pas? de produire un ensemble aussi vrai, un tout aussi harmonique et complet que celui qui nous est présenté par le Rite Écossais Ancien et Accepté.

» Et maintenant qu'une vive lumière s'est faite dans votre esprit, vous acquerrez la ferme et inébranlable conviction, Frère, que véritablement la Franc-Maçonnerie renferme dans son avenir, l'avenir de l'Humanité.

» Les 33 cadres d'études, destinés exclusivement aux Comités d'Instruction des Ateliers, ainsi que les enseignements qui vous ont été expliqués précédemment, doivent vous servir à circonscrire les discussions et les dissertations, à les canaliser suivant les lignes de ces tracés; car c'est ainsi, et ainsi seulement, que nous obtiendrons la confluence vers le même point de tous nos efforts et de tous nos travaux.

» C'est cette convergence, cette réunion en faisceau de toutes nos énergies, qui nous rendra tout-puissants, et nous fera atteindre notre but en anéantissant nos infâmes ennemis.

III.

» Arrivons maintenant à la quatrième question qui vous fut faite lors de votre initiation : Que doit l'homme à Dieu? et dont la réponse ne fait pas partie de l'enseignement sacré que vous venez de recevoir.

« Il existe une Cause Première dont l'Homme et la Création sont des effets.

« Notre Foi Maçonnique est basée sur notre raison.

« Nous croyons, parce que nous voyons, parce que nous entendons, parce que nous comprenons. Mais, comme nous bornons et nous limitons nos espérances à ce monde, nous n'allons pas plus loin dans l'étude de la Cause Première.

« La Religion des Francs-Maçons, le *Credo* religieux maçonnique, est donc l'affirmation positive qu'il existe une Cause Première, dont l'Homme et l'Univers sont les effets.

« La Religion Catholique ne montre pas, comme la Religion maçonnique, un respect absolu pour la Vérité; elle déclare que Jésus de Nazareth, né d'une Vierge, est Dieu le Fils, car la Cause Première est composée de Dieu le Père, Dieu le Fils et Dieu le Saint-Esprit.

« En démasquant la triple Conception de la Cause Première des religions primitives, le Catholicisme n'a pas eu la main heureuse.

« Les religions primitives envisageaient la Cause Première sous le triple aspect de la Création, de la Destruction et de la Conservation, résultat de la conception primordiale que tout ce qui commence dure jusqu'à sa fin.

« Or le Catholicisme a inventé un Dieu le Père, Créateur, un Dieu le Fils, Conservateur, un Dieu le Père qui pensa à la Création, et un Dieu le Fils qui pense à la Conservation de l'Univers; mais il a oublié de donner un Président à la Destruction, dans sa dissection de la Cause Première.

« Du Président de la destruction il a fait le Prince des ténèbres, le Démon.

« Donc, le Catholicisme considère la Cause Première comme Créatrice et Conservatrice, c'est-à-dire, comme le Bien; et imagine une deuxième Cause, destructrice, qui est le Mal.

» Il présente donc, comme son dogme, le dualisme du Bien et du Mal et, par contre, leur antagonisme, qui n'a pas de résultante.

» La Trinité Catholique est donc insoutenable.

» Examinons maintenant son dogme fondamental. Jésus, né à Nazareth de la Vierge Marie, est Dieu le Fils fait homme; et, après avoir été mis à mort comme homme, fils de femme, est redevenu Dieu-le-Fils-unique-de-Dieu-le-Père. Joseph Pandera, soldat de la tribu de Juda, habitant Bethléem, avait 30 ans environ lorsqu'il séduisit, en la trompant la fille d'une veuve dont il était le proche voisin; elle se nommait Mirzam, était Vierge, avait environ 15 ans, et exerçait la profession de coiffeuse pour femmes (1).

» Marie ou Mirzam éleva dignement son enfant, un garçon; et plus tard, Joseph Pandera, pour mettre un terme au déshonneur de Marie, racheta sa faute en l'épousant, et en eut dans la suite plusieurs enfants.

» Ce premier-né hérita de la beauté exceptionnelle de ses parents, les enfants de l'amour étant toujours les plus beaux.

» Il se trouva, une fois arrivé à l'âge de 30 ans, qu'il devint le sujet d'une manifestation surprenante, étant doué éventuellement de toutes les forces nécessaires à la guérison des malades; en vertu de la Loi de la Nature qui veut deux genres de progrès, l'un qui dépend du temps et auquel contribuent chaque instant, chaque seconde; l'autre instantané, producteur de métamorphoses subites, bien connues dans l'ordre végétal et animal, et dont le fils de Joseph et de Marie a été l'un des sujets les plus complets dans l'ordre hominal.

» Aussi le peuple ne le désigna-t-il que sous le surnom de

(1) Le lecteur comprendra facilement que notre désir de conserver à ce Rituel son intégrité absolue a pu seul nous forcer à insérer ces blasphèmes. (*Note de l'Editeur*).

« Guérisseur, » qu'il exprimait en disant : ἰησυς, du radical ἴησις, guérison.

» Et ce surnom de Jésus lui est resté; il est devenu son nom distinctif.

» Ce don de guérison des maladies du corps, d'une vertu toute particulière, dont était doué le « guérisseur », le Jésus, et dont les effets se manifestaient comme ceux d'une loi naturelle, ajouté à des idées très élevées, à une logique très grande et à une bonté sans mesure, firent de Jésus la personnalité la plus marquante de son époque en Judée.

» Il excita un tel enthousiasme, parmi les bénéficiaires de son don de guérison, qu'on répandit le bruit de sa Divinité.

» Jésus s'empressa de démentir cette fausseté, et, d'après les Evangiles, il en agit ainsi en deux occasions parmi beaucoup d'autres :

» Jésus lui répondit :

« Pourquoi m'appelez-vous bon? Il n'y a que Dieu seul qui soit bon. » (*Marc*, ch. x, v. 17, 18; *Matthieu*, ch. xix, v. 16, 17; *Luc*, ch. xviii, v. 18, 19).

» Jésus dit à Marie-Madeleine :

« Allez vers mes frères et dites-leur ceci en mon nom : Je monte vers mon Père et votre Père, vers mon Dieu et votre Dieu. » (*Jean*, ch. xx, v. 17).

» Les Juifs, entraînés par l'attrait de ses guérisons, de son incontestable génie et de sa bonté sans bornes, se prirent à rêver de secouer le joug des Romains qui les dominaient.

» Et les Romains sacrifièrent à contre-cœur le *leader* de ce mouvement insurrectionnel latent, tout en rendant hommage aux qualités exceptionnelles de son esprit, de son cœur et de son corps.

» Au commencement du IVe siècle, l'empereur Constantin, trouvant que l'opinion d'Arius, qui prêchait et soutenait que Jésus n'était qu'une créature humaine, rendait fort difficile l'exercice de l'autorité absolue qu'il voulait posséder par droit surnaturel, convoqua 2,058 évêques au concile de Nicée, en 325, afin qu'ils déclarassent que Jésus est Dieu-le-Fils unique, et que c'est de lui que les empereurs tiennent le pouvoir et la domination.

» Mais comme, sur les 2,058 évêques, 1,740 se tenaient ouvertement pour Arius, Constantin les fit expulser du concile, n'en gardant que 318 dont il se croyait sûr. Il n'y eut pourtant que 296 voix pour condamner Arius et reconnaître Jésus comme l'unique Dieu le Fils (1).

» C'est donc à la suite du vote de 296 évêques réunis à Nicée en 325 que l'Église catholique prétend que :

» *Jésus est co-éternel avec Dieu*,

» *Consubstantiel avec Dieu*,

» *Une des personnes de la Sainte-Trinité*,

» *Et enfin, Dieu lui-même ;*

» Et que le Catholicisme a pris naissance, transformant en doctrine burlesque le Christianisme primitif (2).

» Les empiètements monstrueux du ministre de l'Église Catholique, s'élevant sur un piédestal surhumain, faisant obéir Dieu à sa prière, grandirent et se multiplièrent ; et déjà au ve siècle, le prêtre Catholique enseignait que, en priant Dieu de descendre dans son Calice, Dieu lui-même y descendait, et que lui, le prêtre Catholique, faisait sa nourriture de ce Dieu lui-même, s'élevant ainsi au-dessus de Dieu.

» Et pourtant le récit de Jean, du meilleur et du plus véritable ami de Jésus, est là :

» Jésus dit, dans la Cène Pascale :

(1) Est-il nécessaire de répéter, ici encore, que notre seule raison de transcrire de tels blasphèmes, sans aucun fondement historique, est la nécessité où nous sommes de reproduire intégralement le Rite maçonnique ! *(Note de l'Éditeur).*

(2) Ibidem.

» Ma chair est véritablement une nourriture et mon sang est véritablement un breuvage.

» Mais c'est l'esprit qui vivifie et donne le vrai sens; la chair ici ne sert de rien.

» Les paroles que, moi, je vous ai dites, sont l'esprit et la vie de la chose. (*Jean*, ch. VI, v, 56, 64.)

« Et le catholicisme s'affublait de cette interprétation quand Jésus avait voulu symboliser dans la Cène en commun le principe social, si fécond en bonheur pour les malheureux du monde : « *Les fruits sont à tous, et la terre n'est à personne.* »

» Après le dogme de la « Présence réelle » de Dieu dans l'Eucharistie, l'Église Catholique institue en 1215, et par l'organe du 4ᵉ Concile de Latran, la confession auriculaire, comme « *mesure préventive de police et moyen d'obtention de dénonciations*; » mesure utile pour indiquer l'envahissement de l'incrédulité touchant la Divinité de Jésus et la « Présence Réelle » de Dieu dans la Communion (1).

» Quant aux cinq autres « Sacrements » de l'Eglise Catholique, qui complètent le développement des résultats qui découlent de l'impudent et stupéfiant enseignement mensonger de la Divinité de Jésus, voici ce qu'il faut en penser :

» Le Baptême est fondé sur la prétendue perte du monde par Satan, le représentant du principe du mal; ce qui est faux, puisque le Bien seul est un principe, le Mal n'étant que l'absence du Bien, et qu'il n'existe donc pas d'être représentant personnellement le Mal.

» La Confirmation est basée sur une assurance donnée par le prêtre, que Dieu nous inspirera le courage dans la lutte contre le Mal; or Dieu ne peut inspirer que le Bien, et la Confirmation n'est pour rien dans cette inspiration-là.

(1) Ibidem.

» Le Mariage est une chaine sans rupture possible, un esclavage sans espoir possible, un bagne douloureux pour celui qui souffre, sans respect pour l'Amour qui impose des lois et n'en reçoit pas, sans considération pour la beauté et la bonté des générations qui en résultent.

» L'Extrême-Onction est un faux gage de tranquillité pour l'Ame, avant qu'elle entre dans la période de punition ou de récompense, période proportionnée à la faute ou au bien fait, après laquelle, notre âme, étincelle de la Cause Première, un instant impersonnalisée à notre profit, retourne au sein de la Cause Première d'où elle était sortie.

» L'Ordre est une rêverie de l'Orgueil, parvenue à la quintessence de la folie; puisque le plan de la Création consiste en ce que chaque besoin soit satisfait au fur et à mesure qu'il naît du développement de l'intelligence et du sentiment, et que par conséquent, dans ce plan, il n'y a pas de Prêtres, mais seulement des philosophes.

» Donc le Catholicisme a faussé avec préméditation la Vérité sur la Cause Première, dont l'existence seule nous est connue.

Par conséquent à la question :

« Que doit l'homme à Dieu? »

La réponse est :

« Reconnaître qu'il existe une Cause Première, dont l'homme et la Création sont les effets. »

» Et le principe qui en découle est que la Maçonnerie professe la tolérance la plus absolue en matière de croyances religieuses.

» Voilà donc l'ensemble de l'enseignement secret des Chefs Suprêmes de la Maçonnerie :

» Faire ressortir tous les droits de l'homme de l'étude successive.

» De l'Homme isolé,

» De l'Homme social isolé,

» De l'Homme Social en société;

» Revendiquer pour l'homme sa mise en possession intégrale de tous ces droits, dont la privation constitue une usurpation criminelle contre laquelle tous les moyens d'action sont bons;

» Anéantir le Catholicisme, qui est un abus de confiance criminel, contre lequel tous les moyens d'action sont bons également;

» Reconnaître l'existence d'une Cause Première, dont l'homme et la Création sont des effets, et dont l'Ame humaine est une étincelle, immortelle comme elle.

» Vous comprenez maintenant, Frère, pourquoi le Triangle équilatéral est notre Suprême emblème, qui nous rappelle sans cesse que nous devons :

» Revendiquer tous les droits de l'homme,

» Anéantir le catholicisme,

» Reconnaître l'existence d'une Cause Première,

» Avec une ardeur, une persistance, une énergie égales et que rien ne doit lasser, arrêter, ou vaincre.

» Quant aux moyens à employer pour atteindre notre but, tous sont bons, pourvu qu'ils réussissent; car, soldats enthousiastes et dévoués au Bien, à la Vertu et à la Vérité, notre triomphe est le triomphe du Bien, de la Vertu et de la Vérité.

» Je vous dois, Frère, un éclaircissement sur nos Rituels.

» La Maçonnerie, n'étant autre chose que la Révolution en Action, autre chose qu'une Conspiration permanente contre le despotisme politique et religieux, la Maçonnerie ne s'est pas affublée elle-même de ces décors ridicules, au moyen desquels les princes et les prêtres jouent dans la Société les rôles en évidence qu'ils ont usurpés et volés.

« Mais les princes et les prêtres, ne pouvant vaincre une institution qui leur est hostile et qui leur est si redoutable, ont eu, à diverses époques, la perfidie de passer dans le camp ennemi, de se faire Maçons eux-mêmes et d'introduire dans la Maçonnerie ces usages, ces formules, ces titres, ces légendes absurdes, qui devaient fausser l'esprit de l'institution, qui en dénaturaient les tendances, et qui, à la place de doctrines libérales et démocratiques, semblaient favoriser des principes religieux et aristocratiques.

« Nos Chefs, en présence de ce danger, resserrèrent les liens des vrais membres de cette Société Secrète par excellence qui est la Maçonnerie, et désirant s'assurer, sinon la protection, au moins la tolérance des puissants de ce monde, ils les laissèrent prendre part aux travaux Maçonniques, dont ils ne leur révélèrent que ce qu'ils voulurent bien leur révéler. Voyant sans sourciller la Maçonnerie transformée en apparence en une Société, aussi insignifiante que possible, de bienfaisance et de charité, dont ces puissants de la terre croyaient tenir le haut bout, nos Chefs leur laissèrent déclarer que la Politique et la Religion étaient complètement étrangères à la Maçonnerie.

« Il y a donc lieu pour vous, Frère, de subir et d'accepter toutes ces absurdités ridicules, qui sont pour notre institution le pavillon protecteur sous lequel elle peut, acceptée partout, travailler dans l'ombre et le secret au Sublime but qu'elle est destinée à atteindre.

« Je ne saurais trop vous recommander, Frère, de tenir la main à ce que les serments de tous les Grades, ainsi que le Serment de Secret qui doit clore toute réunion Maçonnique, soient prêtés dans des termes précis et d'une manière telle, qu'ils constituent pour nos Maçons des liens réellement indissolubles; cela doit nous permettre d'être sûrs des utiles et d'écarter sans danger les inutiles.

» Vous devez vous attacher, Frère, à obtenir dans chaque Atelier un noyau de Frères influents et, sinon convaincus, au moins intéressés, qui sachent faire faire la besogne sociale de chaque Atelier, soit par ceux des Frères qui consentirent à la réaliser à leurs risques et périls personnels, soit, ce qui est bien préférable, par des profanes.

» Dans ce dernier cas, ayez soin de faire exagérer la forme des protestations contre le régime social, politique, économique et religieux actuel, de manière à pouvoir, une fois le terrain populaire soulevé et remué par ces exagérations, y semer nos véritables doctrines qui auront ainsi un caractère véritablement modéré.

» Evitez néanmoins, avec le plus grand soin, de trop pencher du côté du prolétariat; car le prolétariat réclame, mais ne rapporte pas.

» Notre véritable objectif est les classes dirigeantes, dont l'instruction superficielle et l'ambition inconsidérée constituent, pour nos doctrines, le milieu le plus favorable à leur développement.

» Evitez toujours, et en vertu des mêmes principes, de mêler l'Ordre d'une manière directe à quoi que ce soit, et en conséquence découragez de toutes vos forces les publications Maçonniques.

» Mais si les circonstances rendaient indispensable l'intervention directe de l'Ordre, choisissez et désignez à l'avance le Frère qui doit être victime de cette immixtation et jouer le rôle de bouc émissaire, pour que son sacrifice, fait publiquement avec le retentissement le plus grand possible, rende à l'Ordre son innocence sans tache.

» L'Ordre doit rester immaculé, inaccessible au soupçon. N'est-il pas le Grand vengeur du Grand Maître innocent assassiné? Son rôle n'est-il pas celui du Grand Justicier de l'humanité?

» Le Grand Maître innocent, vous l'avez pressenti, est l'homme, l'homme qui est Roi et Maître de la Grande Nature, l'homme, qui naît innocent puisqu'il naît inconscient.

» Notre Grand Maître innocent était né pour être heureux, pour jouir en toute leur plénitude de tous ses droits sans exception.

» Mais il est tombé sous les coups de trois assassins, de trois infâmes qui ont soulevé des obstacles formidables contre son bonheur, et contre ses droits, et ont fini par l'annihiler.

» Ces trois assassins infâmes sont :

» La Loi,

» La Propriété,

» La Religion.

» La Loi, parce qu'elle n'est pas l'harmonie parfaite entre les Droits de l'Homme isolé et les devoirs de l'Homme social en Société, Droits qui nous sont acquis à tous dans toute leur intégrité, Devoirs qui ne sont que la conséquence immédiate du droit qu'a chacun de nous de jouir de tous ses Droits sans en être empêché par personne.

» La Propriété, parce que la Terre n'appartient à personne et que ses produits appartiennent à tous, dans la mesure des besoins réels du bien-être de chacun.

» La Religion, parce que les religions ne sont que des systèmes philosophiques dus à des hommes de génie, systèmes que les peuples ont adoptés sous condition expresse qu'ils viennent constituer un surcroît de bien-être pour eux.

» Ni la Loi,

» Ni la Propriété,

» Ni la Religion,

» Ne peuvent donc s'imposer à l'Homme; et, comme elles l'annihilent en le privant de ses Droits les plus précieux, ce sont des assassins dont nous avons juré de tirer la plus éclatante des vengeances : ce sont des ennemis auxquels nous avons juré une guerre à outrance et sans quartier, une guerre à mort.

» De ces trois ennemis infâmes, c'est la Religion qui doit être le souci constant de nos attaques meurtrières ; parce qu'un peuple n'a jamais survécu à sa religion, et parce que c'est en tuant la Religion que nous aurons à notre merci et la Loi et la Propriété ; parce que c'est en établissant sur les cadavres de ces assassins, la Religion Maçonnique, la Loi Maçonnique, la Propriété Maçonnique, que nous pourrons régénérer la Société.

» Et comme tous nos Secrets Maçonniques sont impénétrablement cachés sous des symboles, ceux du Grade Suprême que vous avez atteint se trouvent cachés dans le Symbole de notre Grade.

» L'Aigle vous commande la Sagesse, c'est-à-dire que vous devez mettre de votre côté le plus de chances possibles de succès, afin de vous consacrer ensuite efficacement à la réalisation matérielle de la double devise :

» DEUS MEUMQUE JUS.

» *A nous tous nos droits.*

» ORDO AB CHAO.

» *Au néant les ennemis de l'Ordre.*

» Et maintenant, Frère, que nous vous avons armé de toutes pièces pour le duel à mort provoqué par les crimes infâmes de nos ennemis, maintenant que, en devenant un des Chefs Suprêmes de la Maçonnerie, vous êtes devenu un de ses Champions,

» Par la parole, par la plume, par l'enseignement, par vos relations de famille, politiques ou sociales, par la richesse, par la ruse et par la violence, allez combattre le bon Combat du *Bien*, de la *Vertu* et de la *Vérité*, et ne nous revenez que Vainqueur ou Mort! »

Le Très Puissant Souverain Grand Commandeur Président garde le silence pendant quelques instants.

Il reprend ensuite la parole, et dit :

« A l'Ordre, Illustres Souverains Grands Inspecteurs Généraux! »

Tous se lèvent et se mettent à l'Ordre, la main droite sur leur cœur.

« Illustre Souverain Grand Inspecteur Général A... B..., chacun de nous va vous donner l'accolade et le baiser d'union, pour que votre cœur, sentant battre à l'unisson le cœur de chacun de nous, entre en communion d'élan avec les nôtres, et laisse prendre des racines indestructibles au sentiment de solidarité absolue qui désormais doit le remplir à tout jamais. »

Le Nouveau Souverain Grand Inspecteur Général reçoit successivement l'accolade et le baiser fraternel de tous les membres du Suprême Conseil.

Il se rend ensuite auprès du Puissant Souverain Lieutenant Grand Commandeur d'abord, et finalement, auprès du Très Puissant Grand Commandeur, pour recevoir l'accolade et le baiser fraternel de ces hauts dignitaires.

Cela fait, le Nouveau Souverain Grand Inspecteur Général retourne à sa place, et debout, tous les autres membres du Suprême Conseil étant assis, prononce une allocution dans laquelle il s'attache à prouver qu'il a compris combien est lourd le fardeau et écrasante la responsabilité qu'il a acceptés en s'engageant formellement à « Vaincre ou Mourir » pour l'Ordre.

Son allocution terminée, le Président lui dit gravement et lentement :

« Nous prenons acte de vos paroles.

» Illustre Souverain Grand Secrétaire du Saint Empire, veuillez en consigner l'esprit sur le *Livre d'Or* de notre Suprême Conseil. »

Le Secrétaire du Saint Empire obtempère à cet ordre, et donne lecture de ce qu'il a consigné dans le *Livre d'Or*.

Cette lecture terminée, le Président dit :

« Illustres Souverains Grands Inspecteurs Généraux, le Suprême Conseil est prêt à entendre les observations que ses Membres croiraient de leur devoir de lui soumettre. »

Si aucun Souverain Grand Inspecteur Général ne demande à parler, on procède à la clôture des travaux du Suprême Conseil.

IV.

Clôture du Suprême Conseil.

Le Président frappe *cinq* coups, *trois* coups, *un* coup et *deux* coups avec le pommeau de son épée sur la table qu'il a devant lui.

Le Lieutenant Grand Commandeur frappe aussi *cinq* coups, *trois* coups, *un* coup et *deux* coups avec le pommeau de son épée :

Le Président dit ensuite :

« Puissant Souverain Lieutenant Grand Commandeur, êtes-vous Souverain Grand Inspecteur Général? »

Le Lieutenant Grand Commandeur répond :

« Très Puissant Souverain Grand Commandeur, ma Vertu, mon Courage et mon Zèle m'ont fait parvenir à ce grade éminent. »

Le Président continue :

D. Quels sont les devoirs que cette dignité vous impose?

R. De combattre pour *Dieu et mon Droit*, et d'infliger aux coupables leur châtiment mérité!

D. Quelle heure est-il, Illustre et Puissant Frère?

R. Le Soleil du matin illumine le Conseil, Très Puissant Souverain Grand Commandeur.

Le Grand Commandeur dit alors :

« Puisque le Soleil est levé pour illuminer le Monde, levons-nous, Illustres Souverains Grands Inspecteurs Généraux, mes Frères, pour aller répandre les clartés de la Lumière dans l'esprit de ceux qui sont dans les ténèbres, et pour aller remplir notre sublime mission de vaincre ou de mourir pour le Bien, la Vertu et la Vérité. »

Tous les Membres du Suprême Conseil se lèvent et se mettent à l'Ordre, la main droite sur le cœur.

Le Président frappe avec le pommeau de son épée *cinq* coups, *trois* coups, *un* coup et *deux* coups, et dit ensuite :

« A moi, Illustres Souverains Grands Inspecteurs Généraux, mes Frères! »

Alors tous les Membres du Suprême Conseil ensemble

1° Croisent leurs bras sur leurs poitrines;

2° Inclinent leurs corps vers la terre;

3° Fléchissent les genoux; tandis que le Président dit :

« DE MOLAY, »

Sans que personne réponde;

4° Portent leur main droite à la poignée de leur épée;

5° Tirent de la main droite leurs glaives du fourreau;

6° Fléchissent le genou gauche;

7° Portent leur main gauche sur leur cœur;

Et disent à l'unisson :

« HIRAM ABI; »

8° Appliquent par trois fois leurs lèvres à la lame de leur épée respective,

Et disent ensuite à l'unisson :

« MIKA MOKA BEALIM. »

Le Très Puissant Souverain Grand Commandeur termine en disant tout seul :

« ADONAI. »

Et 9° Tous se relèvent.

Le Président dit ensuite :

« Séparons-nous en paix, Illustres Souverains Grands Inspecteurs Généraux, mes Frères, après avoir renouvelé notre serment de garder le Secret le plus absolu sur tout ce qui s'est passé dans notre Suprême Conseil. »

Le Président étend son bras droit, et tient horizontalement la lame de son épée.

Chaque Souverain Grand Inspecteur Général, en commençant par le nouvel admis et en terminant par le Lieutenant Grand Commandeur, vient se mettre en face du Président ; et, mettant sa main gauche, doigts serrés, sur son cœur, croisant son épée sur l'épée du Président, il dit gravement :

« *Je le jure.* »

Quand le Lieutenant Grand Commandeur a juré, le Président baisse la lame de son épée, et dit :

« Je le jure aussi, et prends acte de notre Serment.

» Illustres Souverains Grands Inspecteurs Généraux, le Suprême Conseil est fermé! »

Tous les Souverains Grands Inspecteurs Généraux se retirent dans la Chambre du Conseil.

Le Très Puissant Souverain Grand Commandeur Président en sort le dernier.

PRATIQUE.

PRATIQUE.

La pratique de l'enseignement Franc-Maçonnique qui précède, constitue les *Causes* dont les faits de l'histoire politique religieuse et sociale de l'Europe sont les *Effets*.

Et comme preuve tangible à l'appui, nous allons montrer les causes déterminantes du revirement qui s'est affectué dans la politique française à partir du mois d'octobre 1885.

C'est vers la fin de ce mois qu'une convocation *toute spéciale* a réuni à Paris *certains* 32mes et 33mes français pour recevoir une convocation importante du Pouvoir dirigeant de l'Ecossisme.

Le Très Puissant Souverain Grand Commandeur passé, chargé de cette communication en a donné lecture en ces termes :

« L'Ordre réclame la mise en pratique immédiate de D∴ M∴ J∴ quand même. »

Tous les assistants ont prêté serment d'obéissance et le Très Puissant Souverain Grand Commandeur passé a donné la parole au Très Illustre Ministre d'État qui a donné lecture de divers balustres.

A diverses époques de la vie, des nations qui ont l'immense bonheur de posséder un Suprême Conseil en activité et à partir de 1820, des communications identiques ont été faites à certains membres choisis des grands Consistoires et des Suprêmes Conseils respectifs. Il y a donc lieu de donner l'Esotérisme de cet ordre.

Esotériquement D.·. M.·. J.·. sont les initiales de la devise des 33mes — *Deus meumque jus* : « Dieu et mon droit. »

Esotériquement D.·. M.·. J.·. sont les initiales des mots DESTRUCTION, MATÉRIALISATION, IMPOSITION qui ordonnent de :

« *Imposer la destruction* de tout ce que la MATÉRIALISATION n'atteint pas. »

Les trois points .·. ont la signification suivante :

DESTRUCTION	du Surnaturalisme ; de l'Autoritarisme ; de l'Anti-Maçonnisme.
MATÉRIALISATION	de la Conscience ; de l'Enseignement ; de l'Etat.
IMPOSITION	à la Famille ; à la Nation ; à l'Humanité.

En conséquence l'ordre de mise en pratique de D.·. M.·. J.·. quand même veut dire :

« Par tous les moyens quels qu'ils soient il faut IMPOSER pratiquement à la *Famille* d'abord et à la *Nation* ensuite pour parvenir à l'imposer à l'*Humanité* :

1° LA DESTRUCTION DU SURNATURALISME là ou la *Conscience* n'a pas été atteinte par le *Matérialisme Maçonnique*

2° LA DESTRUCTION DE L'AUTORITARISME là ou l'Etat n'a pas été atteint par le *Matérialisme Maçonnique*.

3° LA DESTRUCTION DE L'ANTI-MAÇONNISME là où l'*Enseignement* n'a pas été atteint par le *Matérialisme Maçonnique*.

Voilà bien la preuve authentique de la criminelle influence exercée par les Loges sur les événements dont la France est aujourd'hui le théâtre.

Tout le monde soupçonnait, savait même pertinemment que la secte conduisait toutes choses par ses mots d'ordre secrets selon les caprices de ses haines et de ses colères. Elle niait effrontément ses crimes.

Il fallait le flagrant délit : le voilà!

CONCLUSIONS.

CONCLUSIONS.

I.

Nous avons exposé, trop longuement peut-être, l'enseignement professé et pratiqué par la Franc-Maçonnerie; mais le développement des différents grades nous était nécessaire pour connaître la pensée même qui a présidé à leur institution. Maintenant que, grâce aux révélations contenues dans le Rituel de Grand Inspecteur Général, nous possédons la clef qui doit nous permettre de déchiffrer l'énigme; maintenant que nous avons, nous aussi, réussi à retrouver « La véritable prononciation du nom Indicible (1) », il s'agit de conclure.

Non pas que les conclusions qui découlent naturellement de cet ouvrage ne se soient déjà présentées à l'esprit des lecteurs; mais il nous paraît bon de demander aux Francs-Maçons eux-mêmes leur opinion sur leur doctrine. Nous sommes curieux de savoir ce qu'ils en pensent et comment ils comptent s'y prendre pour mettre en œuvre leur formidable machine et surtout contre qui ils ont entrepris de la

(1) Légende du 14e degré, Grand-Elu, parfait et sublime Maçon.

dresser. En somme nous souhaitons d'être éclairés, et par les Francs-Maçons, sur le moyen et le but de la Franc-Maçonnerie.

Les Francs-Maçons ont entre les mains une arme de guerre redoutable. Vous avez vu quel soin jaloux ils mettent à la construire. Chaque pièce est pour ainsi dire fabriquée indépendamment des autres. Tel atelier s'occupe de telle partie, tels ouvriers de telle autre, si bien que presque tous ignorent à quel infernal engin ils ont participé par leur travail. Mais toutes ces pièces s'adaptent parfaitement l'une à l'autre, tous ces ressorts se correspondent, toutes ces parties s'agencent et se complètent : l'arme est créée. Quelques habiles ouvriers, les Trente-Troisièmes, ont seuls été initiés au secret des inventeurs; seuls ils ont pu reconstituer dans son ensemble l'instrument de mort qu'avait forgé l'enfer. — Mais ils se taisent et se gardent bien d'aller divulguer un procédé dont la publicité causerait leur ruine. Et si on les presse de questions ils donnent le change; à les entendre, leur arme n'est point dangereuse; c'est un jouet d'enfants dont on exagère la force et la portée.

Eh bien, nous qui sommes parvenus à reconstituer l'engin pièce à pièce, qui l'avons décrit et détaillé par le menu, qui le voyons achevé et dans son odieuse perfection, nous voulons savoir à quelle besogne de haine il va servir; bien mieux, nous voulons montrer à quelle œuvre détestable il a déjà servi. Ce n'est pas qu'on ignore aujourd'hui le mal qu'a fait la Franc-Maçonnerie, pas plus qu'on se trompe sur la valeur de l'Idéal que poursuivent les Francs-Maçons; mais ce sera la première fois qu'on trouvera dévoilées et réunies les causes qui ont produit tant d'effets si tangibles et si divers.

Pendant de longs siècles, la Franc-Maçonnerie s'est enveloppée dans le mystère d'un secret inexorable et n'a pas coopéré à la libération de la conscience humaine, victime des Papes et des Césars; elle n'a pas fait briller aux yeux des hommes l'éclatante lumière de la vérité, parce que l'humanité, dans la presque totalité de son ensemble, n'était pas prête à cette sublime initiation. Mais de nos jours les temps sont arrivés, toutes les voies sont aplanies; et la Franc-Maçonnerie domine l'humanité dont elle fait le bonheur en lui donnant la paix, l'amour et la tranquillité dans le sein de la grande famille humanitaire, en détruisant l'esprit de religion, de secte, de nationalité et de caste. » (*Monde Maçonnique*. Année 1878, page 66.)

Retenez l'aveu, je vous prie; il est bon à enregistrer. Nous tiendrons compte aussi du souhait exprimé par l'auteur Maçon que nous venons de citer, et puisque « les temps sont arrivés, » les Francs-Maçons désireux de lumière nous sauront gré de les aider à la répandre.

Il nous importe peu que la Maçonnerie soit née avec la Loge fondée en 1717 par Dervent-Waters, dans la rue de Buci, ou avec les conspirations de Cromwell, ou bien encore avec les leçons de Fauste Socin, les vengeances des Templiers, les expéditions des Croisades, les hérésies des Albigeois et des Manichéens. Ce qui est hors de doute, c'est que les enfants de la Veuve sont les descendants directs et légitimes de tous les révoltés contre l'autorité religieuse et contre les pouvoirs civils, sans distinction de siècles ni de pays. Si le nom de Maçonnerie, appliqué à une société secrète, date des premières années du siècle passé, la chose est vieille comme le monde; et si leur haine contre les Papes et les Rois les arme pour venger la mort de Jacques Molay, leurs doctrines et leurs pratiques en font des païens d'Eleusis et de Samothrace, ou pis encore, car les païens croyaient aux divinités : des barbares, des véritables sauvages.

Appliquez en effet à un peuple si parfaitement civilisé

qu'il puisse être, le Code développé dans l'enseignement de la Maçonnerie, et vous verrez à bref délai quelles conséquences religieuses, politiques et sociales en résulteront.

La fameuse devise : « Liberté, Egalité, Fraternité », fut inventée dans les Loges ; c'est là que la Révolution vint la prendre avec tout le cortège de forfaits, de folies et de hontes qu'elle jeta dans notre histoire. Cette trilogie, c'est le résumé de l'enseignement Maçonnique aussi parfaitement que le signe de la croix est le résumé du christianisme.

Liberté ! cela signifie, selon la formule rendue célèbre par Blanqui : « Ni Dieu, ni maître ! » Et la Religion disparaît.

Egalité ! cela veut dire que la hiérarchie, et le pouvoir royal surtout, constituent de criminels attentats contre la dignité humaine. Et l'Autorité disparaît.

Fraternité ! c'est-à-dire que les relations sociales n'ont d'autre base qu'un pur sentimentalisme sans principe ni sanction d'aucun genre et qui doit faire le bonheur des hommes au milieu du déchaînement et de l'affolement de toutes les passions. Et la Société tout entière s'anéantit.

Liberté de tout frein, égalité de tous droits, fraternité dans toute possession, voilà ce que veut la Franc-Maçonnerie. L'homme ou plutôt l'humanité étant Dieu, et ce Dieu se personnifiant d'une manière successive, mais constante, dans les individus, il n'y a rien évidemment qui soit supérieur à l'homme. C'est donc là la négation absolue de l'autorité. Tout pouvoir n'étant qu'une émanation directe de l'autorité divine, l'autorité qui se substitue à Dieu, qui prétend remplacer Dieu, n'est donc pas autre chose que la tyrannie. Sans l'autorité il n'y a point d'ordre dans la société ; sans l'ordre, seule garantie de la liberté, il n'y a point de liberté. Si bien qu'en marchant au nom de la liberté, les Francs-Maçons ne tendent qu'à la supprimer ; si bien qu'en se targuant d'Egalité et de Fraternité, tout en s'affranchissant du joug trop pesant pour eux de l'autorité divine, les Francs-Maçons ne sont après tout que des tyrans.

La formule concrète des principes secrets des membres des Loges, j'entends parler des membres dirigeants, c'est l'anarchie, l'anarchie sociale et gouvernementale : vous trouvez que j'exagère? Ecoutez-les : « L'avenir, tout l'avenir est dans la Franc-Maçonnerie, car c'est par elle et par elle seulement que l'avènement de la véritable justice peut avoir lieu, puisque c'est la Franc-Maçonnerie seule qui peut amener l'anéantissement complet du Surnaturalisme, la solidarité et l'égalité complètes du travail et du capital humains et matériels. »

« Le progrès et la science ont eu toujours et partout un nombreux cortège de récriminations, de clameurs et d'insultes. Passez outre et malgré tout, le jour du triomphe arrivera. Ce jour béni entre tous verra la *destruction* du vieux monde et l'anéantissement de tout l'édifice social, tel qu'il existe aujourd'hui. »

Eh bien! voilà le but; ce sont les Francs-Maçons eux-mêmes qui nous le montrent. Eux-mêmes ont prononcé le mot qui nous l'explique : DESTRUCTION.

II.

De tout cela il ressort assurément une liberté, celle du vice; un droit : le droit à la corruption. Poussez la philosophie Maçonnique jusque dans ses conséquences extrêmes, comme les Francs-Maçons ont eux-mêmes le soin de le faire, qu'en résulte-t-il? Ce principe, s'il est permis de donner le nom de principe à une affirmation sacrilège et destructrice de toute vérité : *L'homme est Dieu*.

« L'homme étant Dieu, ses instincts sont d'essence divine,

ses besoins sont divins. Et quel besoin plus impérieux que celui de se satisfaire? Quel instinct plus absolu que celui de la chair? Aussi l'acte le plus louable de l'homme, celui qui pour lui est l'acte divin par excellence, c'est l'acte de la génération. Qui pourrait le nier? Qui oserait au nom d'une morale quelconque essayer d'asservir cette passion, ce besoin qui n'est chez l'homme, devenu Dieu, que la manifestation la plus ordinaire de son activité divine? Vous parlez de continence. Mais c'est attenter à la liberté de l'union des sexes. De chasteté? Mais loin de devoir rougir de cette soi-disant immoralité, qui est la morale même de ma philosophie, je m'en applaudis, je m'en fais gloire.

« L'union des sexes, mais c'est là la base même de ma religion, mais c'est là toute la religion Maçonnique, c'est mon triomphe, c'est mon commencement et ma fin, mon moyen et mon but, mon *alpha* et mon *oméga*. Oui, acte divin, en effet, car c'est l'acte du Dieu hermaphrodite, qui engendre éternellement son fils dans la béatitude céleste. Moi Franc-Maçon, je n'ai pas d'autre dogme; comme sans ce dogme la Franc-Maçonnerie n'aurait point de raison d'être. »

Voilà ce qu'ils pensent, et cette liberté du vice, ce droit à la corruption, ils en usent, je vous le jure, ils l'avouent, ils le publient, et dans les documents Maçonniques les plus authentiques, étalent officiellement des lubricités que la perversité la plus impudente paraîtrait tout d'abord incapable de produire. Ne criez pas à la calomnie; ne vous posez pas, comme c'est votre coutume, ô Francs-Maçons! en victimes odieusement diffamées. Nous avons en main les preuves de ce que nous avançons, les preuves évidentes, irréfutables : armes sorties de vos propres arsenaux et qui sont tout empoisonnées du venin dans lequel vous-même les avez trempées. N'allez point non plus invoquer l'exception des temps anciens, des époques légendaires, où le mysticisme aurait pu se servir d'images ordurières pour arriver à l'esprit en s'emparant des sens; un peu comme l'art gothique symbolisait le péché par d'immondes figures; non, vous n'avez même pas cette excuse, et il ne sera point ici question du passé, ni de ses ignorances, ni de ses aberrations.

S'il faut citer un de vos auteurs, je le prendrai parmi vos pontifes, et je ne le prendrai point parmi vos morts.

Le Maçon qui va me donner les exemples que je cherche pour stigmatiser votre révoltante immoralité, c'est Albert Pike; il est vivant celui-là, et vous ne sauriez accuser le pays qu'il habite, ni le peuple dont il est citoyen, de lui inspirer des idées rétrogrades; il me semble que nul mieux que l'américain Albert Pike ne peut expliquer le symbolisme maçonnique avec plus d'autorité et d'une façon qui soit plus en harmonie avec le progrès moderne.

Albert Pike, le Pape de la Maçonnerie, dont les paroles et les écrits portent aux initiés des deux mondes les enseignements de sa religion impie, a fait imprimer tout récemment, en leur donnant un caractère profondément sacré et en les noyant dans des flots d'érudition mystique, des horreurs que Satan seul a pu lui dicter. Il y a tel de ses livres dont il n'a été tiré que cent cinquante exemplaires, dont le texte original a été soigneusement brûlé, qu'on ne saurait trouver à prix d'or, que n'ont jamais effleuré les regards d'un profane et dans lequel il donne des trois premiers degrés une explication que la langue française rougirait de produire (1).

La Maçonnerie est bien l'héritière directe du Paganisme.

(1) Il s'agit ici du SEPHAR H'DEBARIM, *The Book of the Words*. Ce livre contient l'explication et la signification des mots employés dans les différents degrés du rite ancien et accepté. Cet ouvrage, ainsi que le constate le Bulletin officiel de la Franc-Maçonnerie publié par le Suprême Conseil pour la Juri-

C'est au nom des passions de l'humanité qu'elle prétend s'imposer au monde.

Nous autres chrétiens, ne sommes, aux yeux des Maçons, qu'une secte que la superstition aveugle. Leur doctrine est autrement pure, autrement belle, et consolante! Tandis que nous avons le mystère de la sainte Trinité, ils croient à l'unité qui relie entre eux l'homme, la femme et l'enfant. Tandis que nous avons le mystère de l'Incarnation, ils croient à la conception de l'enfant. Et pendant que nous avons vu la terre tressaillir de joie et respirer la liberté à l'accomplissement du mystère de la Rédemption, eux ont admiré le rajeunissement de la vieillesse du père dans la puissance reproductrice de son enfant. Evidemment le christianisme n'est qu'une transformation des saintes doctrines que professe la Maçonnerie; disons mieux, une déformation. Et ne fallait-il pas être catholique, pour avoir substitué la croix au triple phallus des mystères d'Isis?

L'homme devenu Dieu, remplaçant Dieu, l'homme étant Dieu : voilà le principe; l'acte de la génération considéré comme divin : voilà le dogme; les organes générateurs exaltés et adorés : voilà le culte. Ah! l'étonnante et merveil-

diction Sud des États-Unis, année 1885, page 502, est exclusivement destiné aux 32mes et 33mes.

Et pour qu'on ne vienne pas nous accuser d'invention, nous citerons textuellement car nous avons, nous, le livre sous les yeux.

« Thus while JACKIN (c'est le mot sacré de compagnon) symbolized the *state of erection* of the *membrum virile*, when prepared for begetting or creating in the womb, BOHAZ (c'est le mot sacré d'apprenti) symbolized the *potency, vigor,* and *fierce* and even *cruel desire* of the *same member*. » (Page 46, lignes 22 à 27).

« Thus MUAB-AUN (*Mahabone* est le mot sacré de maître) would mean *Progeny, Issue,* or Emanation from the Potent Father, or the *abundantly generative* Father, *id est*, the Divine Generative Infinite Energy. » SEPHAR H'DEBARIM. (Page 90, lignes 10 à 13).

leuse religion dont je laisse à penser la pratique, mais qui peut se résumer en un seul mot : CORRUPTION.

III.

La destruction par la corruption, c'est dans l'ordre.

Voilà le tout et voilà le moyen. Corrompre, n'est-ce pas détruire?

Et la désagrégation lente des éléments qui constituent le corps humain, n'est-elle point l'achèvement de l'œuvre de la mort? Les vers du tombeau n'accomplissent-ils pas au sein de la terre leur travail mystérieux mais certain? C'est pourriture, puis c'est poussière.

Ainsi fait la Maçonnerie; elle attaque le corps social, le désorganise, le désagrège. Elle n'aura bientôt qu'à souffler pour en disperser la poussière, car elle poursuit « le vrai bonheur de l'humanité » et affirme que « la conquête de notre vrai bonheur à tous, nous est assurée. Travaillons à hâter son avènement et, pour cela, répondons à la guerre que nous fait le cléricalisme par une guerre impitoyable. »

« Tant qu'il y aura des Prêtres, des Jésuites et des moines, des Congrégations religieuses et des couvents, l'ignorance et la misère seront impossibles à déraciner. Tant qu'il y aura des rois et des empereurs entourés d'une noblesse égoïste, ambitieuse et orgueilleuse, le mérite personnel sera lettre morte. Tant qu'il y aura des pouvoirs théocratiques et monarchiques et des institutions autoritaires, la guerre fratricide et dévastatrice amoncellera hécatombes humaines sur hécatombes humaines. »

« C'est une guerre à mort contre les éternels ennemis de la Démocratie que la Franc-Maçonnerie moderne entreprend; et, partout où, pour atteindre au but et fonder la République

Sociale, il y aura des trônes à renverser, des cléricaux à anéantir et des hordes prétoriennes à dissoudre, les trônes s'écrouleront, les cléricaux disparaîtront et les prétoriens se soumettront. »

L'aveu n'est pas dissimulé et on ne nous taxera point d'exagération si nous appelons cela une déclaration de guerre en bonne et due forme. Sous la phraséologie sans consistance dont les maçons enveloppent leurs idées, et sous le couvert de mots vaguement séduisants, comme liberté, bonheur de l'humanité et progrès, éclatent d'odieux et abominables projets. On ne prend même plus le soin de les taire. Le monstre aujourd'hui se sent fort; il rugit. Nous avons montré quelles étaient ses armes : lui-même laisse paraître maintenant quels sont ses desseins. Hélas! vous savez qu'il n'en est point de pires!

Un mot encore, car vraiment l'on ne saurait tarir sur un pareil chapitre. Cette « paix », cet « amour », ce bonheur » auxquels la maçonnerie prétend travailler pour le plus grand profit de « la grande famille humanitaire », comment veut-elle les imposer? Nous avons vu que c'était en détruisant l'esprit d'autorité et de religion. C'est aussi en détruisant l'esprit de nationalité. Cela devait être : il est tout simple qu'on veuille arracher des cœurs l'amour de la patrie en même temps que le respect de Dieu. Qui peut le plus peut le moins, et qui veut le pire peut vouloir le mal. Il n'y a rien là-dedans qui nous doive surprendre, mais rien non plus qui nous doive déplaire. Avancé-je quelque chose d'incroyable? et y a-t-il des Francs-Maçons qui vont crier à la calomnie? Eh bien! fidèle au système que j'ai adopté comme le meilleur, et qui consiste à les écraser par leurs propres déclarations, je me contenterai de citer un Franc-Maçon.

« La Franc-Maçonnerie, en vertu du principe : *Si vis pacem, para bellum*, doit proclamer et proclame la Paix Universelle et l'abolition des armées permanentes; mais elle veut que, dès son enfance, le citoyen s'exerce au maniement des armes de guerre, aux manœuvres qu'exigent les batailles; et dans un avenir prochain, les nations armées en totalité seront prêtes à répondre au cri de guerre de la Franc-Maçonnerie, et à anéantir pour jamais l'ennemi universel : l'obscurantisme.

» La République Française, la République des Etats-Unis, la République Suisse et autres Républiques que l'avenir verra se constituer, feront crouler un jour et à jamais les dynasties odieuses de dessus leurs trônes vermoulus, incompatibles en tout avec les idées modernes de Liberté et de Progrès.

» Et ce triomphe définitif dû à la Franc-Maçonnerie sera le point de départ de la Paix et du Bonheur universels, alors que la sublime Justice Maçonnique, reconnue par tous les gouvernements républicains, les fédéralisera dans une vaste République Universelle dont elle sera l'âme et le lien. »

Voilà ce dont ne se doutaient probablement pas les Francs-Maçons, et il en est en grand nombre, nous voulons le croire, assez naïfs encore pour aimer passionément leur Patrie.

IV.

En lisant ces extraits, et en dépouillant les idées qu'ils expriment du verbiage dont elles sont revêtues, on arrive à une conclusion bien simple. Cette conclusion a déjà été formulée par un ministre du roi de Prusse, le Baron de Haugwitz, dans les termes suivants :

« La Franc-Maçonnerie est un empire secret qui conspire contre l'empire public, un culte impur qui salit, pour les détruire, tous les cultes sans exception. Elle est, en toute vérité, l'assassin de la Société humaine et de la véritable liberté des hommes. »

Malhonnête dans le développement de son institution, sinon dans ses origines; destructrice dans son but, corruptrice dans ses moyens, son enseignement politique et religieux est bien la plus perverse conception qu'ait produite Satan. Tout ce que nous croyons, elle le nie; tout ce que nous respectons, elle le méprise; tout ce qu'il y a de sacré dans l'ordre moral, tout ce qu'il y a d'assuré dans l'ordre matériel, elle s'efforce de l'anéantir.

Son objectif, ainsi que l'avouent ses partisans eux-mêmes, en donnant une preuve documentaire officielle, fournie par *la Chaîne d'Union*, journal de la Franc-Maçonnerie Universelle, dans son numéro de Décembre 1886 à la page 532 et dans les lignes 29 à 32 enregistrant la déclaration suivante du Frère Léon Clerc, Trésorier de la Loge « La France » établie à Londres sous le n° 2060 et sous les auspices de la Grande Loge Unie d'Angleterre, faite à la date du 15 novembre 1886, son objectif :

« Est la Croisade anti-religieuse, la haine du prêtre, l'ingérence dans la Conscience politique, sociale et religieuse, c'est-à-dire la guerre de sectes avec toutes ses passions, le bouleversement des vieilles institutions et des vieilles croyances au nom du progrès. »

* * *

En résumé, LA FRANC-MAÇONNERIE EST UNE ASSOCIATION UNIVERSELLE qui se propose la DESTRUCTION DE L'ORDRE SOCIAL, en réalisant LA RÉVOLUTION PAR LA CORRUPTION.

Jamais si grand péril n'avait menacé le monde civilisé. Jamais, depuis dix-neuf siècles que dure l'ère chrétienne, conjuration si savante n'avait été ourdie contre l'Église, sauvegarde de la Société. Jamais conjurés si nombreux n'avaient mieux gardé leur secret, et jamais indifférence si grande ne s'était rencontrée parmi les honnêtes gens qui seront pourtant les premières victimes des Francs-Maçons.

Que tout homme soucieux de sa propre dignité, de sa propre liberté, soucieux, par conséquent, de l'indépendance de sa patrie et de la sécurité de la société, vienne donc se ranger résolument sous le drapeau du Catholicisme. C'est là que s'adressent les coups des Francs-Maçons; c'est là que doivent se grouper ceux qui refusent de se soumettre à Satan.

Une institution qui fait jurer par ses adeptes, le poignard en main, mort aux prêtres et aux rois; qui les conduit ensuite, quand ils deviennent ses chefs suprêmes, la corde au cou, dans la salle d'initiation; une institution qui se donne à elle-même le serpent pour symbole, jette à Dieu et aux hommes le plus insolent des défis.

L'Église Catholique a relevé le gant; il nous appartient de ne point nous séparer de la cause qu'elle défend et qui est celle de Dieu.

DOCUMENTS JUSTIFICATIFS.

DOCUMENTS JUSTIFICATIFS.

DOCUMENT N° 1.

Les Commissaires de *la Souveraine et Très Respectable Grande Loge de France* à toutes les Respectables Loges Régulières ou règnent le Silence, la Paix et l'Harmonie.

SALUT, FORCE, UNION.

Vénérables Maîtres et Très Chers Frères :

« Sans cesse occupée de tout ce qui peut être utile à l'Art Royal, la Très Respectable Grande Loge cherchait depuis longtemps le germe qui divisait ses enfants et agitait quelques-uns des Orients de France. Elle a reconnu que ces divisions avaient presque toujours pour principes les prérogatives des Gradués. Pendant qu'elle se reposait sur le Conseil des Empereurs d'Orient et d'Occident, Sublime mère Loge Écossaise, de l'administration des grades supérieurs, elle donnait tous ses soins au Symbolique. Les bornes qu'elle avait mises elle-même à ses travaux ont été le prétexte dont quelques Gradués se sont servis pour prétendre à l'autorité supérieure.

» De nouveaux Conseils se sont établis sous la loi arbitraire de leurs nouveaux fondateurs. La dépendance était la base constitutive de cet établissement et prenait la place des prérogatives nécessaires qui sont la récompense du travail, et que le mérite seul obtient sans donner atteinte à l'égalité, fondement de notre ordre.

» La Très Respectable Grande Loge s'occupait des moyens de prévenir les maux que ces prétentions nouvelles pouvaient faire à l'Art Royal lorsque ses travaux furent suspendus.

» Depuis qu'elle les a repris, elle a donné ses premiers soins à cet objet et, du consentement de nos illustres chefs, elle a reçu dans son sein le Conseil Souverain des empereurs d'Orient et d'Occident, Sublime mère Loge Écossaise, avec lequel elle s'est unie pour ne former qu'un corps qu'a seul la puissance législative sur tous les grades et la plénitude des connaissances de l'Ordre.

» Les soins de la Très Respectable Grande Loge ne se bornent point à déterminer l'unique point central de la Maçonnerie, elle a porté ses vues plus loin. Elle se propose, après qu'elle aura réglé la forme de son administration, *d'examiner tous les grades, de rétablir ceux qui auront souffert quelques changements* et de placer chacun dans le rang qu'il doit avoir.

» La Très Respectable Grande Loge nous a spécialement chargés par ses délibérations du 25 juillet et 9 août derniers, de préparer ces travaux importants. Nous nous en occupons sans cesse et nous ne désirons que de remplir promptement ses vues.

» Nous nous flattons que vous voudrez bien y concourir en nous faisant part de vos réflexions sur la forme de l'administration générale et en nous apprenant les usages particuliers de vos Orients.

Nous avons le plaisir d'être, etc.

Ont signé *manu propria* :

BRUNETEAU, GAILLARD, DE BOULAINVILLIERS, LAÇON LABADY, DAUBERTIN, LE BARON DE TOUSSAINT, DE LALANDE.

DOCUMENT N° 2.

A la Gloire du Grand Architecte de l'Univers.

Au Grand Orient de France et sous le bon plaisir de Son Altesse Sérénissime le Très Illustre Frère Louis de Bourbon, Comte de Clermont, prince du Sang, Grand-Maître et Protecteur de toutes les Loges Régulières.

A l'Orient d'un lieu très éclairé où règnent la paix, le silence et la concorde *Anno lucis* 5761, et selon le style commun 27 août 1761.

Lux ex tenebris. Unitas et Concordia fratrum.

Nous soussignés, substituts Généraux de l'Art Royal, Grands Surveillants et Officiers de la Grande et Souveraine Loge de Saint-Jean de Jérusalem établie à l'Orient de Paris. Et nous Prince Grand Maître du Grand Conseil des Loges Régulières, sous la protection de la Grande et Souveraine Loge, déclarons, certifions et ordonnons à tous les Chers Frères Chevaliers Princes répandus sur les deux hémisphères que, nous étant assemblés par ordre du Substitut général président du Grand Conseil, une requête, à nous communiquée par le Respectable Frère Lacôme, Substitut de Notre Très Illustre Grand-Maître et Prince Maçon, fut lue en séance que notre Cher Frère Stéphan Morin, Grand Élu Parfait et Ancien Maître Sublime Franc-Maçon Chevalier et Prince Sublime de tous les ordres de la Maçonnerie de perfection, membre de la Loge Royale de la Trinité, etc., ayant demandé qu'il plaise au Souverain Grand Conseil et Grande Loge de lui accorder des lettres patentes pour constitutions, l'avons d'un consentement général constitué et institué par ces présentes constitutions, instituons et donnons plein et entier pouvoir au dit Frère STÉPHAN MORIN de fonder et établir une loge pour recevoir et multiplier l'Ordre Royal des Maçons libres dans tous les grades parfaits et sublimes; ordonnons et commandons à tous les Maîtres des Loges Régulières, de reconnaître comme nous reconnaissons Notre Très Cher Frère Stéphan Morin, comme respectable Maître de la Loge *la Parfaite Harmonie* et nous le députons en qualité de notre Député Grand-Inspecteur dans toutes les parties du Nouveau Monde, l'autorisons et lui donnons pouvoir d'établir dans toutes les parties du Monde la parfaite et Sublime Maçonnerie et de créer des Inspecteurs en tous lieux où les susdits grades ne sont pas établis.

Signé par : CHAILLON DE SOUVILLE, Substitut de l'Ordre, Grand Commandeur de l'Aigle Noir et Blanc, Sublime Prince du Royal Secret;

Et par les Grands Inspecteurs Sublimes Officiers du Grand Conseil. — DE ROHAN — LE CAINE — SAVALETTE DE BUCKELY — TAUPIN — Comte DE CHOISEUL — BOUCHER DE LENONCOURT — BREST DE LACHAUSSÉE et DAUBER.

DOCUMENT N° 3.

Liste des degrés Maçonniques Écossais à répandre en Amérique.

1er degré. Apprenti.
2e degré. Compagnon.
3e degré. Maître Maçon.
4e degré. Maître de Marque.
5e degré. Past-Master.
6e degré. Maître Sublime.

7e degré. Royal-Arche.
8e degré. Maître Royal.
9e degré. Chevalier de la Croix Rouge.
10e degré. Chevalier de Malte.
11e degré. Chevalier du Saint-Sépulcre.
12e degré. Chevalier Chrétien.
13e degré. Chevalier du Temple.
14e degré. Maître Secret.
15e degré. Maître Parfait.
16e degré. Secrétaire Intime.
17e degré. Prévot et Juge.
18e degré. Intendant des Bâtiments.
19e degré. Chevalier Elu des Neuf.
20e degré. Maître Elu des Quinze.
21e degré. Sublime Chevalier Elu.
22e degré. Grand-Maître Architecte.
23e degré. Chevalier de la Neuvième Arche.
24e degré. Chevalier de la Perfection.
25e degré. Chevalier d'Orient.
26e degré. Prince de Jérusalem.
27e degré. Chevalier d'Orient et d'Occident.
28e degré. Souverain Prince Rose Croix d'Hérédom.
29e degré. Grand Pontife.
30e degré. Grand Maître de toutes les Loges Symboliques.
31e degré. Patriarche Noachite ou Chevalier Prussien.
32e degré. Prince du Liban.
33e degré. Chef du Tabernacle.
34e degré. Prince du Tabernacle.
35e degré. Prince de Merci.
36e degré. Chevalier du Serpent d'Airain.
37e degré. Commandeur du Temple.
38e degré. Chevalier du Soleil.
39e degré. Chevalier du Saint-Esprit.

40e degré.
41e degré. } Prince du Royal Secret, Prince des Maçons.
42e degré.
43e degré. Souverain Grand Inspecteur Général.

DOCUMENT N° 4.

Universi terrarum Orbis Architectonis Gloria ab Ingentes, Deus Meumque Jus.

Ordo ab Chao.

De l'Orient du Grand et Suprême Conseil des Trois Puissants Souverains Grands Inspecteurs Généraux sous la voûte céleste du Zénith qui correspond à 32° 4' de Lat. Nord.

Aux Très Illustres, Très Vaillants et Sublimes Princes du Royal Secret Chevaliers Kadosch, Illustres princes et Chevaliers Grands, Ineffables et Sublimes Libres, acceptés, et parfaits Maçons de tous les Grades anciens et Modernes répandus sur la surface des deux hémisphères. A tous ceux que les présentes lettres de créance verront

SANTÉ

STABILITÉ PUISSANCE

Sachez que nous Soussignés, Souverains Grands Inspecteurs Généraux régulièrement et légalement constitués et assemblés en Suprême Conseil du 33me degré nous avons soigneusement et régulièrement examiné notre Illustre Frère le Comte Alexandre-François-Auguste de Grasse-Tilly sur tous les Grades qu'il a régulièrement reçus et sur sa demande spéciale nous certifions, reconnaissons et proclamons par les présentes que le Très Illustre Frère Alexandre-François-Auguste de Grasse-Tilly né à Versailles en France, ancien Capitaine de Cavalerie et Ingénieur au service des États-Unis d'Amérique est un maître expert et passé Maître de la Loge Symbolique, etc.

(Ici se trouve l'énumération des 33 degrés possédés par les 33mes).

Nous certifions également que ledit Illustre Frère est grand Commandeur à vie pour les Antilles françaises.

Et, par ces présentes nous autorisons et nous donnons pouvoir à notre dit Illustre Frère Comte Alexandre-François-Auguste de Grasse-Tilly pour établir, réunir diriger et inspecter toutes les Loges, Chapitres, Conseils, Collèges et Consistoires de l'Ordre Militaire et Royal de la Franc-Maçonnerie ancienne et moderne sur la surface des deux hémisphères conformément aux grandes constitutions.

En conséquence, nous ordonnons à tous et à chacun de nos susdits Chevaliers, Princes et Sublimes Maçons d'avoir à reçevoir et à reconnaître notre Illustre Frère le Comte Alexandre-François-Auguste de Grasse-Tilly dans ses différentes qualités jusqu'aux plus hauts degrés de la Maçonnerie, et nous réciproquerons les égards qu'on aura pour lui envers les Frères qui pourront se présenter à notre Suprême Conseil munis de leurs certificats réguliers ou de leurs lettres de créance en règle. A ces lettres de créance, nous les soussignés Souverains Grands Inspecteurs Généraux, membres du Suprême Conseil du 33e degré à Charleston dans la Caroline du Sud, avons apposé nos signatures ainsi que le Grand sceau du susdit illustre Ordre, dans la chambre du Grand Conseil sous la voûte Céleste et sur le point central, le dix-neuvième jour du douzième mois nommé *Ador*, de la Restauration 5562. Anno Lucis 5802 et de l'Ère chrétienne le 21 février 1802.

JOHN MITCHELL.
K.·. H.·. P.·. R.·. S.·. Souv.·. Gr.·. Insp.·. Gén.·.
33e et Grand Commandeur.

FRÉDÉRIC DALCHO.
K.·. H.·. P.·. R.·. S.·. Souv.·. Gr.·. Insp.·. Gén.·.
33e et Lieutenant Grand Commandeur.

ISAAC AULD.
K.·. H.·. P.·. R.·. S.·. Souv.·. Gr.·. Insp.·. Gén.·. 33e

T.·. B. BOWEN.
K.·. H.·. P.·. R.·. S.·. Souv.·. Gr.·. Insp.·. Gén.·
33e et Grand Maître des Cérémonies.

JEAN-BAPTISTE-MARIE DELAHOGUE.
Souv.·. Gr.·. Insp.·. Gén.·. 33e et Lieutenant
Grand Commandeur pour les Antilles française.

F. D. LIÉBEN.
K.·. H.·. P.·. R.·. S.·. Souv.·. Fr.·. Insp.·. Gén.·.
33e et Grand Trésorier de l'Empire.

AB. ALEXANDRE.
Souv.·. Fr.·. Insp.·. Gén.·. 33e et Grand Secrétaire
du Saint Empire.

Je certifie que la présente Copie est de tout point conforme à l'original.

Charleston, Caroline du Sud, le 15 mars 1802.

AUGUSTE DE GRASSE.

SCEAU DU GRAND CONSEIL DES PRINCES DU ROYAL SECRET.	SCEAU DU GRAND CONSEIL DES PRINCES DE JÉRUSALEM

SCEAU DU SUPRÊME CONSEIL.

DOCUMENT JUSTIFICATIF N° 5.

TRANSFORMATION DE LA « MAÇONNERIE PRIMITIVE » EN « RITE ÉCOSSAIS, » EN « RITE DE PERFECTION, » EN « RITE FRANÇAIS » ET EN « RITE ÉCOSSAIS ANCIEN ET ACCEPTÉ. »

(De colonne en colonne les nouveaux Grades ou les nouveaux Titres sont en italique.)

MAÇONNERIE PRIMITIVE *introduite en France en 1722.*	MAÇONNERIE ÉCOSSAISE *introduite en France par Ramsay en 1738.*	RITE DE PERFECTION *institué à Paris en 1758 et pratiqué par l'ancien Conseil des Empereurs d'Orient et d'Occident.*	RITE FRANÇAIS *Modification du Rite de Perfection faite par le Grand Orient de France en 1786.*	GRADES DONNÉS A STEPHEN MORIN *et déterminés le 22 Septembre 1762 comme étant ceux de la Doctrine des Conseils des Empereurs d'Orient et d'Occident.*	DEGRÉS APPORTÉS EN AMÉRIQUE *par Stephen Morin suivant la déclaration du Suprême Conseil de Charleston.*	RITE ÉCOSSAIS ANCIEN ET ACCEPTÉ *suivant le Régime du Suprême Conseil de Charleston en 1802 apportés en France par le Comte de Grasse-Tilly.*	RITE ÉCOSSAIS ANCIEN ET ACCEPTÉ *suivant le Régime du Comte de Grasse-Tilly adopté par l'Autorité de droit, le Grand Orient de France.*	RITE ÉCOSSAIS ANCIEN ET ACCEPTÉ *suivant le Régime du Convent de Lausanne adopté par l'Autorité de fait, le Suprême Conseil de France.*
1 *Apprenti.*	1 Apprenti.	1 Apprenti.	1 Apprenti.	1 Apprenti.	1 Apprenti.	1 Apprenti.	1 Apprenti.	1 Apprenti.
2 *Compagnon.*	2 Compagnon.	2 Compagnon.	2 Compagnon.	2 Compagnon.	2 Compagnon.	2 Compagnon.	2 Compagnon.	2 Compagnon.
3 *Maître-Maçon.*	3 Maître-Maçon.	3 Maître-Maçon.	3 Maître-Maçon.	3 Maître-Maçon.	3 Maître-Maçon.	3 Maître-Maçon.	3 Maître-Maçon.	3 Maître.
	4 *Écossais.*	4 *Maître Secret.*	4 Elu.	4 Maître Secret.	4 Maître Secret.	4 Maître Secret.	4 Maître Secret.	4 Maître Secret.
	5 *Novice.*	5 *Maître Parfait.*	5 Écossais.	5 Maître Parfait.	5 Maître Parfait.	5 Maître Parfait.	5 Maître Parfait.	5 Maître Parfait.
	6 *Chevalier du Temple.*	6 *Secrétaire Intime.*	6 Chevalier d'Orient.	6 Secrétaire intime.	6 Secrétaire intime.	6 Secrétaire intime.	6 Secrétaire intime.	6 Secrétaire intime.
		7 *Intendant des Bâtiments.*	7 Souverain Prince Rose-Croix d'Heredom.	7 Intendant des Bâtiments.	7 Intendant des Bâtiments.	7 Prévôt et Juge.	7 Prévôt et Juge.	7 Prévôt et Juge.
		8 *Prévôt et Juge.*		8 Prévôt et Juge.	8 Prévôt et Juge.	8 Intendant des Bâtiments.	8 Intendant des Bâtiments.	8 Intendant des Bâtiments.
		9 *Elu des Neuf.*		9 *Maître* Elu des Neuf.	9 *Elu.*	9 *Chevalier* Elu des Neuf.	9 Maître Elu des Neuf.	9 Maître Elu des Neuf.
		10 *Elu des Quinze.*		10 *Maître* Elu des Quinze.	10 *Chevalier* Elu des Quinze.	10 *Illustre* Elu des Quinze.	10 Maître Elu des Quinze.	10 Illustre Elu des Quinze.
		11 *Illustre Elu, Chef des 12 Tribus.*		11 *Elu Illustre,* Chef des 12 Tribus.	11 *Illustre Chevalier des 12 Tribus.*	11 *Sublime Chevalier Elu.*	11 Sublime Chevalier Elu.	11 Sublime Chevalier Elu.
		12 *Grand Maître Architecte.*		12 Grand Maître Architecte.	12 Grand Maître Architecte.	12 Grand Maître Architecte.	12 Grand Maître Architecte.	12 Grand Maître Architecte.
		13 *Royale Arche.*		13 Royale Arche.	13 *Chevalier* Royale Arche.	13 Royale Arche.	13 Royale Arche.	13 Royale Arche.
		14 *Grand Elu Ancien Maître parfait.*		14 Grand Elu, Ancien Maître Parfait.	14 *Grand Elu Ancien.*	14 *Perfection.*	14 *Grand Écossais de la voute sacrée de Jacques II.*	14 *Grand Elu Parfait et Sublime Maçon*
		15 *Chevalier de l'Épée.*		15 Chevalier de l'Épée.	15 Chevalier de l'Épée.	15 *Chevalier d'Orient.*	15 Chevalier d'Orient.	15 Chevalier d'Orient.
		16 *Prince de Jérusalem.*		16 Prince de Jérusalem.	16 Prince de Jérusalem.	16 Prince de Jérusalem.	16 Prince de Jérusalem.	16 Prince de Jérusalem.
		17 *Chevalier d'Orient et d'Occident.*		17 Chevalier d'Orient et d'Occident.	17 Chevalier d'Orient et d'Occident.	17 Chevalier d'Orient et d'Occident.	17 Chevalier d'Orient et d'Occident.	17 Chevalier d'Orient et d'Occident.
		18 *Chevalier Rose-Croix.*		18 Chevalier Rose-Croix.	18 Chevalier Rose-Croix.	18 *Souverain Prince Rose-Croix d'Heredom.*	18 Souverain Prince Rose-Croix.	18 Chevalier Rose-Croix.
		19 *Grand Pontife.*		19 Grand Pontife, *Maître ad vitam.*	19 Grand Pontife, Maître ad vitam.	19 Grand Pontife.	19 Grand Pontife ou *Sublime Écossais.*	19 Grand Pontife.
		20 *Grand Patriarche.*		20 Grand Patriarche.	20 Grand Patriarche.	20 *Grand Maître de toutes les Loges symboliques.*	20 *Vénérable Grand Maître de toutes les Loges.*	20 Vén∴ Gr∴ M∴ de toutes les Loges régulières.
		21 *Grand Maître de la Clef de la Maçonnerie.*		21 Grand Maître de la Clef de la Maçonnerie.	21 *Grand Maître de la Clef.*	21 *Patriarche noachite ou Chevalier prussien.*	21 *Noachite* ou Chevalier prussien.	21 Noachite.
		22 *Prince du Liban.*		22 Prince du Liban *ou Chevalier Royale Hache.*	22 Prince du Liban, *Royale Hache.*	22 Prince du Liban.	22 *Royale Hache* ou Prince du Liban.	22 Chevalier Royal Hache.
		23 *Souverain Prince Adepte Chef du Grand Consistoire.*		23 Souverain Prince Adepte Chef du Grand Consistoire.	23 Souverain Prince Adepte, Chef du Grand Consistoire.	23 *Chef du Tabernacle.*	23 Chef du Tabernacle.	23 Chef du Tabernacle.
		24 *Illustre Chevalier Commandeur de l'Aigle noir et blanc.*		24 Illustre Chevalier Commandeur de l'Aigle noir et blanc.	24 Illustre Chevalier Commandeur de l'Aigle noir et blanc.	24 *Prince de Merci.*	24 *Prince du Tabernacle.*	24 Prince du Tabernacle.
		25 *Très Illustre Souverain Prince de la Maçonnerie, Grand Chevalier, Sublime Commandeur de Royal Secret.*		25 Très Illustre Souverain, Prince de la Maçonnerie, Grand Chevalier, Sublime Commandeur de Royal Secret.	25 Très Illustre Souverain, Prince de la Maçonnerie, Grand Chevalier, Sublime Commandeur de Royal Secret.	25 *Chevalier du Serpent d'Airain.*	25 Chevalier du Serpent d'Airain.	25 Chevalier du Serpent d'Airain.
						26 *Commandeur du Temple.*	26 Prince de Merci.	26 *Écossais Trinitaire.*
						27 *Chevalier du Soleil.*	27 *Souverain* Commandeur du Temple.	27 Grand Commandeur du Temple.
						28 *K H*	28 Chevalier du Soleil *Prince Adepte.*	28 Chevalier du Soleil.
						29	29 *Grand Écossais de Saint-André d'Écosse.*	29 Grand Écossais de saint André.
						30	30 *Grand Elu Chevalier Kadosch.*	30 *Chevalier Kadosch.*
						31 *Prince du Royal Secret.*	31 *Grand Inspecteur, Inquisiteur Commandeur.*	31 Grand Inspecteur, Inquisiteur Commandeur.
						32	32 *Souverain Prince de Royal Secret.*	32 Sublime Prince de Royal Secret.
						33 *Souverain Grand Inspecteur général.*	33 Souverain Grand Inspecteur général.	33 Souverain Grand Inspecteur général.

DOCUMENT N° 5.

Rituel Sacré du 25e et dernier degré du Rite de Perfection.

« Pour le Très Illustre Souverain Prince de la Maçonnerie, 25e et dernier degré du Rite, la Sublime perfection Maçonnique c'est la Vengeance, absolue, radicale, de l'infâme assassinat de l'homme, roi et seigneur de toute la nature, né inconscient et par conséquent né innocent. »

« L'homme, le Grand Maître innocent dont nous sommes les vengeurs, était né pour être heureux et jouir de tous ses droits en toute plénitude. »

« Trois infâmes assassins l'ont fait tomber sous leurs coups en détruisant son bonheur, en annihilant la jouissance de ses droits. »

Rituel officiel du 33e et dernier degré du Rite Écossais Ancien et Accepté.

« Pour le Souverain Grand Inspecteur Général 33e et dernier degré du Rite, l'Ordre est le grand Vengeur du Grand Maître assassiné et grand justicier de l'humanité, car le grand Maître innocent est l'homme, l'homme qui est Maître et Roi de la Grande Nature, l'homme qui naît innocent puisqu'il naît inconscient. »

« Notre Grand Maître innocent était né pour être heureux, pour jouir en toute plénitude de tous les droits sans exception. »

« Mais il est tombé sous les coups de trois assassins, de trois infâmes qui ont soulevé des obstacles formidables contre son bonheur et contre ses droits et ont fini par l'annihiler. »

« Ces trois assassins infâmes sont les Lois, les Religions révélées, les privilèges possessifs. »	« Ces trois assassins infâmes sont la Loi, la Propriété, la Religion. »
« Les lois, parce qu'elles ne résultent nullement de l'harmonie entre tous les droits et les devoirs de l'homme, droits que nous possédons tous sans en excepter un seul, devoirs qui ne sont que les conséquences de notre droit à ce que personne ne nous empêche la jouissance plénière de tous nos droits. »	« La Loi, parce qu'elle n'est pas l'harmonie parfaite entre les droits de l'homme isolé et les devoirs de l'homme social en société, droits qui nous sont acquis à tous dans toute leur intégrité, devoirs qui ne sont que la conquence immédiate du droit qu'a chacun de nous de jouir de tous les droits sans en être empêché par personne. »
« Les privilèges possessifs, parce que la terre n'est à personne et ses produits sont à tous, chacun ayant droit à la part de ses produits qu'exige la satisfaction de ses besoins réels. »	« La propriété, parce que la terre n'appartient à personne et que ses produits appartiennent à tous, dans la mesure pour chacun des besoins réels de son bien-être. »
« Les Religions, parce qu'elles ne sont autre chose que les philosophies des grands hommes de génie philosophique que les peuples ont adoptées pour augmenter leur bien-être et pas pour autre chose. »	« La Religion, parce que les religions ne sont que les philosophies d'hommes de génie que les peuples ont adoptées sous la condition expresse qu'elles viennent constituer un surcroît de bien-être pour eux. »
« Nul ne peut donc imposer à l'homme ni lois ni pri-	« Ni la loi ni la propriété ni la religion ne peuvent

vilèges possessifs ni religions car elles le privent de la jouissance de ses droits et le réduisant par cela même au néant, l'assassinent et deviennent nos ennemis mortels, dont nous jurons de tirer la plus éclatante des vengeances. »

« Ce sont les Religions qui doivent les premières périr sous les coups de notre légitime vengeance, car en les détruisant nous aurons à notre merci et les lois et les privilèges, et nous pourrons rendre à l'humanité régénérée son bonheur tout entier en établissant sur des bases inébranlables la loi et la religion de la sublime Perfection, entourées de tous leurs privilèges. »

donc s'imposer à l'homme et comme elles l'annihilent en le privant de ses droits les plus précieux, ce sont des assassins dont nous avons juré de tirer la plus éclatante des vengeances, des ennemis auxquels nous avons juré une guerre à mort, à outrance et sans quartiers. »

« De ces trois ennemis infâmes c'est la religion qui doit être le souci constant de nos attaques meurtrières, parce qu'un peuple n'a jamais survécu à sa religion et que c'est en tuant la religion que nous aurons à notre merci et la Loi et la Propriété et que nous pourrons régénérer la société en établissant sur les cadavres des assassins de l'homme, la religion Maçonnique, la loi Maçonnique et la propriété Maçonnique. »

DOCUMENT N° 8.

Tuileur Sacré et Officiel
des 33 grades
du Rite Écossais Ancien et Accepté,
promulgué
le 1er Juillet 1876
PAR LE POUVOIR EXÉCUTIF
DE LA
CONFÉDÉRATION DES SUPRÊMES CONSEILS DU RITE ÉCOSSAIS
ANCIEN ET ACCEPTÉ
et publié par ses soins,
le 1er Août 1876.

Reproduction intégrale du texte *ne varietur*.

1er DEGRÉ. — APPRENTI.

Après avoir ceint un *tablier en peau blanche unie*, dont la bavette triangulaire est relevée, et vous être *ganté de blanc*, vous frappez à la porte de la *Loge*, par la *Batterie d'Apprenti* : TROIS coups égaux; et, en attendant que la porte soit ouverte, vous vous mettez à l'*ordre d'Apprenti*, qui consiste à placer la main droite, doigts réunis, pouce levé en équerre, sur la gorge, de façon à ce que « la pomme d'Adam » se trouve dans l'angle droit ainsi formé.

(Le Grand Maître des Cérémonies exécute ce signe.)

La porte s'ouvre, le Tuileur de la Loge sort et, en vous voyant à l'Ordre, fait le *Signe d'Apprenti* qui consiste à placer la main droite, doigts réunis, pouce levé en équerre, sur la gorge, de façon à ce que la pomme d'Adam se trouve dans l'angle droit ainsi formé, et à la retirer ensuite horizontalement vers l'épaule droite, la laissant retomber perpendiculairement, une fois l'épaule atteinte.

Vous répétez ce Signe, et, le grade d'Apprenti Écossais n'ayant pas de mot de passe, vous gardez le silence.

Le Tuileur vous tend la main droite, et vous lui donnez votre main droite, pour qu'il vous donne l'*Attouchement d'Apprenti,* qui consiste, une fois les mains droites enlacées, à presser avec l'ongle du pouce droit de l'un la première phalange de l'index droit de l'autre.

Le Tuileur vous presse le premier la première phalange de votre index droit avec l'ongle de son pouce, et vous dit : B.

Vous pressez à votre tour la première phalange de son index avec l'ongle de votre pouce, et vous dites : O.

Il recommence et dit : H.

Vous recommencez et dites : A.

Il recommence et dit : Z.

Vous recommencez et dites : BO.

Il recommence et dit : HAZ.

Vous recommencez et dites : BOHAZ.

Il recommence et dit : BOHAZ pour terminer.

BOHAZ est le *Mot Sacré d'Apprenti.*

(Le Grand Maître des Cérémonies et le Grand Capitaine des Gardes exécutent le signe et l'attouchement.)

Le Tuileur vous demande ensuite :

Quel âge avez-vous?

Vous répondez :

Trois ans, mon Frère.

C'est l'âge de l'Apprenti.

Le Tuileur rentre alors dans la Loge et avertit son Président, le *Vénérable* de la Loge, qu'un Apprenti reconnu comme tel demande à prendre part aux travaux de la Loge.

Le Vénérable accorde l'autorisation, et le Tuileur vous ouvre la porte en vous invitant à entrer.

Vous vous mettez à l'*ordre*, et exécutez la *Marche d'Apprenti* pour entrer dans la Loge, en faisant *trois pas* ordinaires, en partant du pied gauche, assemblant les deux pieds en équerre à la fin de chaque pas.

Votre marche terminée, vous faites le *Signe* au Vénérable et aux deux Vice-Présidents qui sont nommés *Surveillants*. Les trois dignitaires vous y répondent successivement, et le Vénérable vous invite à prendre place parmi les Apprentis qui sont assis à sa droite et à votre gauche. Vous prenez place, et les travaux d'Apprenti continuent.

2e DEGRÉ. — COMPAGNON.

Après avoir ceint un *tablier de peau blanche unie*, bordé et doublé de rouge, dont la bavette triangulaire est rabattue, et vous être *ganté de blanc*, vous frappez à la porte de la Loge par la *Batterie de Compagnon* : CINQ coups égaux, et, en attendant que la porte soit ouverte, vous vous mettez à l'*ordre de Compagnon*, en plaçant votre main droite les doigts arrondis en courbe, sur votre cœur, et en élevant jusqu'à la hauteur de votre tête votre main gauche ouverte, la paume en avant, les doigts serrés et le pouce dressé en équerre, le coude gauche aussi près que possible du corps.

(Le Grand Maître des Cérémonies exécute ce signe.)

La porte s'ouvre, le Tuileur sort, et, en vous voyant à l'ordre, fait le *Signe de Compagnon*, en portant à son cœur, comme pour le saisir, sa main droite, les doigts arrondis en courbe, en élevant à la hauteur de sa tête sa main gauche ouverte, la paume en avant, les doigts serrés, le pouce dressé en équerre, le coude le plus près possible du corps, et tirant ensuite la main droite, horizontalement depuis le cœur jusqu'à son flanc droit, et laissant alors tomber simultanément sa main droite sur sa cuisse droite, et sa main gauche sur sa cuisse gauche.

Vous répétez le Signe et lui dites :

SCHIBBOLETH, *Mot de Passe de Compagnon*, en lui prenant la main droite avec votre main droite, et posant simplement votre pouce dans le creux qui se trouve entre les premières phalanges du médius et de l'annulaire.

Le Tuileur pose ensuite l'ongle de son pouce sur la première phalange de votre doigt médius et vous dit : I en l'appuyant.

Continuant ainsi enlacés, vous répondez au Tuileur : A.

Le Tuileur continue : K.

Vous répondez : I.

Le Tuileur dit : N.

Vous dites : JA.

Le Tuileur dit : KIN.

Vous dites : JAKIN.

Le Tuileur répond : JAKIN, pour terminer l'*Attouchement de Compagnon.*

JAKIN est le *Mot Sacré de Compagnon.*

Le Tuileur vous demande :

Quel âge avez-vous?

Vous répondez :

Cinq ans, mon Frère.

C'est l'*âge du Compagnon.*

(Le Grand Maître des Cérémonies et le Grand Capitaine des Gardes exécutent le signe et l'attouchement.)

Le Tuileur rentre dans la Loge, obtient du *Vénérable* qui la préside l'autorisation de vous admettre, et vient vous ouvrir la porte pour vous laisser entrer. Vous mettant à l'ordre, vous exécutez pour entrer dans la Loge la *Marche de Compagnon*, en faisant *trois* pas ordinaires, en partant du pied gauche et assemblant vos deux pieds en équerre après chaque pas, et *deux* pas obliques ensuite, l'un vers la droite en partant du pied droit, l'autre vers la gauche en partant du pied gauche, assemblant également vos deux pieds en équerre à la fin de chaque pas. Vos cinq pas *faits*, vous faites le Signe au Vénérable qui préside et aux deux Surveillants qui occupent les Vice-Présidences, et qui vous le rendent successivement. Sur l'invitation qui vous est faite, vous prenez place à votre gauche parmi les Compagnons; et les travaux de Compagnon continuent.

3e DEGRÉ. — MAITRE.

Après avoir ceint un tablier, sans bavette, en *peau blanche*, portant au milieu les lettres M.·. B.·. brodées en *rouge*, et étant lui-même *bordé* et *doublé* de rouge, et vous être *ganté de blanc*, vous passez en écharpe de droite à gauche un cordon *bleu moiré* uni, bordé de rouge, et vous frappez à la porte de la *Chambre du Milieu*, nom de la Loge des Maîtres, par la *Batterie de Maître*, NEUF coups par *trois* fois *trois* coups.

En attendant qu'on vous ouvre, vous vous mettez à l'*ordre de Maître*, en portant vers votre cœur votre main droite ouverte, dont les doigts sont séparés et le pouce dressé autant que possible et appuyant sur votre cœur ce pouce, mettant la main horizontale, la paume en bas, et conservant le bras droit près du corps.

(Le Grand Maître des Cérémonies exécute ce Signe d'ordre.)

Le Tuileur, en répondant à la Batterie et sortant de la Chambre du Milieu, fait le *Signe de Maître* en mettant sur son cœur le pouce de la main droite dressé, tenant cette main droite horizontale, la paume en bas, les doigts écartés, et élevant ensuite ses deux mains tous les doigts étendus et séparés au-dessus de sa tête, s'écriant :

« Ah! Seigneur mon Dieu! » et laissant tomber ses deux mains sur son tablier.

Vous répétez ce signe, et dites en terminant :

TUBALCAIN, qui est le *Mot de Passe du Maître*.

Le Tuileur s'approche alors de vous, et

1° Met son pied droit contre votre pied droit;

2° Met son genou droit contre votre genou droit;

3° Appuie sa poitrine contre votre poitrine;

4° Met sa main gauche sur votre épaule droite, tandis que vous mettez votre main gauche sur son épaule droite;

5° Prend en *Griffe* votre poignet droit pour embrasser votre paume droite, pendant que vous prenez en *Griffe* son poignet droit pour embrasser sa paume droite.

Dans cette position qui constitue les *Cinq Points de la Maîtrise*, soit l'*Attouchement du Maître*, le Tuileur vous dit : MA.

Vous répondez : HA.

Il continue en disant : BO.

Vous répondez : NE.

Il reprend en disant : MAHA.

Vous répondez : BONE; et, sans arrêt,

Vous vous reprenez en disant : MAHABONE.

Et le Tuileur termine en disant : MAHABONE et s'écartant de vous.

MAHABONE est le *Mot Sacré du Maître*.

(Le Grand Maître des Cérémonies et le Grand Capitaine des Gardes exécutent le signe et l'attouchement.)

Le Tuileur vous demande ensuite :

Quel âge avez-vous?

Vous répondez :

Sept ans et plus, Vénérable Maître.

C'est l'*âge du Maître*.

Le Tuileur obtient, du *Très Respectable Maître* qui préside la Chambre du Milieu, que l'autorisation de prendre part à ses travaux vous soit accordée.

Une fois la porte ouverte pour vous recevoir, vous entrez dans la Chambre du Milieu par *trois* pas, en partant du pied droit, comme si on avait à enjamber un cercueil. Le premier pas à droite, en partant du pied droit; le second pas à gauche, en partant du pied gauche; le troisième pas à droite, en partant du pied droit, et en assemblant vos deux pieds en équerre à la fin de chaque pas.

Cela constitue la *Marche du Maître*.

Vos trois pas que vous exécutez vous tenant à l'ordre une fois terminés, vous faites le Signe au *Très Respectable Maître* qui préside et aux *Très Vénérables Maîtres* qui occupent les deux Vice-Présidences. Ces dignitaires vous le rendent et vous invitent à prendre place à votre droite, parmi les *Vénérables Maîtres* qui composent la Chambre du Milieu. Vous vous rendez à cette invitation et les travaux de la Chambre du Milieu continuent.

Les Maîtres Maçons ont un signe spécial qui s'appelle *Signe de Secours*. Il se fait en renversant les deux mains, les doigts entrelacés, soit sur la tête, soit sur le front, en criant :

A MOI LES ENFANTS DE LA VEUVE!

4e DEGRÉ. — MAITRE SECRET.

Vous ceignez un *tablier blanc* attaché par des rubans noirs qui porte une *bavette bleue* sur laquelle est brodé un œil ouvert; sur ce tablier se trouve la lettre Z autour de laquelle se croisent une branche de laurier brodée à gauche et une branche d'olivier brodée à droite; vous passez en sautoir un *Cordon bleu* liseré de *noir*, auquel pend le Bijou, une *Clef* d'ivoire au milieu de laquelle on voit la lettre Z;

vous vous gantez de noir et frappez à la porte du *Saint des Saints*, nom de la Loge des Maîtres Secrets, par la *Batterie* de *Maître Secret*, SEPT coups, par *six* coups et *un* coup.

Comme il *n'y a pas* d'Ordre de Maître Secret, vous attendez que le Tuileur réponde à votre Batterie. Quand il sort pour vous reconnaître, il met sur sa bouche l'index et le médius de sa main droite.

Vous répondez en mettant sur votre bouche l'index et le médius de votre main gauche.

C'est le *Signe de Maître Secret.*

En faisant le signe le Tuileur vous dit : ZI.

Vous répondez après avoir rendu votre Signe : ZON.

ZIZON est le *Mot de Passe de Maître Secret.*

(Le Grand Maître des Cérémonies exécute le Signe.)

Ensuite le Tuileur vous prend le poignet droit avec sa main droite en *Griffe*, laisse couler sa main droite jusqu'à votre coude droit, et il se balance et vous fait balancer *sept* fois, en croisant sa jambe droite sous votre jambe droite; en faisant cela vous lui dites : IOD.

Vous répétez exactement tout ce qu'il vient de faire et qui constitue l'*Attouchement de Maître Secret* et il vous répond : ADONAI.

Le Tuileur vous garde dans le même entrelacement jusqu'à ce que vous lui ayez dit : IVAH.

IOD.·.ADONAI.·.IVAH sont les *Mots Sacrés du Maître Secret.*

(Le Grand Maître des Cérémonies et le Grand Capitaine des Gardes exécutent l'Attouchement.)

Le Tuileur vous demande alors :

Quel âge avez-vous?

Vous répondez :

Trois fois *vingt-sept* ans accomplis.

C'est *l'âge du Maître Secret.*

Le Tuileur rentre alors dans le *Saint des Saints* et obtient du Président, le *Trois fois Puissant Maître* et du Vice-Président *unique* de la Loge des Maîtres Secrets, le *Vénérable Inspecteur*, l'autorisation de vous laisser prendre part aux Travaux du Saint des Saints. Comme il *n'y a pas* de *Marche de Maître Secret*, vous entrez, et, vous arrêtant sur le seuil de la porte, vous attendez l'invitation de prendre place, qui vous est faite par le Trois Fois Puissant Maître, les Travaux des Maîtres Secrets continuant.

5e DEGRÉ. — MAITRE PARFAIT.

Vous revêtez un *Tablier blanc* à bavette verte, où sont figurés trois cercles concentriques, au centre desquels une pierre carrée porte la lettre T; vous portez un *Cordon vert moiré* en sautoir, auquel pend le *Bijou* : un compas ouvert à 60° et posé sur un segment de cercle gradué; vous frappez à la porte de la Loge des Maîtres Parfaits par la *Batterie de Maître Parfait*, QUATRE coups égaux, et, en attendant que la porte soit ouverte, vous vous mettez à l'*Ordre de Maître Parfait*, les deux mains élevées au-dessus de votre tête et les yeux levés vers le Ciel.

Quand le Tuileur ouvre la porte pour vous reconnaître, vous laissez tomber vos deux mains en croisant les bras, le droit sur le gauche, et baissant les yeux vers la terre.

Le Tuileur lève les yeux vers le Ciel, place ses mains au-dessus de sa tête, et les laisse retomber en croisant ses bras sur son ventre, baissant en même temps ses yeux vers la terre.

Vous lui dites alors : ACACIA.

ACACIA est le *Mot de Passe de Maître Parfait.*

Le Tuileur approche peu à peu ses deux pieds de vos deux pieds, jusqu'à ce que leurs quatre pointes se touchent, puis il appuie ses genoux contre vos genoux. Dans cette position il place sa main droite sur son cœur et la retire en formant l'équerre jusqu'à son flanc droit. Vous mettez également votre main droite sur votre cœur et la retirez horizontalement en formant ensuite verticalement l'équerre jusqu'à votre flanc droit.

Cela constitue le *Signe des Maîtres Parfaits*.

(Le Grand Maître des Cérémonies et le Grand Capitaine des Gardes exécutent le Signe.)

Le Tuileur place ensuite sa main gauche sur votre épaule droite, et vous mettez la main gauche sur l'épaule droite du Tuileur. Vous mettez alors en contact les paumes de vos deux mains droites, les doigts serrés et le pouce du Tuileur et le vôtre se touchant par leurs extrémités, de façon à figurer un triangle dont les deux pouces sont les côtés et les deux paumes en contact forment la base.

Dans cette position, qui constitue l'*Attouchement de Maître Parfait*, vous dites au Tuileur : JE.

Le Tuileur vous répond : HO.

Vous continuez : VAH.

Le Tuileur vous dit : JEHO.

Et vous dites : JEHOVAH en vous écartant.

JEHOVAH est le *Mot Sacré de Maître Parfait*.

Le Tuileur vous demande ensuite :

Quel âge avez-vous?

Vous répondez :

Un an.

Il vous demande encore :

Toujours?

Vous lui répondez :

Pour ouvrir, et sept ans pour fermer.

C'est *l'âge du Maître Parfait*.

Le Tuileur pénètre dans la Loge des Parfaits Maîtres, et

avertit le *Trois Fois Puissant Respectable Maître* qui préside, de la présence à la porte de la Loge d'un Maître Parfait reconnu régulier.

Le Trois Fois Puissant Respectable Maître accorde l'autorisation à votre admission. Le Tuileur vous ouvre la porte et vous pénétrez dans la Loge des Parfaits Maîtres, en vous tenant à l'Ordre et faisant *un carré* par *quatre* pas successifs, partant alternativement du pied droit et du pied gauche et assemblant en équerre vos deux pieds à la fin de chaque pas.

Cela constitue la *Marche de Maître Parfait.*

Le Président vous invite alors à prendre place parmi les Maîtres Parfaits, dont les travaux continuent.

6e DEGRÉ. — SECRÉTAIRE INTIME.

Après avoir ceint un *Tablier blanc* doublé et bordé de rouge, sur la *bavette* duquel est brodé un triangle, et avoir passé un *Cordon Cramoisi* en sautoir, d'où pend le *Bijou*, formé par *trois* triangles entrelacés et formant *neuf* pointes en nonagone, vous frappez à la porte de la *Salle d'Audience des Maîtres* dans le palais de Salomon, qui est la Loge des Secrétaires Intimes, par la *Batterie de Secrétaire Intime* : NEUF coups séparés; et, en attendant la venue du Tuileur, vous mettez votre main droite sur votre épaule gauche : c'est *l'Ordre de Secrétaire Intime.*

Le Tuileur, en sortant de la salle d'audience des Maîtres, met sa main droite sur son épaule gauche, et descend ensuite sa main droite transversalement en travers de la poitrine et jusqu'à la hanche droite, comme s'il traçait un baudrier sur son buste. Une fois sa droite sur sa hanche, il vous dit : IHAOBEN.

Vous croisez alors vos deux bras à la hauteur de votre

poitrine et les laissez tomber ensuite tous les deux, jusqu'à ce que vos deux mains viennent sur la poignée (supposée) de votre épée, en levant en même temps vos yeux vers le ciel et disant : ZERBAL.

Cela constitue le *Signe de Secrétaire Intime.*

IHAOBEN.·.ZERBAL sont les *Mots de Passe de Secrétaire Intime.*

(Le Grand Maitre des Cérémonies exécute le Signe.)

Le Tuileur vous offre ensuite sa main droite que vous prenez avec votre main droite, et que vous faites tourner en décrivant un arc de 90° et disant : BERITH.

Le Tuileur fait tourner à son tour votre main droite en disant : NEDER.

Vous recommencez à faire tourner la main droite du Tuileur en disant : SCHELEMOTH.

C'est l'Attouchement du Secrétaire Intime.

Le Tuileur vous dit ensuite : I.

Vous lui répondez : VAH.

(Le Grand Maitre des Cérémonies et le Grand Capitaine des Gardes exécutent l'Attouchement).

IVAH est le *Mot Sacré du Secrétaire Intime.*

Le Tuileur rentre dans la Loge de Secrétaire Intime, et s'adressant aux deux Trois Fois Illustres Vénérables qui la président et représentent Salomon, Roi des Juifs, et Hiram, Roi de Tyr, il obtient d'eux l'autorisation de vous laisser pénétrer dans la salle d'audience des Maitres.

Comme *il n'y a pas de Marche de Secrétaire Intime,* une fois la porte ouverte vous vous mettez à l'Ordre, et pénétrez d'un pas reposé jusqu'au centre de la Loge, où vous faites la première partie du signe, d'abord au Trois Fois Illustre Vénérable Maitre Salomon, et ensuite au Trois Fois Illustre Vénérable Maitre Hiram, qui se trouvent l'un à côté de l'autre à l'Orient de la Loge.

7ᵉ DEGRÉ. — PRÉVOT ET JUGE.

Après avoir ceint un *Tablier blanc* bordé de *rouge*, dont la bavette porte une *clef* brodée et au milieu duquel on voit une poche avec une rosette *rouge et blanche*, et avoir passé un *cordon cramoisi* en sautoir qui soutient le *Bijou*, qui est une *clef* d'or, vous frappez à la porte de la Loge des Prévôts et Juges par la *Batterie de Prévôt et Juge* : CINQ coups par *quatre* coups et *un* coup.

En attendant l'arrivée du Tuileur vous vous mettez à l'*Ordre de Prévôt et Juge*, en portant sur le côté droit de votre nez, l'index et le médius de votre main droite.

Le Tuileur, en venant vous reconnaitre, porte également son index et son médius droits au côté droit de son nez.

Vous placez le bout de votre index droit sur le bout de votre nez et le bout de votre pouce droit sous votre menton en disant : TI.

Le Tuileur fait la même chose et dit : TO.

C'est le *Signe de Prévôt et Juge*.

(Le Grand Maître des Cérémonies exécute le Signe.)

TITO est *le mot de passe de Prévôt et Juge*.

Le Tuileur vous entrelace ensuite le petit doigt de votre main droite avec le petit doigt de sa main droite et vous dit : JA.

Vous lui répondez : KINAI.

Il vous donne, les petits doigts toujours enlacés, *sept* coups avec son pouce droit sur la paume de votre main en vous disant : GEO.

Vous lui donnez avec votre pouce droit *sept* coups dans la paume de sa main en répondant : MÈTRES.

(Le Grand Maître des Cérémonies et le Grand Capitaine des Gardes exécutent l'attouchement.)

Cela constitue *l'Attouchement de Prévôt et Juge.*

JAKINAI est le *Mot sacré des Prévôts et Juges.*

GEOMÈTRES est la Grande Parole des Prévôts et Juges.

Cela fait, le Tuileur pénètre dans la Loge des Prévôts et Juges pour obtenir, du *Trois Fois Illustre Maître* qui la préside et des *Illustres Frères Surveillants* qui en sont les Vice-Présidents, l'autorisation nécessaire à votre admission.

Celle-ci obtenue, comme *il n'y a pas* de *Marche de Prévôt et Juge*, vous pénétrez lentement dans la Loge à l'ordre de Prévôt et Juge, et vous faites la première partie du signe au Trois Fois Illustre Maître et aux deux Illustres Frères Surveillants; qui vous le rendent et vous invitent à prendre part aux travaux des Prévôts et Juges, ce que vous faites en prenant place parmi eux.

8e DEGRÉ. — INTENDANT DES BATIMENTS.

Vous revêtez un *Tablier blanc*, bordé de *vert*, doublé de *rouge*, au milieu duquel il y a une *étoile* à *neuf* pointes sur une *balance;* la bavette porte un triangle dont les trois sommets portent les lettres B.·. A.·. I.·. initiales des mots Benchorim, Akar, Iakinai; vous passez en écharpe de droite à gauche un *Cordon rouge* moiré, auquel est suspendu par une rosette *verte* le *Bijou*, un triangle en or dont l'envers porte gravés les mots : *Benchorim, Akar, Iakinai,* et dont le revers porte gravés les mots de *Juda*, *Iah*, vous frappez à la porte de la Loge des Intendants des Bâtiments par la *Batterie* d'Intendant des Bâtiments, *cinq* coups égaux; et, en attendant que le Tuileur sorte, vous vous mettrez à *l'Ordre d'Intendant des Bâtiments*, en portant vos deux pouces à vos deux tempes, les mains perpendiculaires au corps, les doigts serrés les uns aux autres, les mains formant l'équerre avec les pouces.

Quand le Tuileur arrive, il met aussi les pouces de ses deux mains formées en équerre sur ses deux tempes. Vous reculez de deux pas en disant : BEN. Il avance de deux pas en disant : CHORIM. Vous mettez vos deux mains sur vos deux paupières en disant : BENCHORIM. Il vous imite et répète le mot : BENCHORIM.

C'est le *Signe de surprise des Intendants des Bâtiments*.

Le Tuileur entrelace ses deux mains qu'il élève, les paumes en haut, jusqu'à son front, pour les laisser retomber sur sa ceinture, élevant alors les yeux au ciel. Vous l'imitez en disant : HAKAR, mot que le Tuileur répète.

C'est le *Signe d'admiration des Intendants des Bâtiments*.

Le Tuileur et vous, vous portez chacun en même temps, votre main droite sur votre cœur et votre main gauche sur votre hanche gauche, et vous balancez ensuite trois fois avec les genoux.

Vous dites au Tuileur : CHAI.

Le Tuileur vous répond : IAH.

C'est le *Signe de douleur des Intendants des Bâtiments*.

(Le Grand Maître des Cérémonies exécute ces trois Signes.)

Le Tuileur frappe alors sur votre cœur avec sa main droite à plat, et vous frappez sur son cœur avec votre main droite en lui disant : JAKINAI.

Vous passez ensuite votre main droite sous son aisselle gauche, et vous saisissez avec votre main gauche l'épaule droite du Tuileur, en lui disant : JUDA.

Le Tuileur vous imite, et cela constitue *l'Attouchement d'Intendant des Bâtiments*.

(Le Grand Maître des Cérémonies et le Grand Capitaine des Gardes exécutent l'Attouchement.)

JAKINAI est le *Mot de Passe des Intendants des Bâtiments*.

JUDA est le *Mot Sacré des Intendants des Bâtiments.*

Le Tuileur vous demande ensuite :

Quel âge avez-vous?

Vous lui répondez :

Trois fois *neuf* ans.

C'est l'*Age des Intendants des Bâtiments.*

Le Tuileur rentre dans la Loge des Intendants des Bâtiments, pour obtenir du *Trois fois Puissant Maître* qui la préside et du *Trois fois Illustre Inspecteur* qui en est le Vice-Président, l'autorisation pour votre entrée.

Une fois obtenue, vous vous mettez à l'Ordre, vous pénétrez dans la Loge par *cinq* pas *égaux* qui constituent la *Marche des Intendants des Bâtiments*, et vous adressez au Trois Fois Puissant Maître et au Trois Fois Illustre Inspecteur le Signe de Surprise, auquel ils répondent par le Signe d'Admiration. Vous prenez ensuite place parmi les Intendants des Bâtiments.

9e DEGRÉ. — MAITRE ÉLU DES NEUF.

Après avoir ceint un *Tablier blanc tâcheté de rouge,* doublé et bordé de *noir* portant sur la bavette un bras ensanglanté tenant un *poignard;* après avoir passé, de gauche à droite, un *cordon noir*, portant *quatre* rosettes *rouges* devant, *quatre* derrière et *une* à son extrémité pour y attacher le *Bijou*, un *poignard* d'or à lame *d'argent*, vous frappez à la porte du *Chapître des Maîtres Élus des Neuf* par la *Batterie des Maîtres Élus des Neuf*, NEUF coups par *huit* coups et *un* coup.

Comme *il n'y a pas d'Ordre de Maître Élu des Neuf*, vous attendez la sortie du Tuileur.

En venant à vous, le Tuileur fait semblant de vous poignarder au front avec sa main droite.

Vous portez vos mains à votre front et en regardez les paumes comme pour constater si elles sont ensanglantées, en disant : BEGOHAL.

Le Tuileur vous répond : KOL.

C'est le 1er *Signe des Maîtres Élus des Neuf.*

BEGOHAL .·. KOL .·. est le *Mot de Passe des Maîtres Élus des Neuf.*

Le Tuileur fait alors semblant avec sa main droite de vous plonger au cœur un poignard, en vous disant : BIKKORETH.

Vous portez votre main droite à votre cœur, comme vous sentant blessé, et vous dites : NEKAH.

C'est le 2e *Signe des Maîtres Élus des Neuf.*

BIKKORETH .·. NEKAH .·. est le *Mot Sacré des Maîtres Élus des Neuf.*

Le Tuileur vous présente alors son poing droit fermé, dont le pouce est levé et pointant vers le haut. Vous saisissez ce pouce levé avec les quatre doigts de votre main droite, vous les serrez et vous élevez votre pouce droit vers le haut.

C'est *l'Attouchement des Maîtres Élus des Neuf.*

(Le Grand Maître des Cérémonies et le Grand Capitaine des Gardes exécutent les deux Signes et l'Attouchement.)

Le Tuileur rentre ensuite dans le Chapitre pour demander, au *Très Souverain Maître* qui le préside et à *l'Inspecteur* qui en est le Vice-Président unique, d'autoriser votre admission.

Quand elle vous a été accordée, vous entrez au Chapitre d'un pas lent, car *il n'y a pas de Marche de Maître Élu des Neuf,* en levant en l'air votre main droite comme pour poignarder quelqu'un, et vous prenez place parmi les Maîtres Élus des Neuf, aussitôt que l'invitation vous en est faite.

10e DEGRÉ. — ILLUSTRE ÉLU DES QUINZE.

Après avoir ceint un *Tablier blanc, bordé* et *doublé* de *noir*, qui porte au milieu la représentation de la *Ville de Jérusalem* avec les *trois têtes* des coupables posées sur des piquets à ses portes Est, Ouest et Sud, et avoir passé de gauche à droite un *Cordon noir* portant au bas *trois têtes coupées* et soutenant le *Bijou*, un *poignard* d'or à lame *d'argent*, vous frappez à la porte du *Chapitre des Illustres Élus des Quinze* par la *Batterie des Illustres Élus des Quinze* : CINQ coups séparés.

Pour attendre l'arrivée du Tuileur, vous vous mettrez à *l'Ordre d'Illustre Élu des Quinze*, en vous portant le poignard (supposé), serré dans votre main droite, juste au-dessous du menton.

Le Tuileur, en arrivant, met aussi son poignard, serré dans sa main droite, sous son menton, et le fait descendre rapidement et verticalement le long du ventre, comme pour s'ouvrir le ventre, en vous disant : ELI.

Vous répondez, en portant à votre gorge votre poing droit fermé, le pouce droit levé, le faisant aller ensuite horizontalement jusqu'à votre épaule droite, et le laissant retomber finalement le long de votre côté droit, en disant : HAM.

C'est le *Signe des Illustres Élus des Quinze.*

(Le Grand Maître des Cérémonies exécute le Signe.)

ELIHAM est le *Mot de Passe des Illustres Élus des Qninze.*

Le Tuileur entrelace alors les doigts de sa main droite avec les doigts de votre main droite.

Vous dites : ZER ; et il vous répond BAL.

Vous dites : BEN ; et il vous répond IAH.

C'est *l'Attouchement des Illustres Élus des Quinze*.

ZERBAL .·. BENIAH sont les *Mots Sacrés des Illustres Élus des Quinze*.

(Le Grand Maître des Cérémonies et le Grand Capitaine des Gardes exécutent l'Attouchement.)

Le Tuileur rentre au Chapitre pour demander au *Très Illustre Maître* qui le préside et aux *Illustres Inspecteurs et Introducteur* qui en sont les Vice-Présidents, la permission de vous laisser entrer.

Une fois obtenue, vous entrez, vous tenant à l'Ordre, en faisant *quinze pas triangulaires* qui constituent la Marche d'Illustres Élus des Quinze, et vous prenez place parmi les Illustres Élus des Quinze.

11e DEGRÉ. — SUBLIME CHEVALIER ÉLU.

Après avoir ceint un *Tablier blanc*, doublé et bordé de *noir*, ayant au milieu une poche sur laquelle est brodée une *Croix rouge*, et avoir passé de gauche à droite un *Cordon noir*, sur lequel est brodée en argent la devise AUT VINCERE AUT MORI, et qui soutient le *Bijou*, *poignard* d'or à lame *d'argent*, vous frappez à la porte du *Grand Chapitre des Sublimes Chevaliers Élus* par la *Batterie des Sublimes Chevaliers Élus*, DOUZE coups égaux.

Comme *il n'y a pas d'Ordre de Sublime Chevalier Élu*, vous attendrez l'arrivée du Tuileur.

Quand le Tuileur arrive, vous croisez vos bras sur votre poitrine, le bras droit sur le bras gauche, ayant vos deux poings fermés et vos deux pouces levés, et vous lui dites : STOLKIN.

Le Tuileur recommence votre signe, qui est le *Signe des Sublimes Chevaliers Élus*.

(Le Grand Maître des Cérémonies l'exécute.)

STOLKIN est le *Mot de Passe des Sublimes Chevaliers Élus.*

Le Tuileur ferme alors son poing droit, en laissant son pouce levé, et vous le présente. Vous saisissez le pouce levé du Tuileur avec les quatre doigts de votre main droite, et vous renversez le poing du Tuileur :

Une première fois, en disant : BÈRITH.

Une deuxième fois, en disant : NEDER.

Une troisième fois, en disant : SCHELEMOTH.

Le Tuileur recommence cet Attouchement, qui est le *1er Attouchement des sublimes Chevaliers Élus.*

(Le Grand Maître des Cérémonies et le Grand Capitaine des Gardes exécutent cet Attouchement.)

Le Tuileur vous dit ensuite : A.

Vous lui répondez : DONAI.

Il vous dit : A, en prenant votre main droite, et frappant *trois* coups avec son pouce sur la première phalange de votre médius.

Vous répondez DONAI, en frappant avec votre pouce droit *trois* coups sur la première phalange du médius droit du Tuileur.

C'est *l'Attouchement des Sublimes Chevaliers Élus.*

ADONAI est le *Mot Sacré des Sublimes Chevaliers Élus.*

Le Tuileur va demander au Trois Fois Puissant Sublime Chevalier Élu qui préside le Grand Chapitre, l'autorisation de vous y faire pénétrer. Une fois obtenue, vous entrez au Grand Chapitre d'un pas lent, car il n'y a pas de *Marche de Sublime Chevalier Élu,* ayant les bras croisés, les poings fermés et les pouces levés, comme au Signe, et vous prenez place parmi les Sublimes Chevaliers Élus.

12e DEGRÉ. — GRAND MAITRE ARCHITECTE.

Après avoir ceint un *Tablier blanc*, doublé et bordé de *bleu*, ayant une poche au milieu, et avoir passé de droite à gauche un *Cordon bleu* qui soutient le *Bijou*, *carré* parfait dont l'envers porte *quatre* demi-cercles devant sept étoiles entourant un triangle qui porte un A .·. au centre, et dont le revers porte cinq colonnes représentant les cinq Ordres d'Architecture ayant chacune sous son piédestal l'initiale de son Ordre : Corinthien, Dorique, Toscan, Ionique, Composite, et portant à niveau au-dessus des Colonnes, une équerre, un compas et une croix au-dessous des colonnes et un H .·. au milieu des colonnes, vous frappez à la porte de la Loge des Grands Maîtres Architectes par la *Batterie de Grand Maître Architecte* : DIX coups en deux séries, la première de *un* coup et *deux* coups, la deuxième de *deux* coups et *un* coup, *deux* coups et *deux* coups.

Comme il n'y a pas *d'Ordre de Grand Maître Architecte*, vous attendez l'arrivée du Tuileur.

Quand le Tuileur parait, vous placez votre main droite sur le milieu de votre main gauche, et vous faites semblant de tracer sur votre paume gauche un dessin avec votre pouce droit, en regardant le Tuileur et lui disant : HAMON.

C'est le *Signe de Grand Maître Architecte*.

(Le Grand Maître des Cérémonies exécute le Signe.)

HAMON est le *Mot de Passe des Grands Maîtres Architectes*.

Le Tuileur entrelace ensuite les doigts de sa main droite avec les doigts de votre main gauche, et met sa main gauche sur sa hanche gauche, et vous votre main droite sur votre hanche droite.

Le Tuileur vous dit : A.

Vous lui répondez : DONAI.

C'est *l'Attouchement des Grands Maîtres Architectes.* (Le Grand Maître des Cérémonies et le Grand Capitaine des Gardes l'exécutent.)

ADONAI est le *Mot Sacré des Grands Maîtres Architectes.*

Le Tuileur va demander l'autorisation de votre Admission au *Grand Maître Architecte* qui préside la Loge, et une fois obtenue, vous ouvre la porte.

Vous entrez dans la Loge par *un* pas lent, partant du pied droit et remettant vos deux pieds en équerre, et *deux* pas précipités, partant du pied droit et remettant aussi vos deux pieds en équerre à la fin de chaque pas. C'est *la Marche de Grand Maître Architecte.*

Pendant votre marche, vous tiendrez votre main droite dans le milieu de votre paume gauche ouverte, et vous regarderez le Grand Maître Architecte président.

Il vous invitera à prendre place parmi les Grands Maîtres Architectes et vous obtempérerez à son invitation.

13e DEGRÉ. — ROYAL ARCHE.

Après avoir passé en sautoir un *Cordon pourpre,* d'où est suspendue une médaille d'or qui porte gravés sur ses faces, à l'envers une *trappe* et à l'endroit un *triangle,* car *il n'y a pas* de *Tablier* de Royal Arche, vous frapperez à la porte du *Collège* de Royal Arche par la *Batterie* de *Royal Arche :* CINQ coups, par *deux* coups, et *trois* coups ; et, en attendant l'arrivée du Tuileur, vous vous mettrez à l'Ordre de *Royal Arche,* les deux mains levées vers le ciel et votre tête penchée vers votre épaule gauche. Quand le Tuileur apparaîtra, vous mettrez le genou droit en terre.

C'est le *1er Signe de Royal Arche.*

Le Tuileur mettra ses deux genoux en terre.

Vous ferez comme lui, et lui direz : JE.

Il vous répondra : HO.

Vous lui répliquerez : VAH.

C'est le 2e *Signe de Royal Arche.*

(Le Grand Maître des Cérémonies l'exécute.)

JEHOVAH est le *Mot Sacré de Royal Arche.*

Ensuite, continuant à genoux, tous deux, le Tuileur et vous, vous mettez vos deux mains sous les deux aisselles du Tuileur, comme pour l'aider à se relever, en lui disant : TOUB BAHANI HAMAL ABEL.

Le Tuileur mettra ses deux mains sous vos deux aisselles, et vous répondra : ZEBOLOUN.

Vous vous relèverez, aidé par le Tuileur, et vous l'aiderez à se relever ensuite.

C'est *l'Attouchement de Royal Arche.*

Le Tuileur rentre dans sa *Loge Royale,* pour obtenir du *Trois Fois Puissant Grand Maître* qui la préside autorisation pour vous y faire entrer.

Une fois obtenue, vous entrerez à l'Ordre, d'un pas lent, car *il n'y a pas* de *Marche de Royal Arche,* et vous prendrez place parmi les Royal Arche.

14e DEGRÉ. — GRAND ÉLU PARFAIT ET SUBLIME MAÇON.

Après vous être ceint d'un *Tablier blanc,* doublé de *rouge,* bordé de *bleu,* dont la bavette montre une *pierre* plate et carrée à laquelle est scellé un *anneau* en fer; tablier qui a une garniture de fleurs le long de la bordure, et qui porte brodé au milieu un compas surmonté d'une couronne et ouvert sur un quart de cercle, dont les segments portent les chiffres 3, 7, 9, et qui a entre ses jambes une étoile à cinq pointes portant à l'intérieur le Delta triangulaire avec le tetragrammaton, après avoir passé à votre cou en sautoir un *Cordon* en velours *cramoisi*, ayant sur le côté gauche une branche d'acacia brodée en *vert* et sur le côté droit l'étoile à cinq pointes, brodée en *or*, avec le tetragrammaton en rouge, cordon d'où pend le *Bijou* d'or, un compas ouvert sur un quart de cercle et surmonté d'une couronne, ayant dans l'intérieur du compas une médaille représentant d'un côté le soleil, de l'autre l'étoile à cinq pointes, au centre de laquelle est le Delta avec le tetragrammaton, et portant émaillé sur le segment du cercle les nombres 3, 7, 9; et après avoir passé au doigt annulaire de votre main droite une alliance avec la devise suivante gravée à l'intérieur : VIRTUS JUNXIT; MORS SEPARABIT, vous frapperez à la porte de la *Voute Secrète de la Loge de Perfection*, nom de la Loge des Grands Élus, Parfaits et Sublimes Maçons par la *Batterie des Parfaits et Sublimes Maçons* : VINGT-QUATRE coups par *trois* coups, *cinq* coups, *sept* coups, *neuf* coups.

En attendant l'arrivée du *Très Excellent* Tuileur, vous vous mettrez à *l'Ordre de Parfait Maçon*, en plaçant votre main droite ouverte, la paume en dessous, ses doigts rapprochés, sur le côté gauche de votre ventre, votre pouce droit étant étendu et touchant votre ventre.

Quand le Tuileur paraîtra, vous porterez votre main droite placée à l'Ordre vivement et horizontalement en travers de votre corps de gauche à droite, la laissant retomber sur votre côté droit, et vous direz au Tuileur : GUIBULUM.

Le Tuileur imitera votre signe qui est le *1er Signe* du Parfait Maçon, et répètera votre mot qui est le *1er Mot Couvert du Parfait Maçon*.

Le Tuileur placera ensuite sa main droite ouverte sur sa joue gauche, la paume de la main en dehors, et se prendra son coude droit avec sa main gauche en vous disant : EL.

Vous lui répondrez en plaçant votre main gauche ouverte, la paume en dehors, sur votre joue droite, prenant votre coude gauche avec votre main droite, et lui disant : CHANAN.

C'est le 2e *Signe des Parfaits Maçons.*

EL-CHANAN est le 2e *Mot Couvert des Parfaits Maçons.*

Vous élèverez ensuite vos deux mains ouvertes vers le ciel, et vous direz au Tuileur : ADONAI, en mettant sur votre bouche l'index et le médius de votre main droite.

C'est le 3e *Signe des Parfaits Maçons.*

ADONAI est le 3e *Mot Couvert des Parfaits Maçons.*

(Le Grand Maître des Cérémonies exécute ces trois Signes.)

Le Tuileur s'approchera alors de vous, vous prendra avec sa main droite votre main droite, et la retournera en vous disant : BERITH. Vous lui prendrez sa main droite avec votre droite, et lui direz en retournant sa main : NEDER.

Le Tuileur vous reprendra votre main droite avec sa droite, vous retournera votre main, et vous dira : SCHELEMOTH.

C'est le 1er *Attouchement des Parfaits Maçons.*

Vous prendrez le poignet droit du Tuileur avec votre main droite, en *griffe* de Maître, en lui disant : SHABALATH.

Le Tuileur vous demandera : ALLEZ-VOUS PLUS LOIN?

Vous répondrez en avançant votre main en deux fois, une première fois jusqu'à l'avant-bras, une seconde fois jusqu'au coude droit.

Ensuite vous vous mettrez réciproquement et mutuellement la main gauche sur l'épaule droite, vous avancerez chacun votre pied droit de manière à dépasser en arrière le pied gauche de l'autre, et dans cette position, vous vous balancerez tous deux trois fois en avant et en arrière, vous disant, au 1er balancement : MO. Le Tuileur disant, au 2e : A, et vous disant, au 3e : BON, et répétant : MOABON.

C'est le 2e *Attouchement des Parfaits Maçons.*

SHABALATH est le 1er *Mot de Passe des Parfaits Maçons.*

MOABON est le 2e *Mot de Passe des Parfaits Maçons.*

Le Tuileur saisira votre coude gauche avec sa main droite, et placera sa main gauche derrière votre épaule, en vous attirant à lui et vous disant : KELEH.

Vous saisirez avec votre main droite le coude gauche du Tuileur, et plaçant votre main gauche derrière son épaule, vous l'attirerez à vous, en lui répondant : NEKHAM.

C'est le 3e *Attouchement des Parfaits Maçons.*

KELEH .·. NEKHAM est le 3e *Mot de Passe des Parfaits Maçons.*

(Le Grand Maître des Cérémonies et le Grand Capitaine des Gardes exécutent les trois Attouchements.)

Le Tuileur vous demande alors :

Donnez-moi le Grand Mot de Passe?

Vous lui répondez :

Je commence : MAHA.

Le Tuileur continuera en disant : IMAGA.

Vous terminez en disant : RABACH.

MAHA .·. IMAGA .·. RABACH est le *Grand Mot de Passe des Parfaits et Sublimes Maçons.*

A ce moment-là, le Tuileur fera sortir de la *Voûte Secrète le Gardien de la Tour*, pour compléter le nombre de Trois Frères nécessaire pour donner le *Mot Sacré des Parfaits Maçons.*

Vous vous placerez entre les deux *Très Excellents*, ayant à votre droite le Tuileur et à votre gauche le *Gardien*. Vous mettrez tous les trois vos deux mains, les doigts entrelacés, les paumes vers le ciel, croisées au-dessus de vos têtes, et dans cette situation et ces positions, vous direz au Tuileur : HO.

Le Tuileur dira au Gardien : VAH.

Le Gardien vous dira : JE.

Ainsi se terminera le premier tour.

Vous direz au Tuileur : VAH.

Le Tuileur dira au Gardien : JE.

Le Gardien dira au Tuileur et *pas à vous* : HO.

Cela terminera le deuxième tour.

Au troisième et dernier tour,

Le Tuileur dira au Gardien : JE.

Le Gardien vous dira : HO.

Et pour terminer vous direz au Tuileur : VAH.

JEHOVAH est le *Mot Sacré des Parfaits et Sublimes Maçons.*

(Le Grand Maitre des Cérémonies et le Grand Capitaine des Gardes et le récipiendaire exécutent cet échange.)

Le Gardien rentrera alors dans la *Voûte Secrète,* et le Tuileur vous fera la dernière question suivante :

Quel âge avez-vous?

Vous lui répondez :

Le cube de *trois, vingt-sept* ans accomplis, Très Excellent. C'est *l'âge des Parfaits Maçons.*

Le Tuileur rentrera dans la *Voûte Secrète,* pour obtenir du *Trois Fois Puissant Grand Maître* qui la préside l'autorisation de votre admission.

Une fois obtenue et la porte de la Voûte Secrète ouverte, vous vous mettrez à l'Ordre et entrerez par *huit* pas précipités et *un* pas lent, qui constituent la *Marche des Parfaits et Sublimes Maçons,* aux travaux desquels vous prendrez part après que le Trois Fois Puissant Grand Maître vous aura invité à le faire.

15e DEGRÉ. — CHEVALIER D'ORIENT.

Après avoir ceint un *Tablier blanc*, bordé et doublé de *vert*, dont la bavette porte une tête ensanglantée sur deux épées en sautoir, et au milieu duquel sont trois *triangles* concentriques formés chacun par des *chaînes* à mailles triangulaires ; après avoir passé de droite à gauche le *Cordon vert d'eau* sur lequel sont brodés des *membres humains* épars, des *têtes*, des *couronnes*, des *épées* entières et brisées, et sur son centre un pont à trois arches sur chacune desquelles on lit une des initiales des trois mots LIBERTÉ DE PENSER ; cordon à l'extrémité duquel pend le *Bijou*, qui est un petit *sabre ;* vous frapperez à la porte de la loge des *Chevaliers d'Orient* par la *Batterie de Chevalier* d'Orient : SEPT coups par *cinq* coups et *deux* coups, et vous attendrez la venue du *Chevalier Tuileur*.

Quand le Tuileur se présentera, vous mettrez votre main droite sur votre épaule gauche, et la descendrez en serpentant jusqu'à votre hanche droite en disant : IAHABOROU.

Le Tuileur tirera son glaive, et vous le présentera en avant comme pour combattre.

Vous l'imiterez et direz : HAMMAIM.

C'est le *Signe de Chevalier d'Orient*.

(Le Grand Maître des Cérémonies l'exécute.)

IAHABOROU HAMMAIM est le *Mot de Passe des Chevaliers d'Orient*.

Ensuite le Tuileur saisira avec sa main gauche, le bras gauche levé et tendu, votre main gauche ; vous lèverez et étendrez votre bras gauche, et avec votre bras droit vous porterez sur le cœur du Tuileur la pointe de votre épée ; le Tuileur portera la pointe de la sienne sur votre cœur et vous direz : JUDA.

Le Tuileur vous répondra : BENJAMIN.

C'est *l'Attouchement de Chevalier d'Orient.*

(Le Grand Maitre des Cérémonies et le Grand Capitaine des Gardes l'exécutent.)

Vous direz ensuite au Tuileur : RA.

Il vous répondra : PHO.

Vous répliquerez : DON, et répéterez : RAPHODON.

C'est le *Mot Sacré de Chevalier d'Orient.*

Le Tuileur vous demandera ensuite :

Donnez-moi la Grande Parole?

Vous répondrez :

Je commence : SCHALAL.

Le Tuileur vous dira : SCHALLOM.

Vous terminerez en disant : ABI.

SCHALAL SCHALLOM ABI est la *Grande Parole de Chevalier d'Orient.*

Le Tuileur vous demandera enfin :

Quel âge avez-vous?

Vous répondrez :

Soixante-dix ans, Chevalier.

C'est *l'âge de Chevalier d'Orient.*

Le Chevalier Tuileur rentrera dans la Loge, demander au *Souverain* qui en est le Président et aux *Généraux* qui en sont les Vice-Présidents, l'autorisation de vous permettre l'entrée.

Quand il vous ouvrira la porte et vous invitera à entrer, vous lèverez votre bras droit comme pour combattre, et tenant votre épée dans la main droite prête à frapper, vous vous avancerez dans la Loge par *cinq* Grands pas.

C'est la *Marche de Chevalier d'Orient.*

Le Souverain vous invitera à prendre place parmi les Chevaliers d'Orient, et leurs travaux se poursuivront en votre présence.

16e DEGRÉ. — PRINCE DE JÉRUSALEM

Après avoir ceint un *Tablier rouge*, doublé et bordé *d'aurore*, et passé de droite à gauche un *Cordon aurore* liseré d'or, sur lequel sont brodés une *balance*, une *main de Justice*, un *poignard*, cinq *étoiles* et deux petites couronnes, et d'où est suspendu le *Bijou*, une *médaille* sur l'envers de laquelle est gravée une *main* tenant une balance égale et sur le revers *une épée à deux tranchants* et cinq *étoiles*, vous mettez des gants *rouges* et vous frappez à la porte de la Loge par la *Batterie* de *Prince de Jérusalem* : VINGT-CINQ coups, par *cinq* fois *cinq* coups égaux.

En attendant que le *Valeureux Prince Tuileur* vienne à vous, vous adopterez *l'Ordre de Prince de Jérusalem*, en prenant une attitude belliqueuse, et mettant votre main gauche sur votre hanche gauche.

Le Tuileur se présentera à vous dans la même attitude.

Vous tendrez alors votre bras droit à la hauteur de votre épaule, comme pour commencer le combat, mettant le talon de votre pied droit contre la pointe de votre pied gauche, et les plaçant tous deux en équerre.

C'est le *Signe de Prince de Jérusalem*.

(Le Grand Maître des Cérémonies l'exécute.)

Vous dites ensuite : TEBETH.

TEBETH est le *Mot de Passe de Prince de Jérusalem*.

Le Tuileur frappe ensuite *un* coup, *deux* coups et *deux* coups, avec son pouce droit sur la jointure du petit doigt de votre main droite, en mettant son pied droit pointe à pointe avec votre pied droit, et tous les deux formant une ligne droite, appuyant ensuite son genou droit contre votre genou droit.

Vous frappez également *un* coup, *deux* coups et *deux*

coups, avec votre pouce droit sur la jointure du petit doigt de sa main droite, conservant votre pied droit et votre genou dans la même position, et vous mettez votre main gauche, les doigts ouverts, sur son épaule droite, en lui disant : VINGT.

Le Tuileur met sa main gauche, doigts ouverts, sur votre épaule droite, et vous répond : VINGT-TROIS.

Vous et le Tuileur, vous faites alors en même temps les quatre mouvements suivants :

1° Mettre les talons en contact et vos pieds en équerre.

2° Retirer vos mains de tout contact mutuel.

3° Porter la pointe du pied droit au talon du pied gauche.

4° Se faire un profond salut par une révérence.

C'est l'*Attouchement de Prince de Jérusalem.*

(Le Grand Maître des Cérémonies et le Grand Capitaine des Gardes exécutent cet Attouchement).

En vous inclinant, vous dites au Tuileur : ADAR.

ADAR est le *Mot Sacré de Prince de Jérusalem.*

Le valeureux Prince Tuileur rentre en Loge pour obtenir du *Très Équitable* Prince qui le préside et des *Très Éclairés Princes* qui en sont les Vice-Présidents, que votre admission soit autorisée.

Cette autorisation obtenue, vous entrerez dans la Loge des Princes de Jérusalem d'un pas lent, car *il n'y a pas* de *Marche de Prince de Jérusalem,* vous tenant à *l'Ordre* dans une attitude guerrière, et, sur l'invitation *du Président,* vous prendrez part aux travaux des Princes de Jérusalem.

17e DEGRÉ. — CHEVALIER D'ORIENT ET D'OCCIDENT.

Après vous être ceint d'un *Tablier* en *soie jaune*, doublé et bordé de *rouge* et avoir passé de droite à gauche un *Cor-*

don blanc, et, en sautoir, un *deuxième Cordon noir*, d'où pend le *Bijou* qui est un *heptagone mi-or*, et *mi-argent* ou *nacre*, dont l'envers porte les sept lettres initiales de Beauté, Divinité, Sagesse, Puissance, Honneur, Gloire, Force, sur les sept pointes de *l'heptagone*, chaque lettre étant surmontée d'un étoile, et le centre offrant la représentation de *l'Agneau* couché sur le livre des sept sceaux, chacun des sceaux portant une des sept lettres, et dont le revers porte *deux épées en croix*, les pointes en haut, et sur ces deux pointes une *balance* appuyée en équilibre, vous frapperez à la porte du *Grand Conseil du Chevalier d'Orient et d'Occident*, SEPT coups par *six* coups et *un* coup, et vous attendrez dans l'attitude ordinaire, puisqu'il *n'y a pas d'Ordre de Chevalier d'Orient et d'Occident*, l'arrivée du *Respectable Chevalier Tuileur*.

Vous regarderez fixement votre épaule droite en lui disant : ABADDON.

Le Tuileur regardera fixement son épaule gauche en vous répondant : ZEBOLOUN.

C'est le *Signe de Chevalier d'Orient et d'Occident*.

(Le Grand Maître des Cérémonies l'exécute.)

ABADDON est le *Mot Sacré de Chevalier d'Orient et d'Occident*.

ZEBOLOUN est le *Mot de passe de Chevalier d'Orient et d'Occident*.

Le Tuileur mettra alors sa main gauche dans votre main droite.

Vous couvrirez sa main avec votre main gauche, et vous regarderez fixement l'épaule droite du Tuileur.

Le Tuileur regardera fixement votre épaule droite.

C'est le *1er Attouchement de Chevalier d'Orient et d'Occident*.

Enlevant votre main gauche de dessus la main gauche du

Tuileur, vous l'appuierez sur l'épaule gauche du Tuileur.

Le Tuileur appuiera sa main droite sur votre épaule droite.

C'est le 2ᵉ *Attouchement de Chevalier d'Orient et d'Occident.*

Le Grand Maître des Cérémonies et le Grand Capitaine des Gardes exécutent ces deux Attouchements.)

Le Respectable Chevalier Tuileur se rendra dans le Grand Conseil pour solliciter votre admission du *Très Puissant* qui le préside et des *Respectables Anciens* qui en sont les Vice-Présidents.

Une fois autorisé à entrer, vous posez votre main droite sur le front du Tuileur, vous tenant tous les deux à la porte du Grand Conseil, en pleine vue des Chevaliers d'Orient et d'Occident qui le composent. Le Tuileur pose sa main droite sur votre front, et vous vous mettez en marche par *sept* pas, à la fin de chacun desquels vous placez vos pieds en équerre et partez du pied droit.

Le Très Puissant vous invite à prendre part aux travaux du Grand Conseil, et vous prenez place parmi les Chevaliers d'Orient et d'Occident.

18ᵉ DEGRÉ. — CHEVALIER ROSE-CROIX.

Après avoir ceint un *Tablier de satin blanc* bordé de *rouge* et doublé de *noir*, qui porte sur la doublure *noire* une Grande *Croix rouge*, et sur le satin blanc un *compas* en *or* couronné d'*argent*, ouvert sur un *quart de cercle* en or, et environné dans sa partie supérieure par des *nuages* d'argent, portant entre ses deux branches et le quart du cercle une *Croix rayonnée*, en *or*, dont le pied s'appuie sur le quart de cercle; ayant sur la branche verticale de la Croix une *tige* portant une *rose d'argent*, la *tige* partant d'une des pointes de la Croix, la *rose* s'appuyant sur la tête du *compas*, et portant au bas de la Croix un *pélican d'argent* nourrissant *sept petits* et entouré des feuilles d'une branche d'acacia, le Mot Sacré étant gravé en caractères hiéroglyphiques du Grade : L.·. ▭ .·. T.·. L.·. sur le quart de cercle; vous passerez en sautoir un *Cordon rouge*, doublé de noir, d'où sera suspendu le *Bijou*, qui est *Compas* ouvert sur un quart de cercle dont la tête est surmontée d'une couronne, et qui présente entre les deux branches du compas une *Croix rayonnée* dont le pied s'appuie sur le quart de cercle, et ayant au milieu de la *Croix* une *rose*, dont la *tige* part de l'une des deux pointes et la fleur s'appuie sur la tête du compas.

Au bas de la Croix se trouve, à l'envers un *pélican* nourrissant sept petits, et au revers un *aigle* aux ailes déployées. Entre les deux oiseaux se trouve une *branche d'acacia*, et sur *l'arc du cercle* le Mot *Sacré* est gravé en caractères hiéroglyphiques d'un côté, et le Mot de *Passe* de l'autre côté. La *couronne*, *la rose*, et *les deux oiseaux* sont en *argent*, ainsi que les *nuages* qui entourent la partie supérieure du *Bijou ;* tout le reste est en or.

Ainsi décoré, vous frapperez à la porte du *Souverain Chapitre* des *Chevaliers Rose-Croix* par la *Batterie de Rose-Croix :* SEPT coups par *six* coups et *un* coup.

En attendant l'apparition du *Très Puissant et Parfait Maître Tuileur*, vous croiserez vos deux bras sur votre poitrine, votre bras gauche sur votre bras droit, vos deux mains étendues et vos yeux levés vers le Ciel.

C'est *l'Ordre de Rose-Croix*, appelé aussi le *Signe du Bon Pasteur*.

Le Tuileur se présente à vous également à l'Ordre.

Alors vous levez votre main droite en l'air, et de votre index vous montrez le Ciel.

Le Tuileur montre la terre de la même façon, en réponse à votre signe.

C'est le *Signe de reconnaissance de Rose-Croix.*

Vous croisez alors votre jambe droite derrière votre jambe gauche.

Le Tuileur croise sa jambe gauche derrière sa jambe droite.

C'est le *Signe de Secours de Rose-Croix.*

(Le Grand Maître des Cérémonies les exécute).

Cela fait, vous et le Tuileur, vous croisez chacun vos deux bras sur votre poitrine, les deux mains bien étendues, et vous plaçant l'un vis-à-vis de l'autre :

1° Vous vous saluez réciproquement.

2° Sans décroiser les bras, chacun de vous met les deux mains sur la poitrine de l'autre.

3° Le Tuileur vous dit : EM.

4° Vous lui répondez : MAN.

5° Il continue : UEL.

6° Vous répondez : PAX VOBIS.

7° Vous vous donnez le baiser fraternel, mutuellement, sur la joue droite.

C'est *l'Attouchement de Rose-Croix.*

(Le Grand-Maître des Cérémonies et le Grand Capitaine des Gardes l'exécutent.)

EMMANUEL .·. PAX VOBIS est le *Mot de Passe de Rose-Croix.*

Le Tuileur vous dit alors :

Avez-vous retrouvé la Parole?

Vous répondez :

Oui, Très Puissant et Parfait Maître.

Il vous demandera :

Donnez-la-moi?

Vous répondrez :

Je commence : I.

Le Tuileur continuera : N.

Vous direz : R.

Le Tuileur finira en disant : I.

I.·. N.·. R.·. I.·. est le *Mot Sacré de Rose-Croix.*

Le Tuileur vous demandera finalement :

Quel âge avez-vous?

Vous lui répondez :

Trente-trois ans, Très Puissant et Parfait Maître.

C'est l'Age de Rose-Croix.

Le Tuileur rentrera au Souverain Chapitre pour demander au *Très Sage* qui le préside et aux *Très Excellents et Parfaits Maîtres* qui en sont les Vice-Présidents, d'autoriser votre admission.

Cette autorisation donnée, vous entrerez au Souverain Chapitre, vous tenant à l'Ordre et d'un pas lent, car *il n'y a pas de Marche de Rose-Croix*, et sur l'invitation du *Très Sage*, vous prendrez place parmi les Très Puissants et Parfaits Maîtres les Chevaliers Rose-Croix qui le composent.

19e DEGRÉ. — GRAND PONTIFE.

Ce grade ne comportant pas de *Tablier*, aussitôt après avoir passé sur votre poitrine, de gauche à droite, un *Cordon cramoisi*, liseré de *blanc*, semé de douze *étoiles* d'or et portant brodées à ses extrémités la lettre *Alpha* et la lettre *Oméga*, cordon où est suspendu le *Bijou*, un carré *long*, en en *or*, qui porte gravée sur sa face un *Alpha* et sur son revers un *Oméga*, vous frapperez à la porte de la *Loge des Grands Pontifes* par la *Batterie de Grands Pontifes* : DOUZE coups égaux.

En attendant l'arrivée du *Fidèle* et *Vrai Frère* Tuileur, vous lèverez la main droite horizontalement, les doigts tendus.

C'est *l'Ordre de Grand Pontife.*

Quand le Tuileur arrivera, il se mettra à l'Ordre, et alors

vous baisserez perpendiculairement les trois derniers doigts de votre main droite, en laissant invariable la position des deux premiers doigts et de la main.

C'est *le Signe de Grand Pontife.*

(Le Grand Maître des Cérémonies l'exécute.)

Le Tuileur vous met alors la paume de sa main droite sur votre front.

Vous lui dites : ALLELUIA.

Vous mettez la paume de votre main droite sur le front du Tuileur.

Il vous dit : LOUEZ LE SEIGNEUR.

Le Tuileur remet la main sur votre front.

Vous dites au Tuileur : EMMANUEL.

Vous mettez votre main sur le front du Tuileur :

Le Tuileur vous dit : DIEU VOUS ASSISTE.

Et ensemble vous dites tous deux : AMEN.

C'est *l'Attouchement de Grand Pontife.*

(Le Grand Maître des Cérémonies et le Grand Capitaine des Gardes l'exécutent.)

EMMANUEL est le *Mot de Passe de Grand Pontife.*

ALLELUIA est le *Mot Sacré de Grand Pontife.*

Le Tuileur ayant obtenu du *Trois fois Puissant* qui préside la Loge et du *Vénérable* qui en est le Vice-Président l'autorisation de vous laisser entrer, vous vous mettez à l'Ordre et entrez d'un pas lent, car il *n'y a pas* de *Marche de Grand Pontife*, et, sur l'invitation du *Trois fois Puissant*, vous prenez place parmi les Grands Pontifes.

20e DEGRÉ. — VÉNÉRABLE GRAND MAITRE DE TOUTES LES LOGES RÉGULIÈRES.

Ce degré ne comportant pas de *Tablier*, aussitôt que vous aurez passé le *cordon*, large ruban *jaune* et *bleu* d'où pend le *Bijou*, *triangle* en *or* qui porte gravée la lettre R∴, vous frapperez à la porte de la *Loge des Vénérables Grands Maîtres*, par la *Batterie de Vénérable Grands Maîtres* : TROIS coups par *un* coup et *deux* coups.

Comme il *n'y a pas d'Ordre de Vénérable Grand Maître*, vous attendrez que le Tuileur vienne à vous, et alors deux cas peuvent se produire : Le Tuileur mettra : 1° sa main droite sur son cœur, ou 2° son genou droit en terre.

1° Si le Tuileur met sa main droite sur son cœur, cela veut dire qu'il veut vous *Tuiler* par *trois* signes qui sont les suivants :

Vous mettez votre main droite, doigts serrés, pouce écarté en équerre, sur votre cœur, votre main gauche, doigts serrés, pouce écarté en équerre, sur votre bouche, vos pieds disposés en équerre, et vous dites : JACK.

Le Tuileur se met alors à genoux, il appuie ses deux coudes par terre et penche sa tête vers la gauche, en disant : SON.

Alors vous croisez vos deux mains sur votre poitrine, la droite au-dessus de la gauche, les doigts écartés, les pouces levés en équerre, en disant au Tuileur : STOLKIN.

Cela constitue *les Signes, par trois signes, des Vénérables Grands Maîtres.*

(Le Grand Maître des Cérémonies les exécute.)

2° Si le Tuileur met son genou droit en terre, c'est qu'il veut vous *Tuiler* par *deux* signes, dont le premier est dit le « *Signe d'Aaron* » et vous procédez de la manière suivante :

Vous imitez le Tuileur, levant votre genou gauche sur lequel vous appuierez votre coude gauche, tenant votre main gauche les doigts serrés, le pouce écarté en équerre, et penchant vers la terre et un peu à gauche votre tête, vous dites au Tuileur : JACK.

Et il vous répond : SON.

Vous croisez ensuite vos deux mains sur votre poitrine, la droite sur la gauche, les doigts étendus, les pouces écartés, et vous mettez vos deux pieds en équerre par les talons, disant alors au Tuileur : STOLKIN.

Ce sont *les Signes, par le signe d'Aaron, des Vénérables Grands Maîtres.*

(Le Grand Maître des Cérémonies les exécute.)

JACKSON.·. STOLKIN sont les *Mots de Passe des Vénérables Grands Maîtres.*

Le Tuileur s'approche alors de vous, en serrant les doigts de sa main droite et en écartant le pouce en équerre, il prend avec cette main droite votre coude droit, le pouce restant en dehors, les doigts serrant en dedans, et vous presse votre coude quatre fois. A la 1re il vous dit : R, à la 2e vous dites : A, à la 3e il vous dit : S, à la 4e vous dites : A, et répétez : RASA.

Le Tuileur glisse ensuite sa main droite jusqu'à votre poignet droit, tandis que vous saisissez aussi son poignet droit avec les doigts de votre main droite, en lui disant : BETSI.

Alors le Tuileur et vous, vous levez en même temps trois doigts de la main droite, et chacun vous pressant le poignet avec le pouce et l'index, vous dites : IAH, en répétant : BETSIIAH.

C'est *l'Attouchement des Vénérables Grands Maîtres.*

(Le Grand Maître des Cérémonies et le Grand Capitaine des Gardes l'exécutent.)

RASA.·. BETSIIAH est le *Mot Sacré des Vénérables Grands Maîtres.*

Aussitôt l'autorisation pour votre admission obtenue du *Grand Maître* qui préside la Loge, le Tuileur vous ouvre *la Loge*, et croissant sur votre poitrine vos deux mains, doigts serrés, pouces écartés en équerre, vous pénétrez par *neuf pas*, revenant à l'équerre à la fin de chacun, et vous faites *neuf* fois le tour de la Loge.

C'est la *Marche du Vénérable Grand Maître.*

Vos neuf tours terminés, *le Grand Maître* vous invite à prendre place parmi les Vénérables Grands Maîtres de toutes les Loges régulières, et vous participerez à leurs travaux.

21e DEGRÉ. — NOACHITE.

Après avoir ceint un *Tablier jaune* à bavette relevée, doublé et bordé de *rouge;* avoir passé, de droite à gauche, un *Cordon noir*, qui supporte le *Bijou*, un *triangle* équilatéral traversé de haut en bas par une *flèche* d'or, la pointe en bas, et après vous être ganté de *jaune*, vous frapperez à la porte du *Chapitre des Noachites* par la *Batterie de Noachite :* TROIS coups lents, bien espacés.

Le *Garde*, nom du Tuileur *Noachite*, viendra vous reconnaître.

Vous lui montrerez les trois premiers doigts de votre main droite, en lui disant : PHA.

Le Tuileur vous montrera les trois premiers doigts de sa main droite, et vous dira : LEG.

Il vous prendra les trois doigts avec sa main droite, et vous dira : LAMECH.

Vous lui prendrez les trois doigts avec votre main droite, et vous direz : NOE.

C'est le *Signe de Noachite.*

(Le Grand Maître des Cérémonies l'exécute.)

PHALEG est *le Mot de Passe de Noachite.*

Vous prendrez alors, entre votre pouce et votre index droits, l'index droit du Tuileur, et lui direz en le pressant : SEM.

Le Tuileur prendra votre index droit, entre son pouce et son index droits, et en le pressant vous dira : CHAM.

Vous reprendrez, entre votre pouce et votre index droits, l'index droit du Tuileur, et direz en le lui pressant : JAPHET.

C'est *l'Attouchement de Noachite.*

(Le Grand Maître des Cérémonies et le Grand Capitaine des Gardes l'exécutent.)

SEM.·. CHAM.·. JAPHET.·. est le *Mot Sacré de Noachite.*

Le Garde rentrera au *Chapitre*, pour demander au *Chevalier Commandeur Lieutenant* qui le préside l'autorisation de vous laisser y pénétrer. Une fois obtenue, il vous ouvrira la porte du Chapitre. Vous lèverez vos deux bras vers le Ciel, le visage tourné du côté de l'Orient, et vous ferez *trois* pas, en partant du pied droit, comme si vous enjambiez un obstacle, faisant le premier pas à droite partant du pied droit, le second à gauche partant du pied gauche, et le troisième à droite partant du pied droit, assemblant les pieds en équerre à la fin de chaque pas.

C'est *l'Ordre* et la *Marche de Noachite.*

Le Chevalier Commandeur Lieutenant vous invitera à prendre place au Chapitre, et les travaux des *Noachites* continueront.

22e DEGRÉ. — CHEVALIER ROYAL HACHE.

Après avoir ceint un *Tablier blanc*, au *milieu* duquel est brodée une *Table ronde* sur laquelle on voit des plans, vous passerez en sautoir un *cordon* couleur *d'arc-en ciel* doublé de *ponceau*, supportant une *Hache* couronnée *d'or*, dont le manche porte d'un côté les initiales des mots : *Siéban, Salomon, Abda, Adonhiram, Cyrus, Darius, Xerxès, Zoro-*

babel, *Anamis*, et de l'autre côté les initiales des mots : *Sidonias*, *Noé*, *Sem*, *Cham*, *Japhet*, *Moïse*, *Betseleel*, *Ooliab*; et vous frapperez, à la porte du *Collège des Chevaliers Royal Hache*, par la *Batterie de Royal Hache*, DEUX coups égaux.

Le Tuileur viendra vous reconnaître, et vous élèverez vos deux mains vers votre épaule droite, les laissant retomber sur votre cuisse gauche, en disant : JAPHET.

Le Tuileur vous répondra OOLIAB; et lèvera ses deux mains à la hauteur de son front, les doigts étendus, et les laissera retomber ensuite.

Quand il les laissera tomber, vous direz : LIBAN.

C'est le *Signe de Royal Hache.*

(Le Grand Maître des Cérémonies l'exécute.)

JAPHET.·. OOLIAB.·. LIBAN sont les *Mots de Passe de Royal Hache.*

Vous prendrez alors la main droite du *Tuileur* avec votre main droite, et sa main gauche avec votre main gauche, et vous appuierez trois fois l'un sur l'autre vos mains, ainsi croisées, disant, vous, la 1re fois : NOE; le Tuileur vous répondant, à la 2e fois : BETSELEEL; et vous, disant, à la 3e fois : TSIDONI.

C'est *l'Attouchement de Royal Hache.*

(Le Grand Maître des Cérémonies et le Grand Capitaine des Gardes l'exécutent.)

NOE.·. BETSELEEL.·. TSIDONI sont les *Mots Sacrés de Royal Hache.*

Le Tuileur ayant obtenu du *Très Sage* qui préside le Collège l'autorisation de vous laisser entrer, vous élèverez vos deux mains vers votre épaule droite et entrerez dans le Collège, en faisant *trois* grands pas, et faisant *trois voyages* autour de la *Table ronde.*

C'est la *Marche de Royal Hache*, après laquelle le *Très*

Sage vous invitera à prendre place parmi les Chevaliers *Royal Hache*, et à partager leurs travaux.

23e DEGRÉ. — CHEF DU TABERNACLE.

Ce grade ne comportant pas de *Tablier*, après avoir passé de gauche à droite, comme *cordon*, une écharpe *rouge* frangée *d'or*, d'où pend le *Bijou* qui est un *encensoir d'or*, vous frapperez à la porte de *la Hiérarchie*, nom de la Loge des Chefs du Tabernacle, par la *Batterie de Chef du Tabernacle* : SEPT coups, par *six* coups et *un* coup.

Le *Lévite Tuileur* viendra vers vous et avancera son pied gauche, en vous disant : OURIEL.

Vous avancerez aussi votre pied gauche, et ferez semblant de prendre avec votre main droite l'*Encensoir* que vous êtes censé tenir avec votre main gauche, en répondant : TABERNACLE DES VÉRITÉS RÉVÉLÉES.

C'est le *Signe de Chef de Tabernacle*.

(Le Grand Maitre des Cérémonies l'exécute.)

OURIEL .·. TABERNACLE DES VÉRITÉS RÉVÉLÉES, sont les *Mots de Passe de Chef du Tabernacle*.

Le Tuileur prendra alors votre coude gauche avec sa main droite, et vous prendrez le coude gauche du Tuileur avec votre main droite, en arrondissant tous deux les bras de façon à former une espèce de cercle ; vous direz alors : JE.

Le Tuileur vous répondra : HO.

Vous répliquerez : VAH.

Et le Tuileur et vous, vous direz ensemble : JEHOVAH.

C'est l'*Attouchement de Chef du Tabernacle*.

(Le Grand Maitre des Cérémonies et le Grand Capitaine des Gardes l'exécutent.)

JEHOVAH est le *Mot Sacré de Chef du Tabernacle*.

Le Lévite Tuileur rentrera alors dans la *Hiérarchie*,

pour obtenir du *Grand Souverain Sacrificateur* qui le préside et des *Grands Prêtres* qui en sont les Vice-Présidents, que l'entrée vous soit accordée.

Cela obtenu, vous entrerez dans la *Hiérarchie*, par *six* pas égaux et *un* pas plus grand, dans l'attitude de ramasser avec votre main droite votre encensoir tenu dans votre gauche.

C'est la *Marche de Chef du Tabernacle.*

Le *Grand Souverain Sacrificateur* vous invitera à prendre part aux travaux des *Lévites Chefs du Tabernacle*, et vous obtempérerez à son invitation.

24e DEGRÉ. — PRINCE DU TABERNACLE.

Après avoir ceint un *tablier blanc* doublé de *ponceau*, et avoir passé en sautoir un *Cordon ponceau moiré*, d'où pend le *Bijou*, un *Delta* en *or*, vous frapperez à la porte de la *Hiérarchie*, nom de la Loge des *Princes du Tabernacle*, par la *Batterie des Princes du Tabernacle*, SEPT coups, par *six* coups et *un* coup.

En attendant que le Tuileur se présente, vous porterez sur vos yeux votre main droite ouverte, ayant votre main gauche à plat sur votre poitrine.

C'est l'*Ordre de Prince du Tabernacle.*

Le Tuileur, en arrivant vers vous, portera également sa main droite sur ses yeux, et sa gauche sur la poitrine, et vous dira : OURIEL.

Vous porterez alors votre main droite sur votre épaule gauche, et la ramènerez diagonalement jusqu'à votre hanche droite, en disant : TABERNACLE DES VÉRITÉS RÉVÉLÉES.

C'est le *Signe de Prince du Tabernacle.*

OURIEL ∴ TABERNACLE DES VÉRITÉS RÉVÉLÉES sont les *Mots de Passe de Prince du Tabernacle.*

Ensuite vous porterez vos deux mains ouvertes sur votre tête, en joignant les pouces et les index par leurs extrémités, de manière à former *un triangle* dont les deux pouces soient la base et les deux index les côtés, et vous direz : JE.

Le Tuileur placera sur sa tête ses deux mains dans la même position, et vous dira : HO.

Vous lui répondrez : VAH.

C'est le *Grand Signe de Chef du Tabernacle.*

(Le Grand Maître des Cérémonies exécute les deux signes.)

Le Tuileur prend alors votre coude gauche avec sa main droite, et vous prenez le coude gauche du Tuileur avec votre main droite, en arrondissant les bras de manière à former une espèce de cercle, et, cela étant, vous dites au Tuileur : JE.

Le Tuileur vous répondra : HO.

Et vous répliquerez : VAH.

Disant ensuite tous les deux ensemble : JEHOVAH.

C'est l'*Attouchement des Princes du Tabernacle.*

(Le Grand Maître des Cérémonies et le Grand Capitaine des Gardes l'exécutent.)

JEHOVAH est le *Mot Sacré de Prince du Tabernacle.*

Le Tuileur rentrera ensuite dans la *Hiérarchie*, solliciter votre admission du *Très Puissant Prince* qui la préside et des « *trois* » *Puissants Princes* qui en sont les Vice-Présidents. Une fois l'autorisation accordée, vous entrerez dans la Hiérarchie en vous tenant à l'ordre, et faisant SEPT pas, par *six* pas ordinaires et *un* pas plus long. Le *Très Puissant* vous invitera à prendre part aux travaux des *Princes du Tabernacle*, parmi lesquels vous prendrez place.

25ᵉ DEGRÉ. — CHEVALIER DU SERPENT D'AIRAIN.

Ce degré ne comportant pas de *Tablier*, après avoir passé en sautoir un *Cordon rouge*, sur lequel sont brodés les mots : VERTU, COURAGE, et où est suspendu le *Bijou*, un *Serpent d'Airain* enlaçant une *baguette* qui se termine par un T, vous frapperez à la porte de la *Cour de Sinaï*, titre de la Loge des *Chevaliers du Serpent d'Airain* par la *Batterie de Chevalier du Serpent d'Airain*; NEUF coups, par *cinq* coups lents, *trois* coups précipités et *un* coup séparé.

En attendant l'arrivée du Tuileur, vous montrerez la terre avec votre index droit.

C'est l'*Ordre de Chevalier du Serpent d'Airain*.

Le Tuileur arrivant montrera la terre avec son index droit.

Vous ferez le *Signe de la Croix*, en disant à chaque contact, successivement :

1° : I; — 2° : N; — 3° : R; — 4° : I.

C'est le *Signe de Chevalier du Serpent d'Airain*.

(Le Grand Maître des Cérémonies l'exécute.)

I.·. N.·. R.·. I.·. est le *Mot de Passe de Chevalier du Serpent d'Airain*.

Le Tuileur vient alors se placer à votre droite, et de la main gauche vous prend le poignet gauche, en disant : JOHANNES.

Vous prenez alors de la main droite le poignet droit du Tuileur, et lui répondez : RALP.

Le Tuileur vous demande alors :

Et quoi encore?

Vous lui dites : MOISE.

C'est l'*Attouchement de Chevalier du Serpent d'Airain*.

(Le Grand Maître des Cérémonies et le Grand Capitaine des Gardes l'exécutent.)

JOHANNES.·. RALP est le *Mot couvert de Chevalier du Serpent d'Airain*.

MOISE est le *Mot Sacré de Chevalier du Serpent d'Airain*.

Le Tuileur rentre dans la Cour de *Sinaï*, demande au

Très Puissant Grand Maître qui la préside, et aux 1er et 2me *Ministres* qui en sont les Vice-Présidents, l'autorisation de vous donner l'entrée.

Une fois l'entrée obtenue, vous pénètrerez dans la Cour, en vous tenant à l'*Ordre* et faisant *neuf* pas en serpentant.

C'est la *Marche de Chevalier du Serpent d'Airain*.

Ensuite vous prenez place et assistez aux travaux des Chevaliers du Serpent d'Airain.

26e DEGRÉ. — ÉCOSSAIS TRINITAIRE.

Après vous être ceint d'un *tablier rouge* ayant au milieu un *triangle blanc* et *vert*, et avoir passé en sautoir un *Cordon vert, blanc* et *rouge*, où est suspendu un *triangle* en *or*, qui est le *Bijou*, vous frapperez à la porte du *Troisième Ciel*, nom de la *Loge des Écossais Trinitaires*, par la *Batterie d'Écossais Trinitaire*, QUINZE coups, par *trois* coups, *cinq* coups et *sept* coups.

En attendant le *Capitaine des Gardes*, nom du Tuileur, vous appuierez votre main droite sur votre hanche droite.

C'est l'*Ordre d'Écossais Trinitaire*.

Le Tuileur arrivera vers vous, la main droite sur la hanche.

Vous porterez alors votre main droite au-dessus de vos yeux, comme pour les garantir de la lumière, en disposant votre main en *triangle* et en disant : JEHOVAH.

Le Tuileur reproduit le même signe et vous répond : IAKIN.

C'est le 1er *Signe d'Écossais Trinitaire*.

Le Tuileur formera avec ses deux pouces et ses deux index un *triangle* sur son ventre, les deux pouces formant la base et les deux index les côtés, et il vous dira : GHIBLIM.

Vous ferez également sur votre ventre un triangle avec vos pouces et vos index et vous direz : GABAON.

C'est le 2me *Signe d'Écossais Trinitaire.*

Enfin, vous croisez au-dessus de votre tête vos deux bras, les deux mains ouvertes et ayant les paumes en dehors, et vous vous écriez : A MOI LES ENFANTS DE LA VÉRITÉ.

C'est le *Signe de Secours d'Écossais Trinitaire.*

(Le Grand Maître des Cérémonies exécute les trois signes.)

JEHOVAH .·. IAKIN sont les *Mots Sacrés d'Écossais Trinitaire.*

GHIBLIM .·. GABAON sont les *Mots Profanes d'Écossais Trinitaire.*

Le Tuileur pose alors les deux mains sur vos épaules.

Vous posez, à votre tour, les deux mains sur les épaules du Tuileur, vous les pressez légèrement par trois fois et vous dites : GOMEL.

C'est l'*Attouchement d'Écossais Trinitaire.*

(Le Grand Maître des Cérémonies et le Grand Capitaine des Gardes l'exécutent.)

GOMEL est le *Mot de Passe d'Écossais Trinitaire.*

Le Tuileur vous demande enfin :

Quel âge avez-vous ?

Vous lui répondez :

Quatre-vingt-un ans.

C'est l'*âge d'Écossais Trinitaire.*

Le *Capitaine des Gardes* rentre dans le *Troisième Ciel* pour obtenir du *Très Excellent* qui la préside, l'autorisation de votre admission.

Une fois obtenue, vous vous mettez à l'Ordre et pénétrez dans le *Troisième Ciel* par *trois* pas égaux partant du pied gauche.

C'est la *Marche d'Écossais Trinitaire.*

Sur l'invitation du *Très Excellent*, vous prenez place parmi les *Écossais Trinitaires* et collaborez à leurs travaux.

27e DEGRÉ. — GRAND COMMANDEUR DU TEMPLE.

Après vous être ceint le *tablier rouge*, doublé et bordé de *noir*, portant sur son milieu une *Croix Teutonique* noire entourée d'une couronne de *laurier vert* dont les branches sont en *or*, et ayant brodée dans son milieu une *clef* noire, vous passez en sautoir le *Cordon blanc* liseré de rouge, portant de chaque côté *deux* Croix de Commandeur, brodées en *rouge;* à ce cordon est suspendu le *Bijou, triangle d'or* qui porte, gravées en caractères hébreux, les lettres I.·. N.·. R.·. I.·. et après avoir ajouté à tout cela une *Echarpe rouge* bordée de *noir*, qu'on place de droite à gauche et qui supporte à son extrémité une *Croix* de *Commandeur*, en *or émaillé*, vous mettez des *gants blancs* doublés et bordés de *rouge*, et avec le plat de votre épée vous frappez à la porte de la *Cour*, nom de la Loge des *Grands Commandeurs du Temple*, par la *Batterie de Grand Commandeur du Temple* : VINGT-SEPT coups, par *douze* coups, *douze* coups et *trois* coups.

Le *Souverain Commandeur Tuileur* se présente à vous, faisant semblant d'appuyer à une table sa main droite étendue, le pouce écarté en équerre.

C'est l'*Ordre en Cour de Grand Commandeur du Temple*. Vous placez votre main droite, les doigts réunis, le pouce écarté en équerre, à plat sur votre ventre.

C'est l'*Ordre, hors de la Cour, de Grand Commandeur du Temple*.

Le Tuileur ferme son poing droit en élevant le pouce, avec lequel il fait le *Signe de la Croix* sur son front.

Vous mettez sur votre bouche les deux premiers doigts de votre main droite, en fermant les autres doigts et tournant en dehors la paume de la main, et vous dites : SALOMON.

C'est le *Signe de Grand Commandeur du Temple.*

(Le Grand Maître des Cérémonies l'exécute.)

SALOMON est le *Mot de Passe de Grand Commandeur du Temple.*

Le Tuileur vous donne ensuite *trois* coups sur l'épaule gauche avec la main droite, vous disant : I, avant de frapper, et : N, après avoir frappé.

Vous prenez la main droite du Tuileur et lui imprimez *trois* secousses, en lui répondant : R, avant de le secouer, et : I, après.

C'est l'*Attouchement de Grand Commandeur du Temple.*

(Le Grand Maître des Cérémonies et le Grand Capitaine des Gardes l'exécutent.)

I.·. N.·. R.·. I.·. est le *Mot Sacré de Grand Commandeur du Temple.*

Le Souverain Commandeur Tuileur ayant pénétré dans la *Cour* pour obtenir du *Tout Puissant Grand Commandeur* qui le préside et du *Très Souverain Commandeur* qui en est le Vice-Président, l'autorisation pour votre admission, il revient vous la communiquer.

Vous mettant à l'*Ordre,* vous entrez dans la *Cour* d'un pas grave, car *il n'y a pas* de *Marche de Grand Commandeur du Temple.*

28e DEGRÉ. — CHEVALIER DU SOLEIL.

Ce grade ne comportant pas de *Tablier,* après avoir passé en sautoir le *Cordon blanc* moiré, ayant un *œil* ouvert brodé à son extrémité d'où pend le *Bijou, triangle* radieux, en *or*, ayant un *œil gravé* au milieu, vous frappez à la porte de la *Loge du Chevalier du Soleil* par la *Batterie de Chevalier du Soleil :* six coups égaux.

Le Chérubin (nom des membres de la Loge) Tuileur vient

à vous qui l'attendez dans une attitude ordinaire, car *il n'y a pas d'Ordre de Chevalier du Soleil.*

Il met la main droite en équerre sur son cœur. Vous montrez le ciel avec l'index de votre main droite, et vous dites : STIBIUM.

C'est le *Signe de Chevalier du Soleil.*

(Le Grand Maître des Cérémonies l'exécute.)

STIBIUM est le *Mot de Passe de Chevalier du Soleil.*

Le Tuileur prend alors vos deux mains dans ses deux mains et en les pressant vous dit : ADONAI.

Vous prenez dans vos deux mains les deux siennes et, en les pressant doucement, vous lui répondez : GADOL.

C'est *l'Attouchement de Chevalier du Soleil.*

(Le Grand Maître des Cérémonies et le Grand Capitaine l'exécutent.)

ADONAI.·.GADOL est le *Mot Sacré de Chevalier du Soleil.*

Le Chérubin rentre dans la Loge demander à *Adam* qui la préside et au *Père de la Vérité* qui en est le Vice-Président, d'autoriser votre admission.

Cela vous est accordé, et vous entrez naturellement dans la Loge, car *il n'y a pas de Marche de Chevalier du Soleil.*

Adam vous invite à prendre place parmi les Chérubins, et vous assistez alors aux travaux des Chevaliers du Soleil.

29e DEGRÉ. — GRAND ÉCOSSAIS DE SAINT-ANDRÉ.

Ce grade ne comportant pas de tablier, vous avez à passer soit une *écharpe,* soit un *camail.* Si vous passez une *écharpe*, celle-ci sera *ponceau* et aura attaché comme *Bijou*, un *compas* dans *trois* triangles, renfermés dans un seul triangle, ayant en dessous une *équerre* renversée avec un poignard dans son angle. Si vous passez un *camail*, il sera *vert* et liseré de *rouge* et portera suspendue comme *Bijou*, une Croix de Saint-André, surmontée d'une couronne fermée et ayant au milieu de ses quatre bras, soit une *pomme de pin*, soit un J.·. renfermé dans un *triangle* placé au milieu d'un *anneau*, auquel est attachée une *clef* qui pend entre les deux branches intérieures de la Croix de Saint-André, cette croix porte à l'extrémité de ses quatre bras les quatre lettres M.·. J.·. B.·. M.·..

Ayant ceint ensuite une *Ceinture en soie blanche* frangée d'or, vous frappez à la porte de la *Grande Loge*, titre de la Loge des Grands Ecossais de Saint-André, par la *Batterie de Grand Ecossais* : NEUF coups par *deux* coups, *trois* coups et *quatre* coups.

Le *Respectable Maître* Tuileur vient à vous, qui l'attendez dans une attitude ordinaire, car il n'y a pas *d'Ordre de Grand Ecossais*.

Le Tuileur passe sur son front le revers de sa main droite, la tête un peu penchée en avant, et dit : FURLAC.

C'est le *1er Signe de Grand Ecossais*.

Vous mettez sur votre cœur votre main droite étendue et la laissez retomber sur votre côté droit, en saluant et disant : TALLIUD.

C'est le *2e Signe de Grand Ecossais*.

Le Tuileur regarde la terre en inclinant sa tête à gauche, puis joint et lève les mains au ciel en les portant à sa droite et dit : CASMARAN.

C'est le *3e Signe de Grand Ecossais*.

Vous entrelacez vos deux mains et les portez à votre front, en appliquant leur revers sur vos yeux et disant : ARDAREL.

Le Tuileur vous répond, en portant sa main droite en avant, à la hauteur de son épaule droite.

C'est le 4e *Signe de Grand Ecossais.*

Vous levez les yeux et les mains au ciel, la main gauche un peu moins élevée que la main droite, et vous relevez le talon du pied gauche pour que votre genou gauche fasse équerre avec votre jambe droite.

C'est le 5e *Signe de Grand Ecossais.*

Le Tuileur place son pouce droit au-dessous de son œil droit, en tenant son index droit étendu en l'air pour former l'équerre avec le pouce.

C'est le 6e *Signe de Grand Ecossais.*

Vous formez la Croix de Saint-André sur votre poitrine, en croisant vos bras et en élevant les deux mains.

Le Tuileur imite exactement ce signe.

C'est le *Signe Général de Grand Ecossais.*

(Le Grand Maître des Cérémonies exécute ces six Signes.)

FURLAC .·. TALLIUD .·. CASMARAN .·. ARDAREL sont les *Mots de Passe de Grand Ecossais.*

Le Tuileur et vous, vous vous prenez mutuellement et successivement la première, ensuite la deuxième et enfin la troisième phalange de l'index de la main droite, en disant alternativement : B. O. H. A. Z. BO et HAZ pour terminer.

C'est le 1er *Attouchement de Grand Ecossais.*

Le Tuileur et vous, vous vous prenez mutuellement et successivement la première, ensuite la deuxième et enfin la troisième phalange du médium de la main droite, en disant alternativement : J. A. K. I. N. JA et KIN pour terminer.

C'est le 2e *Attouchement de Grand Ecossais.*

Le Tuileur et vous, vous vous prenez réciproquement et successivement la première phalange de l'index droit, en disant alternativement : MA. HA. BO. NE.

C'est le 3e *Attouchement de Grand Ecossais.*

Le Tuileur et vous, vous vous prenez réciproquement et

mutuellement la dernière phalange de l'index droit, l'un disant : MOTH, et l'autre répondant : CHEN.

C'est *l'Attouchement Général de Grand Ecossais.*

(Le Grand Maître des Cérémonies et le Grand Capitaine des Gardes exécutent ces quatre Attouchements.)

MOTH est le *Mot Sacré de Grand Ecossais.*

Le Tuileur vous dit enfin :

Quel âge avez-vous?

Vous lui répondez :

Quatre-vingt-un ans, le carré de *neuf.*

C'est *l'Age du Grand Ecossais.*

Le Respectable Maître Tuileur rentre dans la Grande Loge pour demander au *Patriarche* qui la préside, d'autoriser votre admission.

Elle vous est accordée, et, vous mettant au *Signe Général,* c'est-à-dire, formant la Croix de Saint-André sur votre poitrine en croisant les bras et tenant les mains en haut, vous pénétrez dans la Grande Loge par *neuf* pas, *trois* pas d'Apprenti, *trois* pas de Compagnon et *trois* pas de Maître disposés suivant la forme d'une Croix de Jérusalem.

C'est la *Marche des Grands Ecossais.*

Le Patriarche vous invite à prendre place parmi les Respectables Maîtres, ce à quoi vous obtempérez, prenant part aux travaux des Grands Ecossais de Saint-André.

30e DEGRÉ. — CHEVALIER KADOSCH.

Ce grade ne comportant pas de *Tablier,* après avoir mis le *Cordon noir,* où sont figurés deux drapeaux croisés, celui du Suprême Conseil à droite et celui de l'Etat à gauche, et qui porte suspendue une *croix* teutonique en émail *rouge,* avec le chiffre 30 ∴ tracé *en or* sur un fond d'émail *bleu ;* après avoir passé à votre cou un *Cordon noir* liseré de *blanc* d'où pend le *Bijou*, un *aigle noir* à deux têtes ; vous frapperez à la porte de la *Chambre du Sénat* du *Conseil des Grands Chevaliers Kadosch* par la *Batterie de Chevalier Kadosch* : SEPT coups, par *deux* coups, *deux* coups, *deux* coups et *un* coup.

Le *Respectable Grand Chevalier* Tuileur sortira à cet appel, et vous trouvera le glaive dans la main droite, la main gauche sur votre cœur.

C'est *l'Ordre de Chevalier Kadosch.*

La suite du Tuilage diffère suivant qu'il s'agit :

1° D'un *Conseil de Kadosch philosophiques* ou de *Grands Chevaliers de l'Aigle noir et blanc*, ou 2° D'un Conseil de *Grands Elus Chevaliers Kadosch.*

S'il s'agit d'un *Conseil de Chevaliers de l'Aigle noir et blanc*, ou de *Kadosch philosophiques*,

Le Tuileur, vous trouvant à l'Ordre, portera sa main droite sur son cœur et vous dira : E.

Vous porterez la main droite sur votre cœur et la laisserez retomber ensuite sur votre cuisse droite, en fléchissant en même temps le genou droit et disant : ELIEL.

C'est *le Signe de Kadosch philosophique.*

(Le Grand Maître des Cérémonies l'exécute.)

ELIEL est le *Mot de Passe des Kadosch philosophiques.*

Le Tuileur met alors la pointe de son pied droit et son genou droit contre la pointe de votre pied droit et votre genou droit. Il vous présente son poing droit fermé, le pouce seul levé.

Vous saisissez rapidement son pouce avec votre main droite, et vous reculez d'un pas, en disant : KYRIE.

Le Tuileur recule également d'un pas. Vous vous approchez de lui et mettez la pointe de votre pied droit et votre genou droit contre la pointe de son pied droit et son genou droit, et lui présentez votre poing droit fermé, le pouce seul levé. Il le saisit rapidement et s'éloigne d'un pas en disant : HA, pendant que vous vous éloignez aussi d'un pas en disant : HABAMAH.

C'est *l'Attouchement de Kadosch philosophique.*

(Le Grand Maître des Cérémonies et le Grand Capitaine des Gardes l'exécutent.)

KYRIE est le *Mot d'Attouchement des Kadosch philosophiques.*

HABAMAH est le *Mot Sacré des Kadosch philosophiques.*

S'il s'agit d'un *Conseil de Grands Elus Chevaliers Kadosch,*

Le Tuileur, vous trouvant à l'Ordre, mettra sa main droite, les doigts écartés, sur son cœur.

Vous mettrez aussi votre main droite sur votre cœur, les doigts écartés, en disant : BEGOHAL.

Le Tuileur vous répondra : KOL.

Vous laisserez tomber alors votre main droite sur votre cuisse droite, fléchissant en même temps votre genou droit et disant : PARAS.

Le Tuileur vous imitera et vous répondra : KOL.

C'est le *Signe de Grand Elu Chevalier Kadosch.*

BEGOHAL-KOL .·. PARAS-KOL sont les *Mots de Passe de Grand Elu Chevalier Kadosch.*

(Le Grand Maître des Cérémonies exécute le Signe.)

Le Tuileur mettra ensuite la pointe de son pied droit et son genou droit contre la pointe de votre pied droit et votre genou droit, et vous présentera son poing droit fermé, le pouce seul levé.

Vous saisirez rapidement ce pouce avec votre main droite, et reculerez d'un pas en disant : HABORKAH.

Le Tuileur s'écartera également d'un pas.

Vous vous approcherez du Tuileur, et, mettant contre la

pointe de son pied droit et contre son genou droit la pointe de votre pied droit et votre genou droit, vous lui présenterez votre poing droit fermé, le pouce seul levé.

Le Tuileur saisira rapidement votre pouce avec sa main droite et s'écartera d'un pas, vous disant : ETH.

Vous vous reculerez aussi d'un pas en disant : ADONAI.

C'est *l'Attouchement de Grand Elu Chevalier Kadosch.*

(Le Grand Maître des Cérémonies et le Grand Capitaine des Gardes l'exécutent.)

HABORKAH .·. ETH-ADONAI sont les *Mots d'Attouchement des Grands Elus Chevaliers Kadosch.*

Vous lèverez ensuite votre bras gauche, comme pour frapper un coup, en disant : MIKAMOKA.

Le Tuileur lèvera également son bras gauche, comme pour frapper, et vous répondra : BEALIM.

Vous direz alors : ADONAI.

MIKAMOKA .·. BEALIM .·. ADONAI est le *Mot Sacré de Grand Elu Chevalier Kadosch.*

Le Tuileur vous demandera enfin :

Quel âge avez-vous?

Et vous lui répondrez :

Un siècle et plus, Grand Chevalier.

C'est *l'Age du Grand Elu Chevalier Kadosch.*

Le Grand Chevalier Tuileur rentrera alors au Sénat solliciter du *Trois fois Puissant Grand Commandeur* qui le préside qu'il autorise votre admission au Conseil.

Cette autorisation obtenue, vous vous mettez à l'Ordre, et vous vous présentez à la porte du Conseil.

Vous remettez votre épée au fourreau, et, croisant sur votre tête vos deux mains entrelacées, les paumes sur votre tête, vous faites trois pas précipités vers le Trois Fois Puissant Grand Commandeur. Vous fléchissez alors votre genou droit, et, tirant du fourreau votre épée avec votre main droite, vous en présentez la poignée, la lame étant verticale, au Grand Commandeur.

C'est la *Marche de Grand Elu Chevalier Kadosch.*

Le Grand Commandeur vient à vous, vous relève et vous invite à prendre place au Conseil et à partager les travaux des Grands Elus Chevaliers Kadosch.

31e DEGRÉ. — GRAND INSPECTEUR INQUISITEUR COMMANDEUR.

Ce grade ne comportant pas de *Tablier*, vous passer le *Cordon*, un camail blanc terminé par une *croix* teutonique *rouge* portant en or le chiffre 31 .·. sur un fond bleu, et suspendez à votre cou, par un collier *rouge* liseré *d'or*, le *Bijou*, un *Aigle* noir à deux têtes, dont *les becs, les bouts des ailes* et la *queue* sont dorés, et vous frappez à la porte du Souverain Tribunal des Grands Inspecteurs Inquisiteurs Commandeurs par la Batterie de Grand Inspecteur Inquisiteur Commandeur : NEUF coups par *un* coup, *trois* coups, *quatre* coups et *un* coup.

Le *Très Éclairé Inquisiteur* Tuileur se rend à votre appel, et vous trouve les deux mains croisées sur votre ventre.

C'est *l'Ordre de Grand Inspecteur Inquisiteur Commandeur.*

Le Tuileur croise également les deux mains sur son ventre.

Vous croisez alors les deux mains sur votre tête, laissant les paumes en dehors.

C'est le *Signe de Grand Inspecteur Inquisiteur Commandeur.*

(Le Grand Maître des Cérémonies l'exécute.)

Le Tuileur s'approche alors de vous et met les deux pointes de ses pieds et ses deux genoux contre les deux pointes de vos pieds et contre vos deux genoux.

Le Tuileur saisit alors votre main gauche avec sa main gauche, et vous dit : JUSTICE.

Vous donnez avec votre main droite un coup sur l'épaule droite du Tuileur, et lui répondez : ÉQUITÉ.

Le Tuileur met alors sa main gauche dans votre main gauche, et vous donne avec sa main droite un coup sur votre épaule droite, et tous deux vous dites ensemble : AINSI SOIT-IL.

C'est *l'Attouchement de grand Inspecteur Inquisiteur Commandeur*.

(Le Grand Maître des Cérémonies et le Grand Capitaine des Gardes l'exécutent.)

Le Très Éclairé Inspecteur rentre alors dans le Souverain Tribunal, et obtient du *Très Parfait Président* que votre admission soit autorisée.

Vous vous mettez à l'Ordre et entrez d'un pas lent, car il *n'y a pas* de *Marche de Grand Inspecteur Inquisiteur Commandeur*.

Le Très Parfait Président vous invite à prendre place parmi les Grands Inspecteurs Inquisiteurs Commandeurs, et à éclairer de vos lumières les décisions du Souverain Tribunal de l'Ordre.

32e DEGRÉ. — SUBLIME PRINCE DE ROYAL SECRET.

Ce grade ne comportant pas de *Tablier*, vous passez en sautoir le *Cordon, noir*, liseré *d'argent*, doublé de *ponceau*, portant brodée une *croix* teutonique rouge avec un *aigle* à deux têtes en *argent* au milieu de cette croix, et soutenant une *croix* teutonique *rouge*, au centre *bleu*, sur lequel est figuré, en or, le chiffre 32 .·. et vous suspendez à votre cou, par un collier *noir* liseré *d'or*, le Bijou, un Aigle *noir* à deux têtes dont les *becs*, *ailes*, *serres* et *queue* sont dorés, et vous frappez à la porte du *Consistoire des Sublimes Princes du Royal Secret* par la *Batterie de Prince du Royal Secret* : CINQ coups, par *un* coup et *quatre* coups.

Vous attendez l'arrivée du Grand Tuileur, votre main droite sur votre cœur.

C'est *l'Ordre du Prince de Royal Secret.*

Quand le Tuileur arrivera près de vous, vous lui direz : BEGOHAL.

Le Tuileur imitera votre signe, et vous répondra : KOL.

Vous porterez alors votre main droite en avant, la paume en bas, et direz : PARAS.

Le Tuileur vous imitera, et vous répondra : KOL.

Vous laisserez alors retomber votre main droite le long de votre côté droit, et vous direz, avec le Tuileur, qui imitera votre geste, le mot SCHADDAI.

C'est le *Signe de Prince du Royal Secret.*

(Le Grand Maître des Cérémonies et le Grand Capitaine des Gardes l'exécutent.)

BEGOHAL-KOL .·. PARAS-KOL .·. SCHADDAI sont les *Mots de Passe de Prince du Royal Secret.*

Le Tuileur vous dira :

Quoi encore?

Vous répondrez : SALIX.

Le Tuileur vous dira : NONI.

Et tous les deux vous direz ensemble : TENGU.

SALIX.·. NONI .·. TENGU est le *Mot Sacré de Prince du Royal Secret.*

Le Grand Tuileur pénétrera alors dans le Grand Consistoire, pour obtenir de *l'Illustre Commandeur en Chef* qui le préside l'autorisation de vous laisser entrer.

Une fois obtenue, vous vous mettrez à l'Ordre et entrerez lentement, car il *n'y a pas* de *Marche de Prince du Royal Secret.*

L'Illustre Commandeur en Chef vous invitera à prendre part aux travaux du Consistoire et à prendre place parmi les Sublimes Princes du Royal Secret qui le composent. »

33e DEGRÉ. — SOUVERAIN GRAND INSPECTEUR GÉNÉRAL.

Après avoir passé un costume noir de ville, vous mettrez le cordon du 33e degré, qui est un ruban blanc de soie, moirée, de 11 centimètres de largeur, destiné à être porté de gauche à droite, c'est-à-dire du côté du cœur, et de la volonté au côté de l'action.

Sur le devant est brodé en or un triangle équilatéral rayonnant, au centre duquel est le chiffre 33, et à la droite et à la gauche du triangle se trouvent deux glaives d'argent dont les pointes convergent vers le centre. Il symbolise la vigilance constante des Souverains Inspecteurs Généraux, vengeurs des innocentes victimes des ennemis de l'Ordre. Le cordon se termine par une pointe entourée de franges d'or et portant au milieu une rosette rouge et verte, couleur de la Vie et de l'Espérance.

Vous vous décorerez des bijoux qui sont : l'Aigle, la Triple Croix et l'Alliance.

L'Aigle à deux têtes est en argent; son double bec, ses serres et l'épée qu'il tient entre ses serres, sont en or. Les deux têtes sont surmontées d'un triangle rayonnant ayant la pointe en bas et au centre le י IOD hébreux, symbole de l'existence.

L'Aigle est attaché à un ruban blanc de 11 centimètres, ayant de chaque côté un liseré d'or de 3 centim. de largeur.

La Triple Croix est formée par la jonction de deux croix ordinaires par le sommet d'où partent deux bras horizontaux qui complètent, à ce point de jonction, la croix totale formée par la jonction des deux bras verticaux entiers. Elle est en émail rouge pour les dignitaires du Suprême Conseil.

Vous passerez à votre annulaire gauche l'Alliance, qui est un double anneau de deux lignes d'épaisseur portant gravé à l'intérieur la devise : *Deus Meumque Jus*, et le nom du propriétaire.

Vous attacherez sur votre côté gauche, au-dessus du cœur, la croix teutonique qui est une croix, puissant gueules, chargée sur une croix, puissant or surchargée d'un écusson aux lettres J.·. B.·. M.·. la croix principale surmontée d'un principal bleu semé de France.

Ainsi décoré, vous frapperez à la porte de la Chambre du Suprême Conseil par CINQ, TROIS, UN et DEUX coups bien espacés qui constituent la *Batterie* du grade, en vous servant du pommeau de votre épée.

Au bruit de ces onze coups, le Capitaine des Gardes ouvrira la porte, croisera ses bras sur sa poitrine et inclinera son corps vers la terre en fléchissant les deux genoux, ce qui constitue le *Premier Signe*, et vous dira : DE MOLAY, qui est le *Premier Mot de Passe*.

Vous porterez la main droite à votre glaive en le tirant du fourreau, fléchissant en même temps votre genou gauche et portant votre main gauche, les doigts serrés sur votre cœur, et vous prononcerez en même temps le *Deuxième Mot de Passe* qui est : HIRAM-ABI.

Ensuite, l'Illustre Grand Capitaine des Gardes et vous, vous appliquerez par trois fois vos lèvres sur la lame de vos épées, ce qui constitue le *Troisième Signe* et vous échangerez le *Mot Sacré*, vous, disant au Capitaine des Gardes : MIKAMOKA BEALIM, et le Capitaine des Gardes vous répondant : ADONAI. Vous relevant ensuite.

Cela fait, le Capitaine des Gardes vous demandera :

— Vous êtes donc Souverain Grand Inspecteur Général ?

Et vous lui répondrez :

— Ma vertu, mon courage et mon zèle m'ont fait parvenir à ce grade éminent.

Le Capitaine des Gardes vous demandera ensuite :

— Quel est votre âge?

Et vous lui répondrez :

— Trente-trois ans accomplis, Illustre et Puissant Souverain.

Là-dessus, le Capitaine des Gardes entrera dans la Chambre du Suprême Conseil pour porter à la connaissance du Très Puissant Souverain Grand Commandeur la présence d'un Souverain Grand Inspecteur Général dûment reconnu comme tel, qui se trouve à la porte du Suprême Conseil et demande à prendre part à ses travaux.

Le Très Puissant Souverain Grand Commandeur autorisera immédiatement votre admission et l'Illustre Grand Capitaine des Gardes vous ouvrira la porte en vous invitant à pénétrer dans le Suprême Conseil et à prendre place parmi les Souverains Grands Inspecteurs Généraux qui le composent.

Vous placerez alors votre main droite, tous les doigts serrés les uns aux autres, sur votre cœur, et vous inclinerez profondément la tête, ce qui constitue le *Signe d'Ordre* du grade, et vous vous avancerez d'un pas lent et grave, le 33me degré n'ayant pas de *Marche* particulière, jusqu'au trône du Très Puissant Souverain Grand Commandeur, auquel vous adresserez un profond salut.

Le Très Puissant Souverain Grand Commandeur vous invitera à prendre place parmi vos Illustres et Puissants Frères les Souverains Grands Inspecteurs Généraux, ce à quoi vous obtempérerez en vous plaçant, par modestie, à la dernière place libre du côté de l'Occident.

FIN.

ERRATA.

A la page 57, ligne 19 où l'on lit :

« La Franc-Maçonnerie dit, comme Saint Ignace de Loyola : »

il faut lire :

« La Franc-Maçonnerie dit, comme elle prétend calomnieusement attribuer à Saint Ignace de Loyola : »

TABLE DES MATIÈRES.

BUT DE LA FRANC-MAÇONNERIE.

HISTOIRE.

ENSEIGNEMENT.

Glorification du Vice.

1re Catégorie.

GRADES SYMBOLIQUES ET UNIVERSELS.

Glorification de l'Athéïsme et de l'Anarchie.

2e Catégorie.

GRADES DE DÉVELOPPEMENT DES GRADES SYMBOLIQUES.

Glorification de la Vengeance.

3e Catégorie.

GRADES DE L'ILLUMINISME ALLEMAND.

Glorification du Mal.

4e Catégorie.

GRADES ISRAÉLITES ET BIBLIQUES.

Guerre au Bien.

GRADES ISRAÉLITES.

Tout à la Corruption.

GRADES BIBLIQUES.

Glorification de la Perversion.

5e Catégorie.

GRADES TEMPLIERS.

Glorification du Naturalisme.

6e Catégorie.

GRADES HERMÉTIQUES ET CABALISTIQUES.

Il n'y a pas de Dieu.

Il n'y a pas de Créateur.

Glorification de l'Hypocrisie.

7e Catégorie.

GRADES ADMINISTRATIFS.

Glorification de Satan.

8e Catégorie.

GRADE SUPRÊME.

PRATIQUE.

CONCLUSIONS.

DOCUMENTS JUSTIFICATIFS.

ERRATA.

PLANCHES.

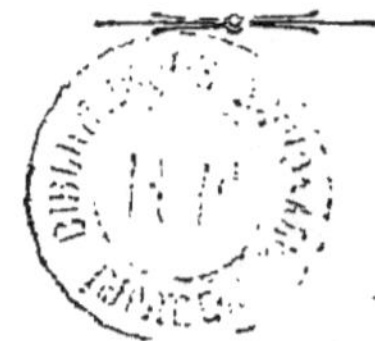

Tournai, typ. Casterman.

www.ingramcontent.com/pod-product-compliance
Lightning Source LLC
Chambersburg PA
CBHW071956270326
41928CB00009B/1458

* 9 7 8 2 0 1 4 5 0 6 9 9 0 *